BAEDEKER SMART

Island

MairDumont – www.baedeker.com

Wie funktioniert der Reiseführer?

Wir präsentieren Ihnen Islands Sehenswürdigkeiten in fünf Kapiteln. Jedem Kapitel ist eine spezielle Farbe zugeordnet.
Um Ihnen die Reiseplanung zu erleichtern, haben wir alle wichtigen Sehenswürdigkeiten jedes Kapitels in drei Rubriken gegliedert: Einzigartige Sehenswürdigkeiten sind in der Liste der »TOP 10« zusammengefasst und zusätzlich mit zwei Baedeker-Sternen gekennzeichnet. Ebenfalls bedeutend, wenngleich nicht einzigartig, sind die Sehenswürdigkeiten der Rubrik »Nicht verpassen!«. Eine Auswahl weiterer interessanter Ziele birgt die Rubrik »Nach Lust und Laune!«.

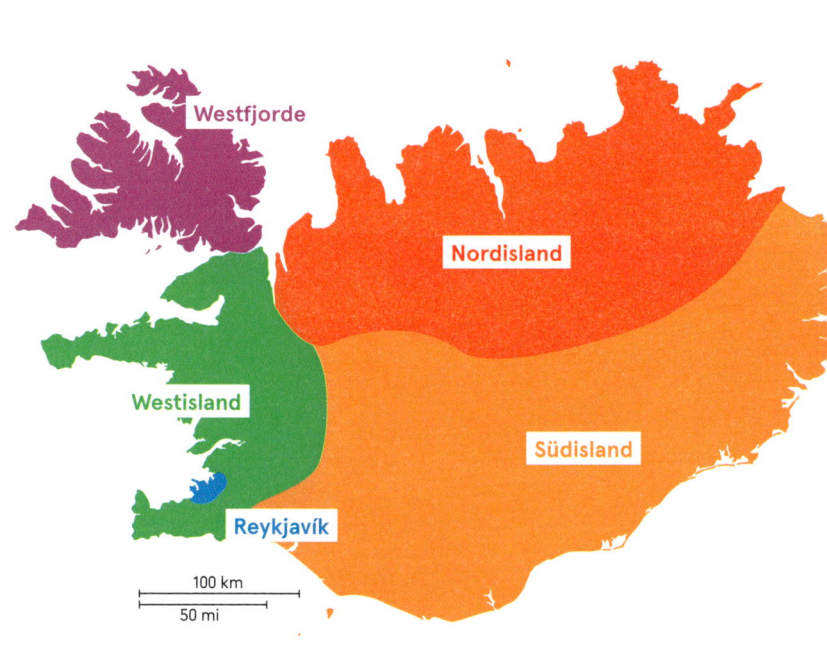

★★ Baedeker Topziele 6
Ein Gefühl für Island
bekommen 8

Das Magazin

Island – eine Katastropheninsel ...14
Die Besiedlung Islands 19
Das Hochland 21
Eine mörderische Insel 25
Das Islandpferd 28
Isländische Gaumenfreuden 30
Energie im Überfluss 34
Pool statt Pub 37

Reykjavík

Erste Orientierung 42
Mein Tag im modernen
Reykjavík 44
★★ Gamla Höfn (Alter Hafen) 50
★★ Þjóðminjasafn
(Nationalmuseum) 54
Hallgrímskirkja
(Hallgrimskirche) 56
Kjarvalsstaðir
(Kjarval-Museum) 59
Ásmundarsafn (Ásmundur-
Sveinsson-Museum) 61
Perlan 63
Nach Lust und Laune! 66
Wohin zum … … Übernachten?
… Essen und Trinken?
… Einkaufen? … Ausgehen? 70

Westisland

Erste Orientierung 76
Mein Tag – heiß und kalt.............78

★★ Golden Circle
(Der Goldene Kreis) 84
★★ Bláa Lónið (Blaue Lagune) 89
★★ Inside the Volcano 91
★★ Snæfellsjökull 93
Reykjanesviti & Gunnuhver 95
Stykkishólmur 96
Nach Lust und Laune! 98
Wohin zum … … Übernachten?
… Essen und Trinken?
… Einkaufen? … Ausgehen? 104

Westfjorde

Erste Orientierung 110
Mein Tag mit Hexen, Zauberern
und Trollen 112
★★ Látrabjarg 118
Hólmavík 120
Ísafjörður................................... 122
Strandir & Hornstrandir............. 124
Nach Lust und Laune! 126
Wohin zum … … Übernachten?
… Essen und Trinken?
… Einkaufen? … Ausgehen? 129

Nordisland

Erste Orientierung 134
Mein Tag: Ausflug in
die Geschichte 136
★★ Mývatn 142
★★ Húsavík – Whale
Watching 146
Glaumbær & Víðimýri 149
Akureyri 151
Námafjall, Krafla, Viti &
Leirhnjúkur 154

Jökulsárgljúfur, Ásbyrgi & Dettifoss 156
Nach Lust und Laune! 158
Wohin zum … … Übernachten?
… Essen und Trinken?
… Einkaufen? … Ausgehen? 162

Südisland

Erste Orientierung 168
Mein Tag zwischen heißen Quellen und Schlamm 170
★★ Vestmannaeyjar (Westmännerinseln) 174
Vík í Myrdal & Dyrhólaey 178
Landmannalaugar 181
Jökulsárlón 183
Nach Lust und Laune! 184
Wohin zum … … Übernachten?
… Essen und Trinken?
… Einkaufen? … Ausgehen? 190

Wanderungen & Touren

Ausflug ins Selárdalur 196
Aufstieg zum Hengifoss 199

Praktische Informationen

Vor der Reise 204
Anreise 206
Unterwegs in Island 207
Übernachten 208
Essen und Trinken 210
Einkaufen 211
Ausgehen 212
Veranstaltungskalender 213
Sprache 215

Anhang

Reiseatlas 217
Register 232
Bildnachweis 234
Impressum 235

Magische Momente

Kommen Sie zur rechten Zeit an den richtigen Ort und erleben Sie Unvergessliches.

Tanzende Himmelslichter 51
Zurück in die Vergangenheit 86
»Hot Pot« mit Aussicht 127

Auge in Auge mit Moby Dick 147
Hinein ins Märchental 179

Zu den schönsten Möglichkeiten, Island zu erkunden, gehört eine Reittour (hier bei Hafnarfjörður).

Snæfellsnes-Halbinsel: Immer wieder zaubern Wind und Wetter dramatische Szenen.

★★ Baedeker Topziele

Unsere TOP 10 helfen Ihnen, von der absoluten Nummer eins bis zur Nummer zehn, die wichtigsten Reiseziele einzuplanen.

❶ ★★ Golden Circle (Goldener Kreis)
Diese Tagestour führt zu den schönsten Sehenswürdigkeiten nahe Reykjavík: Þingvellir (Abb. links), Geysir und Gullfoss (S. 84).

❷ ★★ Bláa Lónið (Blaue Lagune)
Ein Bad in der Blauen Lagune mit ihrem herrlich warmen Wasser, eingebettet in eine bizarre Vulkanlandschaft, gehört zu jedem Islandbesuch (S. 89).

❸ ★★ Mývatn
Die Ufer des »Mückensees« sind von sanftem Grün überzogen. Nicht weit entfernt zeigt sich der Vulkanismus in all seiner Vielfalt (S. 142).

❹ ★★ Inside the Volcano
Die ausgebrannte Magmakammer des Vulkans Þrínúkagígur erreichen Besucher mit einer Gondel, die 120 m in die Tiefe führt (S. 91).

❺ ★★ Húsavík – Whale Watching
Der kleine Ort zählt zu den besten Spots zur Walbeobachtung in Europa. Zu sehen bekommt man u. a. Pottwale, Buckelwale und Finnwale (S. 146).

❻ ★★ Látrabjarg
Auf dem größten Vogelfelsen im Nordatlantik brüten im Sommer mehrere Hunderttausend Seevögel und veranstalten ein ohrenbetäubendes Spektakel (S. 118).

❼ ★★ Snæfellsjökull
Der magische Gletscher, der schon Jules Verne und Halldór Laxness inspirierte, bildet den Abschluss der weit ins Meer reichenden Halbinsel Snæfellsnes (S. 93).

❽ ★★ Gamla Höfn (Alter Hafen)
Der Alte Hafen von Reykjavík hat sich zum Touristenzentrum entwickelt. Hier starten Walsafaris und Stadtbesichtigungen, bieten Restaurants Kulinarisches und mehrere Museen Wissenswertes (S. 50).

❾ ★★ Þjóðminjasafn (Nationalmuseum)
Das Isländische Nationalmuseum in Reykjavík zeigt einen sehenswerten Überblick über die Kulturgeschichte des Landes – von der Wikingerzeit bis in die Gegenwart (S. 54).

❿ ★★ Vestmannaeyjar (Westmännerinseln)
Ein Vulkanausbruch 1973 machte die Westmännerinseln vor der Südküste bekannt. Spuren dieser Naturkatastrophe sind im Hauptort Heimaey noch zu sehen (S. 174).

Ein Gefühl für Island bekommen

Erleben, was Island ausmacht, sein einzigartiges Flair spüren. So, wie die Isländer selbst.

Reykjavík erwacht
Von Montag bis Freitag geht das Leben in Reykjavík seinen ruhigen, gewohnten Gang, so wie man es für die nördlichste Hauptstadt der Welt auch erwartet. Doch zu vorgerückter Stunde am Samstagabend erwacht Reykjavík zum Leben. Das alte Image von der Partyhochburg stimmt so zwar nicht, aber dass die Isländer (und mit ihnen die Touristen) gerne feiern, ist nicht zu übersehen. Straßen wie der Laugavegur sind bis spät in die Nacht Treffpunkte für Partygänger, und Abstinenzler haben es schwer.

Strandurlaub machen
Island hat wunderschöne, oft kilometerlange Sandstrände. Weiß sind sie in den Westfjorden (S. 108) und auf der Halbinsel Snæfellsnes (S. 94), schwarz dagegen an der Südküste rund um Vík (S. 178). Die Wassertemperatur lädt zwar nicht gerade zum Baden ein – nur ganz Mutige wagen sich kurz in die Fluten –, doch wer die Einsamkeit sucht, wird hier nicht enttäuscht. In Island werden lange Strandspaziergänge zu stimmungsvollen Naturerlebnissen.

Mitternachtssonne
Die echte Mitternachtssonne kann man nur auf der kleinen Insel Grímsey (S. 160) nördlich von Akureyri erleben, die genau auf dem Polarkreis liegt. Doch auch auf der Hauptinsel sind die Sommernächte sehr hell und verzaubern jeden Besucher mit ihrem milden, warmen Licht. Wenn die Sonne sich langsam dem Horizont nähert und die Uhrzeiger auf Mitternacht rücken, legt sich eine eigenartige, ja, fast magische Stille über die isländische Landschaft.

Mit Elfen und Trollen sprechen
Erstaunlich viele Isländer glauben an Elfen, Feen, Zwerge und Trolle. Einige behaupten sogar, mit dem unsichtbaren Volk kommunizieren zu können. Wer seine Sensibilität testen möchte, nimmt am besten an einer Elfenwanderung in Hafnar-

Östlich vom Mývatn findet man am Fuß des Berges Námafjall das beeindruckendste Solfatarenfeld Islands.

Ganz klein wird der Mensch angesichts beeindruckender Landschaftsformen wie der Fjadrargljufur-Schlucht.

Auch das ist Island: Art-déco-Café in der Altstadt von Reykjavik, das skurrilerweise mit einem Waschsalon verbunden ist.

fjörður teil (S. 69) oder macht einen Abstecher in den winzigen Ort Bakkagerði (S. 189) im Osten der Insel: Dort soll die Elfenkönigin in einem unscheinbaren Hügel residieren.

Insel aus Feuer und Eis

Island ist berühmt für seine zahlreichen Vulkane und Gletscher. Beide besitzen eine extrem zerstörerische Kraft, bieten aber auch ungemein fesselnde Naturerlebnisse. Ein stilles Plätzchen am Ufer der Gletscherlagune Jökulsárlón (S. 183), die von dem mächtigen Vatnajökull gespeist wird, oder der Ausflug zur künstlichen Eishöhle im Langjökull (S. 102) faszinieren ebenso wie die blubbernden Schlammtöpfe im Hochtemperaturgebiet Hverarönd (S. 154) oder aber der Abstieg mit der Gondel in die ausgebrannte Magmakammer des Vulkans Þríhnúkagígur (S. 91).

Mit Einheimischen essen

Unter dem Motto »Meet the locals« gibt es die Möglichkeit, mit Isländern in ihrem Heim zu speisen , sich von ihnen ihren Heimatort zeigen zu lassen oder mit ihnen auf Tour zu gehen. Wenn Sie bei Einheimischen zum Dinner eingeladen sind, wird wahrscheinlich Lamm oder Fisch serviert, zwei lokale Qualitätsprodukte, die über jeden Zweifel erhaben sind. Außerdem ergeben sich so mit Sicherheit interessante Gespräche über das Leben in Island (Tanni Travel, Eskifjörður, Strandgata 14, Tel. 476 13 99, https://en.tannitravel.is/meet_the_locals.html).

Das Wasser rauschen hören

Island ist nicht nur die Insel der Vulkane und Gletscher, sondern auch die der Wasserfälle. Die Superlative »größter« und »wasserreichster« lassen sich objektiv ermitteln, den beeindruckendsten Wasserfall jedoch muss jeder für sich küren. Hier einige der Top-Kandidaten: der Gullfoss, zu Deutsch: »Goldener Wasserfall« (S. 87), der Dynjandi in den Westfjorden (S. 126), der mächtige Dettifoss (S. 156), der mystische Goðafoss (S. 160) oder der herrliche Seljalandsfoss an der Ringstraße beim Eyjafjöll-Gletscher, hinter dessem imposanten Wasserschleier ein Pfad entlangführt.

Einsamkeit erleben

Sobald man Reykjavík und den Golden Circle verlässt, wird augenscheinlich, wie dünn diese Insel eigentlich besiedelt ist. Für Mitteleuropäer ein ungewohntes Gefühl: Es herrschen Einsamkeit und Stille vor. Besonders eindrücklich zu erleben sind diese bei einem Ausflug ins Hochland oder in die Westfjorde. Aber auch ein menschenleerer Strand, ein von Moospolstern überzogenes Lavafeld oder ein Blick auf den riesigen Gletscher Vatnajökull (S. 22) lassen die Besucherinnen und Besucher Islands ehrfurchtsvoll staunen.

Abenteuer Natur: Immer wieder kommt es auf Island zu dramatischen Naturschauspielen wie hier auf dem Lavafeld Holuhraun. Aktuell gab und gibt es 2023 und 2024 auf der Halbinsel Reykjanes mehrere Vulkanausbrüche.

Das Magazin

Einsame Landschaften, ungewöhnliches Essen, mystische Krimis, gemütliche Hot Pots, dramatischen Vulkanismus: Island hat all das – und mehr!

Seite 12–39

Lavafontänen am Fimmvörðuháls beim Ausbruch des Eyjafjallajökull im Jahr 2010

Island – eine Katastropheninsel

Immer wieder wurde die Insel von Naturkatastrophen heimgesucht. Doch die Isländer kämpfen mit Mut und Ausdauer gegen alle Widrigkeiten und haben nie den Optimismus verloren, ihren Lebensraum gegen Feuer und Eis zu behaupten.

Durch die Geschichte Islands ziehen sich Naturkatastrophen wie ein roter Faden. Immer wieder öffnen sich Feuerspalten, speien Vulkane rotglühende Lava und schleudern riesige Aschemengen in den Himmel. Nach Vulkanausbrüchen unter dem Eis verwüsten Gletscherläufe ganze Landstriche. Seit der Besiedlung Islands im 9. Jh. ereigneten sich ca. 200 Vulkanausbrüche, weshalb die Isländer lernen mussten, mit Naturkatastrophen zu leben: Rein statistisch kommt alle fünf Jahre eine auf sie zu.

Der Vulkan unter dem Eyjafjallajökull (S. 185) in der Nähe der Südküste hat zwar eine lange Eruptionsgeschichte, doch er lässt viel Zeit zwischen den Ausbrüchen verstreichen. Seit der Besiedlung Islands war er lediglich fünf Mal aktiv. Der letzte Ausbruch 2010 hat jedoch weit über die Landesgrenzen hinaus für Schlagzeilen gesorgt, denn die gewaltigen Aschemengen, die dabei in die Luft geschleudert wurden, sorgten für eine beispiellose Beeinträchtigung des Luftverkehrs in weiten Teilen Europas.

Weitaus heftiger war der Ausbruch des Vulkans Bárðabunga ab August 2014, der bis Ende Februar 2015 andauerte. Aus einer 3 km langen Spalte trat mehr als 1 km³ Lava aus und verteilte sich über eine Fläche von 85 km². Lavafontänen schossen bis zu 100 m hoch aus dem Riss; begleitet wurde das Schauspiel von zahlreichen kleineren Beben. Da die Bárðabunga aber im menschenleeren Hochland liegt, entstanden kaum Schäden, nur die großen Mengen Schwefeldioxid in der Luft belasteten die Gesundheit der Isländer eine Zeit lang. 2021 brach der Fagradallsfjall auf der Reykjanes-Halbinsel aus und bot ein imposantes Schauspiel, richtete aber keinen Schaden an.

Eldgjá, Laki, Heinmaey, Surtsey
Ein Blick in die Geschichtsbücher belegt das Ausmaß und die Regelmäßigkeit der Katastrophen seit der Besiedlung: Im Jahr 934 öffnet sich die Feuerschlucht Eldgjá und stößt große Mengen Lava aus. 1104 bricht die Hekla (S. 184) aus, bis heute rumorte der Vulkan noch weitere 168-mal. 1783 führt der Ausbruch des Laki-Kraters (S. 186) zur größten bekannten Katastrophe, denn in der Folge sterben rund 10 000 Isländer. 1947 ereignet sich ein intensiver Ausbruch der Hekla. 1963 führen unterseeische Eruptionen vor der Südküste zum Auftauchen der neuen Insel Surtsey. 1973 schießen auf der Insel Heimaey (S. 177) aus einer sich plötzlich öffnenden, 1,6 km langen Spalte Lavafontänen. Dies führt zur Evakuierung eines Großteils der Bevölkerung der Westmännerinseln. 1996 schmelzen nach einem Vulkanausbruch unter dem Vatnajökull (S. 22) Teile des Gletschers, der darauffolgende Gletscherlauf zerstört Teile der Ringstraße. 1998 bricht der Vulkan unter dem Vatnajökull erneut aus. Seit 2023 rumort es auf der Reykjanes-Halbinsel gewaltig.

Auch die Zukunft der Insel wird unruhig bleiben. Doch welcher Vulkan sich als nächstes meldet, weiß niemand. Die Katla (S. 180) unter dem Mýrdalsjökull wäre ein Kandidat. Seit Beginn der Aufzeichnungen ist sie etwa alle 50 Jahre aktiv geworden, ihr letztes Lebenszeichen gab sie 1918, ein weiterer Ausbruch ist somit also längst überfällig.

Eine junge Insel
Erst vor 20 Mio. Jahren tauchte Island aus den Fluten des Nordatlantiks auf, damit ist es das jüngste Land Europas. Für Geologen hat die Insel damit noch nicht

einmal das Teenageralter erreicht. Die Vulkaninsel liegt auf dem Mittelatlantischen Rücken, einem gewaltigen unterseeischen Gebirgszug, der die Grenze zwischen nordamerikanischer und eurasischer Kontinentalplatte bildet. Jedes Jahr driften diese beiden Platten rund 2 cm auseinander. Durch die Spreizung des Ozeanbodens entsteht eine Lücke, die ständig mit heißem Magma aus dem Erdinneren aufgefüllt wird. Sehr anschaulich zeigt sich die Nahtstelle der beiden Kontinentalplatten in der Almannagjá-Schlucht (S. 84) im Þingvellir-Nationalpark.

Nur an wenigen Stellen durchstößt der Mittelatlantische Rücken die Wasseroberfläche, eine davon ist

Der Geysir Strokkur bietet ein faszinierendes Naturschauspiel.

Island. Der Gebirgsrücken verläuft von Südwesten nach Nordosten über die gane Insel, was eine rund 50 km breite, geologisch höchst aktive Zone zur Folge hat. Je weiter man sich von dieser aktiven Zone entfernt, desto länger liegen die vulkanisch aktiven Zeiten zurück.

Viele aktive Vulkane

Als aktiv wird ein Vulkan definiert, wenn er seit der Eiszeit mindestens einmal ausgebrochen ist. Dazu gehören Askja, Bárðabunga, Eldfell (S. 176), Hekla, Katla, Laki, Snæfellsjökull (S. 93) und einige weitere. Sie liegen alle in der aktiven Zone, die die Insel von Südwesten nach Nordosten durchzieht.

Auf Island sind so gut wie alle Vulkantypen zu finden, wobei Wissenschaftler zwischen Spaltenvulkanen und Zentralvulkanen unterscheiden. Bei Spaltenvulkanen tritt die Lava entlang einer manchmal kilometerlangen Spalte aus, dabei können auch kleinere Krater entstehen. Beispiele sind das Eldfell auf Heimaey und die Laki-Spalte. Neben Spaltenvulkanen gibt es auch viele Zentralvulkane, die in verschiedene Untergruppen eingeteilt werden. Am häufigsten kommen Stratovulkane vor, die gut an ihrem hohen, perfekt geformten Kegel zu erkennen sind.

Eine isländische Besonderheit sind Vulkane, die unter einer teilweise mehrere hundert Meter dicken Eisschicht liegen, z. B. die Stratovulkane Snæfellsjökull, Eyjafjöll und Hvannadalshnúkur.

Unter dem Mýrdalsjökull liegt die Katla, die viele Wissenschaftler für den gefährlichsten Vulkan Islands halten. Unter dem Eis des Vatnajökull befindet sich die Grímsvötn. Steigt heißes Magma aus dem Vulkan auf, entstehen riesige Schmelzwassermengen, die zusammen mit tonnenschweren Eisbrocken in einem Gletscherlauf in Richtung Küste fließen und auf ihrem Weg alles zerstören.

Schildvulkane, wie die Skjaldbreiður bei Þingvellir, haben sehr flache Hänge und sind deshalb nicht immer sofort als Vulkane zu erkennen. Entstanden sind sie durch dünnflüssige Lava.

Das schönste Beispiel für einen Tafelvulkan ist die Herðubreið (die »Breitschultrige«; S. 23) inmitten des Hochlandes.

Geysire, heiße Quellen und brodelnde Schlammtöpfe

Vulkanausbrüche werden Islandbesucher nur selten erleben, doch die sogenannten postvulkanischen Erscheinungen sind in keinem Land Europas so zahlreich und sorgen vielerorts für spektakuläre Naturerlebnisse.

Heiße Quellen, von denen es rund 600 auf Island gibt, treten meist dort an die Oberfläche, wo es schon lange keine vulkanische Aktivität mehr gibt. Die Restwärme genügt, um Wasser, das durch Spalten eindringt, in der Tiefe zu erwärmen. Heiße Quellen sind sehr mineralienreich, sie enthalten Kochsalz, Natriumsulfat, Kalzium, Eisen, Fluor und Bor, aber auch gelöste Gase wie Sauerstoff und Stickstoff.

Blubbernde Schlammtöpfe sind eine Sonderform der heißen Quellen. Sie entstehen, wenn heiße Gase und Wasser das Gestein zersetzen und sich dieser oft graue Brei in einem Becken sammelt. Noch spektakulärer, weil oft in kräftigen Farben leuchtend, sind Fumarolen und Solfataren. In heißen Gesteinsschichten wird Wasser erhitzt, der entstehende Wasserdampf mischt sich dann mit den Magmagasen und entweicht zischend durch Spalten. Dabei kristallisieren Eisen- und Schwefelverbindungen aus, die sich um die Austrittsöffnung als rote, gelbe oder orangene Kristalle niederschlagen.

Zu den größten Attraktionen zählen Geysire, heiße Quellen, die in mehr oder weniger regelmäßigen Intervallen eine Fontäne aus Wasser und Dampf ausstoßen. In Island gibt es allerdings nur zwei Geysire (S. 87), und nur einer davon ist regelmäßig aktiv: der Strokkur, der auf dem Golden Circle liegt und bei keinem Islandbesuch fehlen darf.

1973 schossen Lavafontänen aus einem Spaltenvulkan der Insel Heimaey und begruben große Teile des Inselhauptorts unter einer meterdicken Schicht aus Asche und Lava.

Die Besiedelung Islands

Als erster Siedler gilt Ingólfur Arnarson, der um das Jahr 870 nach Island aufbrach. Sehr wahrscheinlich wurde die Insel aber schon früher entdeckt und zumindest zeitweise besiedelt. Die wichtigste historische Quelle ist das Landnahmebuch, das die ersten Jahre der Besiedlung dokumentiert.

Auf einem Hügel in Reykjavík erinnert eine Statue an Ingólfur Arnarson, den angeblich ersten Siedler, der sich dauerhaft in Island niedergelassen hat. Heroisch und monumental auf einem Sockel hat ihn der isländische Bildhauer Einar Jónsson dargestellt. Um 870 brach Arnarson mit seiner Familie, seinem Hausrat und seinem Ziehbruder Hjörleifur Hróðmarsson von Norwegen nach Island auf. Ein Neuanfang auf der bis dahin unbesiedelten Insel war seine einzige Chance, denn in der Heimat hatte er wegen Mordanklagen sein Land verloren. Als die Insel in Sicht kam, warf er nach alter Sitte die Hochsitzpfeiler seines ehemaligen Hauses ins Meer und gelobte, sich dort niederzulassen, wo sie ans Ufer geschwemmt würden. Er schlug sein Lager auf der Insel Ingólfshöfði vor der Südküste auf und schickte seine Sklaven auf die Suche.

Diese fanden die Hochsitzpfeiler allerdings erst Jahre später in ei-

Statue von Ingólfur Arnarson in Reykjavík

ner Bucht an der Südwestküste. Weil von den heißen Quellen Dampfsäulen aufstiegen, nannte Arnarson sie Reykjavík – Rauchbucht. Bis heute zieren seine Hochsitzpfeiler das Stadtwappen der isländischen Hauptstadt. Seine Wohnortwahl war allerdings alles andere als glücklich, denn die Lavafelder der Halbinsel Reykjanes ließen kaum Landwirtschaft und Viehzucht zu.

Hjörleifur ließ sich in der Nähe des heutigen Ortes Vík nieder, wurde dort allerdings von seinen irischen Sklaven erschlagen. Diese flohen auf die Westmännerinseln,

Ingólfur verfolgte sie und nahm blutige Rache.

Bei Bauarbeiten in Reykjavík hat man die Reste eines Langhauses aus der Wikingerzeit entdeckt, dessen älteste Teile sich ungefähr auf das Jahr 871 datieren lassen. Ob es das Haus des ersten Siedlers war, konnte bis heute nicht geklärt werden.

Nachbau eines Wikingergehöfts

Snæland, Garðarshólmi oder Eisland

Die Ankunft von Ingólfur Arnarson steht außer Frage, aber wahrscheinlich war er gar nicht der erste Siedler. Auf den Westmännerinseln hat man die Reste eines Langhauses aus dem 7. Jh. gefunden. Auch gibt es Hinweise, dass irische Mönche vor den norwegischen Wikingern auf Island lebten. Ob sie vor Vulkanausbrüchen flohen, von den Nordmännern vertrieben wurden oder mit ihnen verschmolzen, ist nicht bekannt.

Es gibt aber noch weitere Kandidaten für den ersten Siedler auf Island. Um 860 hatte sich in einem Sturm ein Wikingerschiff nach Reyðarfjörður verirrt. Der Norweger an Bord nannte die Insel Snæland. Einige Jahre später überwinterte ein Schwede in Húsavík und benannte die Insel nach sich selbst Garðarshólmi. Auch ein gewisser Flóki kam wohl vor Arnarson an, gab nach einem harten Winter aber auf und kehrte nach Norwegen zurück. Vom Anblick grönländischen Treibeises inspiriert, gab er der Insel den heutigen Namen Eisland.

Das Landnahmebuch

Als Epoche der Landnahme werden die Jahre zwischen 874 und 930 bezeichnet. In dieser Zeit verließen rund 400 Häuptlingsfamilien Norwegen und teilten die bis dahin unbewohnte Insel unter sich auf. Das altisländische Landnámabók (»Landnahmebuch«) erwähnt alle diese Siedler und ist damit die wichtigste historische Quelle der Kolonisation. Die in Besitz genommenen Ländereien sind im Landnámabók aufgelistet, die Grenzen der Siedlungen sind ebenso vermerkt wie biografische Daten der neuen Landbesitzer. Trotz dieser Details gilt das Buch nur als teilweise verlässlich, denn die ursprüngliche Version entstand wohl erst im 11. Jh. nach mündlicher Überlieferung, ist allerdings nicht erhalten geblieben. Deshalb stützt sich die Geschichtsforschung auf fünf mittelalterliche Bücher, von denen das älteste und einzig vollständige, das Sturlubók, im 13. Jh. geschrieben wurde.

Das Hochland

Ein Ausflug auf eigene Faust ins Hochland ist immer noch ein Abenteuer. Ob zu Fuß, mit dem Mountainbike, dem Pferd oder dem Auto, eine Reise durch die Mitte der Insel sollte gut geplant werden. Wer es bequem mag, steigt in einen der hochbeinigen Busse und lässt sich durch die Wildnis chauffieren. Nur wer das Landesinnere Islands erlebt hat, kennt auch die Seele der Insel aus Feuer und Eis.

Drei Viertel der Insel zählen zum Hochland, definitionsgemäß sind das alle Gebiete, die höher als 200 m liegen. Den Menschen bleibt nur ein teilweise recht schmaler Küstenstreifen. Fast menschenleer, weil meist lebensfeindlich, fasziniert das Hochland mit archaischen Landschaften, die zumindest in Europa ihresgleichen suchen. Wohin man schaut, breitet sich eine grandiose Wildnis mit reißenden Flüssen, trostlosen Wüsten, schroffen Gipfeln, farbenprächtigen Rhyolithbergen, heißen Quellen, tiefen Schluchten, versteckten Tälern und vielfältigen Spuren von aktivem und erloschenem Vulkanismus aus.

Die oftmals triste Vegetationslosigkeit wird durch Trockenheit und Winderosion verursacht. Selbst wenn Regen fällt, versickert er meist schnell im porösen vulkanischen Gestein. Grüne Oasen, in denen sich neben Moosen auch robuste Pflanzen wie Arktische Weidenröschen oder Stängelloses Leimkraut ansiedeln, können nur in geschützten Lagen mit genügend Feuchtigkeit überleben.

Auch wenn das Hochland nie dauerhaft besiedelt wurde, ist es doch nicht frei von menschlichen Einflüssen. Mehrere Geothermalkraftwerke gibt es mittlerweile, doch die größten Eingriffe in die Natur verursachen Wasserkraftwerke. Für das Kárahnjúkar-Kraftwerk im Osten Islands, immerhin eines der größten Europas, mussten riesige Staudämme errichtet werden. Gegen diese gravierenden Eingriffe in die Natur regt sich seit einiger Zeit Widerstand. Islandbesuchern jedoch ermöglichen die oftmals gut ausgebauten Zufahrtstraßen zu

Der riesige Gletscher Vatnajökull bedeckt etwa 8 % der Fläche Islands.

den Stauseen reizvolle Abstecher ins Hochland auch ohne Allradfahrzeug.

Der Vatnajökull

Rund 8100 km² der Hochlandfläche liegen unter dem Eis des Vatnajökull, Europas größtem Gletscher. Im Jahr 2008 wurde der Vatnajökull-Nationalpark gegründet. Nach der Erweiterung um angrenzende Gebiete wie Lakagígar (S. 186), Langisjór und Krepputunga sowie die ehemals eigenständigen Nationalparks Skaftafell und Jökulsárgljúfur umfasst der Nationalpark nun 14 200 km², was rund 14 % der Inselfläche entspricht.

Wie viele andere Gletscher Islands entstand der Vatnajökull nicht während der letzten Eiszeit, sondern vor etwa 2500 Jahren. Besonders stark wuchs er während der sogenannten Kleinen Eiszeit, die vom 15. Jh. bis zum Ende des 19. Jh.s dauerte. Seitdem wird der Gletscher wieder kleiner, eine Folge der allgemeinen Klimaerwärmung; bis jetzt hat er schon rund 10 % seiner Masse verloren. Wegen des geringeren Gewichts des Eises hebt sich nun das Land – in der Mitte des Gletschers in den letzten 100 Jahren um rund 100 m, an seinen Rändern immerhin noch um 50 m. Unter dem bis zu 950 m mächtigen Eispanzer liegen auch einige aktive Zentralvulkane, von denen die Grímsvötn der aktivste und die Bárðabunga der größte ist. Diese sorgen immer wieder für subglaziale Ausbrüche, die zwar kaum Lava fördern, aber große Mengen Eis schmelzen, was verheerende Gletscherläufe zur Folge haben kann.

Während der Nordteil des Vatnajökull mitten im Hochland liegt, das nur auf holprigen Allradpisten zu erreichen ist, führt an seiner Südkante über weite Strecken die Ringstraße entlang. Oft reicht dort das Eis bis fast an die Küste, und die

Ringstraße muss sich durch einen schmalen Streifen eisfreien Landes zwängen.

Askja und Herðubreið

Askja und Herðubreið bilden zwei markante Gebirgsformationen nördlich des Vatnajökull. In der nordischen Mythologie ist Askja synonym mit Asgard, der Heimat der Asengötter und Sitz Odins. Geologen sehen in ihr einen Zentralvulkan, der Teil eines rund 200 km langen Systems ist. Der eigentliche Vulkan besteht aus mehreren unterschiedlich alten, ineinander verschachtelten Calderen, die eine Fläche von rund 50 km² bedecken. In der jüngsten Caldera von 1875 liegt der See Öskjuvatn. Ausbrüche in der Vergangenheit haben in der Drekagil (»Drachenschlucht«) im Kraterrand bizarre Lavafelsen geformt und die Ebenen um den Berg mit Bimsstein bedeckt.

Herðubreið, die »Breitschultrige«, gehört ebenfalls zum Vulkansystem der Askja. Wegen der markanten Silhouette, die schon von Weitem inmitten der Wüste Ódáðahraun zu erkennen ist, gilt der Tafelvulkan als Königin der isländischen Berge. Das Gipfelplateau überragt die umgebenden Lavafelder um beeindruckende 1000 m. Der höchste Gipfel (1682 m) ragt noch 200 m höher als die Tafelfläche auf. Am Fuß des Berges liegt die Oase Herðubreiðarlindir, früher Aufenthaltsort von Geächteten.

Wer einen kurzen Abstecher von der Ringstraße zum Hof Möðrudalur macht, genießt einen eindrucksvollen Blick auf die aus der Ebene heraus ragende Herðubreið. Möðrudalur, 469 ü. d. M., ist der am höchsten gelegene bewirtschaftete Hof Islands und lebt von der Schafzucht und dem Tourismus.

Grandiose Hochlandrouten

Alle Hochlandpisten werden im Frühsommer nach und nach geöffnet, im Winter sind sie nicht passierbar. Das isländische Straßenverkehrsamt gibt wöchentlich eine Übersichtskarte zum Zustand der Hochlandpisten heraus. Vor allem nicht überbrückte Flüsse erfordern Umsicht, denn die Wassertiefe der Furten ist erheblich von Tageszeit und Wetterlage abhängig. Neben den drei Hauptverbindungen – Kjölur, Kaldidalur und Sprengisandur – gibt es noch mehrere kürzere Hochlandpisten und Querverbindungen.

Die rund 190 km lange Kjölur beginnt im Süden am Gullfoss (S. 87) und führt zwischen den Gletschern Langjökull (S. 102) und Hofsjökull hindurch bis nach Blönduós (S. 158) an der Nordküste. Mittlerweile sind alle Flüsse überbrückt, die Piste kann deshalb auch mit einem normalen Pkw befahren werden, allerdings sollte man auf viele Schlaglöcher gefasst sein. Etwa auf halber Strecke liegt Hveravellir (S. 184), eines der größten und

Kurze Rast während einer Hochlandtour durchs Geothermalgebiet Hveravellir (oben). Wasserfälle sind im Hochland der Insel wahrlich keine Seltenheit (links).

schönsten Geothermalgebiete Islands. Hier kann man ein Bad in einer heißen Quelle nehmen und auf einem Spaziergang das auf einem flachen Hügel liegende Thermalgebiet erkunden. Auch der – nur mit einem Allradfahrzeug machbare – Abstecher zum Kerlingarfjöll (»Altweibergebirge«) lohnt, denn neben farbigen Rhyolithbergen gibt es hier noch heiße Quellen und eisige Gletscherzungen zu sehen.

Die Kaldidalur verbindet Þingvellir (S. 84) mit dem Norden und Westen Islands und ist etwa 50 km lang. Auf dieser Route sind schon die Goden zum alljährlichen »Alþingi« (Althing) geritten. Heute ist die Piste bei gutem Wetter auch mit einem normalen Pkw befahrbar. Von Süden kommend, passiert man den markanten Schildvulkan Skjaldbreiður, dann das kalte Tal Kaldidalur zwischen den Gletschern Ok und Þórisjökull, die Passhöhe Langihryggur und das Tal der Hvítá (S. 87), bis man schließlich in Húsafell (S. 101) ankommt.

Mit mindestens 200 km ist die Sprengisandur vom Mývatn (S. 142) bis Landmannalaugar (S. 181) die längste Hochlandpiste. Wegen der nicht überbrückten Flüsse gilt diese Strecke als die anspruchsvollste Hochlanddurchquerung und ist nur mit geländegängigen Fahrzeugen zu bewältigen. Ihren Namen erhielt die Route von der durchschnittlich 750 m ü. d. M. gelegenen Hochlandwüste zwischen Hofsjökull und Vatnajökull. Je nach Gemütsverfassung und Wetter wirkt diese Region wegen ihrer Kargheit majestätisch und beeindruckend oder deprimierend und trostlos. Bei guter Sicht bieten insbesondere die Gletscher Vatnajökull, Hofsjökull und Tungnafellsjökull einen grandiosen Anblick.

Eine mörderische Insel

Die Isländer haben schon im Mittelalter mit ihren Sagas, den Eddaliedern und der Skaldendichtung große Werke der Weltliteratur verfasst. Spätestens mit der Verleihung des Nobelpreises an Halldór Laxness 1955 kam die isländische Literatur dann wieder zu internationaler Anerkennung. Heute sind es die Islandkrimis, die für Aufsehen sorgen.

Die Beschäftigung mit Sprache und Literatur ist für Isländer seit jeher ungemein wichtig. Doch Schriftsteller haben es in Island trotzdem nicht leicht, denn der Buchmarkt ist wegen der geringen Einwohnerzahl klein, und so können nur wenige vom Schreiben leben. Trotzdem erscheinen jedes Jahr erstaunlich viele neue Bücher, denn angeblich schreibt jeder zehnte Isländer im Laufe seines Lebens ein Buch. Viele sind so lesenswert, dass sie mittlerweile auch ins Deutsche übersetzt werden.

Vielleicht liegt den Isländern das Schreiben einfach im Blut, vielleicht animieren aber auch die langen, dunklen Wintermonate zum Fabulieren. In jedem Fall spielt das Wetter in fast allen Islandkrimis eine ebenso wichtige Rolle wie der Mörder und der Kommissar. Schon im Sommer ist das isländische Wetter immer ein Thema, doch im Winter wird es dramatisch: eisige Kälte, Einsamkeit, heulender Wind, nicht enden wollender Schneefall, unpassierbare Straßen, eingeschneite Höfe und eine Dunkelheit, die auch am Tage kaum einem fahlen Tageslicht weicht. Gibt es ein besseres Szenario für düstere Verbrechen?

Lichtgestalt Arnaldur Indriðason

Arnaldur Indriðason (geb. 1961) arbeitete vor seiner Zeit als Schriftsteller als Journalist für Islands größte Tageszeitung »Morgunblaðið« und als Filmkritiker. Sein erstes Buch, »Synir Duftsins« (»Menschensöhne«), erschien 1997 und bildete den Auftakt einer Serie um den Ermittler Erlendur Sveinsson.

Ähnlich wie der vom schwedischen Kultautor Henning Mankell erfundene Kommissar Wallander, hat auch Indriðasons Protagonist Erlendur so seine Schwierigkeiten. Der Kommissar aus Reykjavík

kämpft in seinem Privatleben mit Einsamkeit und Schwermut, einem unversöhnlichen Verhältnis zu seiner Exfrau und einem schwierigen Umgang mit seinen beiden erwachsenen Kindern. Auch ein Trauma aus der Kindheit belastet ihn, denn bei einem Unwetter in den Bergen wurde er damals gerettet, sein Bruder jedoch blieb verschollen.

So ist es kein Wunder, dass die Bücher mit ihm als Protagonist atmosphärisch oft düster und melancholisch angelegt sind. Indriðasons erstes Buch war noch kein internationaler Erfolg, der kam erst mit dem im Jahr 2000 veröffentlichten dritten: »Mýrin« (»Nordermoor«). Es ist auch sein erster Roman, der ins Deutsche übersetzt wurde.

Vordergründig geht es bei seinen Krimis natürlich um blutige Verbrechen, Indriðason versteht es aber auch, immer wieder gesellschaftspolitische Probleme einzuflechten. In »Nordermoor« ist es die Gendatei, in der alle Bürger Islands und ihre Erbkrankheiten erfasst werden sollen. 2006 wurde »Nordermoor« als »Der Tote aus Nordermoor« von Regisseur Baltasar Kormákur verfilmt und beim 42. Filmfestival von Karlsbad mit dem Hauptpreis ausgezeichnet.

Mittlerweile umfasst die Erlendur-Reihe über ein Dutzend Bände.

Düstere Geheimnisse, blutige Morde

Yrsa Sigurðardóttir, Jahrgang 1963, studierte Bauingenieurwesen in Reykjavík und Montreal. Seit 1998 schreibt sie Kinderbücher, 2005 erschien ihr erster Krimi »Þriðja táknið« (»Das letzte Ritual«). Hauptfigur ist die alleinerziehende Ermittlerin und Rechtsanwältin Þóra Gudmundsdóttir, die von ihrem deutschen Freund, dem Ex-Polizisten Matthias, unterstützt wird.

Die Serie mit Þóra umfasst sechs Krimis. Weitere spannende Mordgeschichten von Yrsa Sigurðardóttir, die aber nicht zur Þóra-Reihe gehören, sind: »Ég man þig« (»Geisterfjord«), »Kuldi« (»Seelen im Eis«) und »Lygi« (»Nebelmord«).

Verbrechen in Siglufjörður

In dem verschlafenen Städtchen Siglufjörður (S. 136) passiert nie etwas – bis eines Tages eine Frau als blutverschmierte »Schneebraut« (»Snjóblinda«, 2010) halb nackt und blutend im Schnee liegt und ein betagter Schriftsteller eine Treppe hinunterfällt. Eingebettet hat Ragnar Jónasson (geb. 1976) die Geschichte in trübes Dezemberwetter, das schließlich in einer Lawine kulminiert, die das Dorf von der Außenwelt abschneidet – viel Arbeit für den jungen Polizeischüler Ari Thor. In Aris zweitem Fall »Myrknætti« (»Todesnacht«), erschienen 2012, geht es um Menschenhandel, im dritten Fall, »Blindes Eis«, erschienen 2017, versucht der Dorfpolizist einen alten Fall zu lösen. Insgesamt umfasst die »Dark Iceland-Serie« von Ragnar Jónasson bisher sechs ins Deutsche übersetzte Romane, weitere sind zu erwarten.

Wer ist Stella Blómkvist?

Keiner weiß es. Aber er/sie hat mittlerweile ein Dutzend Kriminalromane geschrieben, von denen bisher sechs ins Deutsche übersetzt wurden. Der Verlag gibt nur soviel preis: Stella Blómkvist ist das Pseudonym einer bekannten isländischen Persönlichkeit. Hauptperson ihrer Geschichten ist die Rechtsanwältin Stella Blómkvist. Sie ist ganz und gar nicht depressiv oder schwermütig wie ihre Kollegen Wallander und Erlendur, nein, sie ist frech, erfrischend, mutig, sarkastisch und flucht auch schon mal gerne. Die Titel ihrer blutigen Reihe beginnen im isländischen Original stets mit »Mord in ...«

Noch mehr Mordgeschichten

Sie haben Gefallen an Islandkrimis gefunden?
Dann wäre vielleicht auch eines der folgenden Bücher etwas für Sie:

Elías Snæland Jónsson: »Runen« (Rütten & Loening, Berlin 2011)
Viktor Arnar Ingólfsson: »Das Rätsel von Flatey« (Kindle 2009) oder »Späte Sühne« (Bastei Lübbe, Köln 2010)
Hallgrímur Helgason: »Zehn Tipps, das Morden zu beenden und mit dem Abwasch zu beginnen« (Tropen 2021)
Jón Hallur Stefánsson: »Eiskalte Stille« (List Taschenbuch, Berlin 2007)
Sólveig Pálsdóttir: »Eiskaltes Gift« (Aufbau Taschenbuch, Berlin 2014) oder »Tote Wale« (Aufbau Taschenbuch, Berlin 2015)
Þráinn Bertelsson: »Walküren« (dtv, München 2008) oder »Höllenengel« (Kindle 2017)
Árni Þórarinsson: »Todesgott« (Knaur TB, München 2011) oder »Ein Herz so kalt« (Knaur TB, München 2013)

Das Islandpferd

Die kleinen, zähen Pferde gehören seit Jahrhunderten zum Bild Islands. Ohne sie wäre eine Besiedlung der Insel kaum möglich gewesen. Heute bieten Islandpferde vielfältige Möglichkeiten für einen Reiturlaub – sowohl für Anfänger als auch für Fortgeschrittene. Zahlreiche Bauernhöfe und Veranstalter organisieren Reiterferien für jeden Geschmack, mit kurzen Ausritten oder mehrtägigen Touren.

Islandpferde – auch Isländer oder Islandponys genannt – sind klein, gutmütig und äußerst robust. Sie kommen in einer Vielzahl unterschiedlicher Farben vor, darunter Rappen, Braune, Füchse, Schimmel und Falben. Ein Islandpferd ist erst mit sieben Jahren ausgewachsen, ab dem vierten oder fünften Lebensjahr kann es eingeritten werden. Ein Alter von 30 oder mehr Jahren ist keine Seltenheit, häufig können die Pferde noch weit über ihr 25. Lebensjahr hinaus geritten werden.

Seit der Besiedlung bis zum Anfang des 20. Jh. waren sie unentbehrliche Reit- und Lasttiere, doch sie lieferten den Isländern auch so manches gute Steak. Im Süden Islands sind die Tiere stämmiger und werden eher des Fleisches wegen gezüchtet, während im Norden schmalere Tiere vorherrschen, die vor allem für den Reitsport geeignet sind. Islandpferde sind zwar relativ klein, doch wegen ihres kräftigen Körperbaus können sie auch problemlos von Erwachsenen geritten werden. Das Prädikat Islandpferd dürfen nur Tiere führen, deren Abstammung lückenlos zurückverfolgt werden kann.

Neben den Grundgangarten Schritt, Trab und Galopp beherrschen die meisten heute auch noch Tölt und Pass. Wenn ein Pferd töltet, sind abwechselnd nur ein oder zwei Hufe am Boden; da die Sprungphase fehlt, sitzt der Reiter fast erschütterungsfrei im Sattel.

Während des Sommers leben die Tiere frei, erst im September werden sie wieder zusammengetrieben, ein Fest, bei dem auch Touristen dabei sein können.

Pferde-Feste

Isländer lieben ihre Pferde, deshalb schließen sie sich in Vereinen zusammen und veranstalten landesweit Treffen, die »Hestamót«. Alle zwei Jahre findet dann, an wechselnden Orten, das »Landsmót« statt, ein großes Fest für Pferdefreunde, das Reitturnier, Reitmesse, Zuchtschau und Volksfest in einem ist.

Landsmót Hestamanna

Das nationale Pferdefest Landsmót fand erstmals 1950 statt. Inzwischen sind meist über 1000 Islandpferde und mehr als 600 Reiter dabei. Das letzte Landsmót fand 2024 in Reykjavík statt, 2026 richtet es Hólum í Hjaltadal aus (www.landsmot.is).

Im Herbst werden die sommers frei lebenden Islandpferde wieder zusammengetrieben.

Isländische Gaumenfreuden

Ein Restaurantbesuch in Island ist nicht ganz billig. Doch es lohnt sich, denn die häufigsten Zutaten – Fisch und Lamm – sind überall von bester Qualität und werden teilweise sogar auf Gourmetniveau zubereitet. Aber auch die traditionellen isländischen Gerichte gibt es noch, die ziemlich gewöhnungsbedürftig für Augen, Nase und Geschmacksnerven sein können.

Noch vor hundert Jahren war Island eines der ärmsten Länder Europas. Raues Klima, lange, kalte Winter und karge Böden führten zu einem sehr beschränkten Nahrungsangebot. Wichtigstes Nahrungsmittel war Fisch – ohne den die Insel wohl nie besiedelt worden wäre. Fleisch lieferten hauptsächlich Schafe, die auch auf den kargen Böden noch ausreichend Nahrung fanden, außerdem wurden einige Pferde und Kühe gehalten. Seevögel wie Papageitaucher und deren Eier dienten ebenso zur Bereicherung des Speiseplans wie Wal- und Robbenfleisch.

Dagegen war Obst-, Gemüse- und Getreideanbau durch das raue Klima kaum möglich. Den Vitaminbedarf deckten vor allem Rüben, Kohl, Rhabarber und verschiedene Beeren. Thymian, Kerbel und Kümmel waren die einzigen Gewürze, die auf der Insel wuchsen, entsprechend fade war das Essen zur Wikingerzeit.

Schon die ersten Siedler mussten sich Gedanken machen, wie sie die langen Winter Islands überstehen sollten. Um Nahrungsmittel zu konservieren, wurden diese getrocknet, geräuchert, gepökelt oder fermentiert. Der Großteil der so konservierten, traditionellen Gerichte wird heute nur noch zum Winterfest »Þorrablót« (Ende Januar) serviert und mit Kartoffeln und Rübenmus gegessen, den Rest des Jahres über findet man sie kaum noch auf den Speisekarten der isländischen Restaurants.

Mit viel Liebe gestaltet: In einem Fischrestaurant in Reykjavík wird ein Menü vorbereitet.

Traditionell und durchaus gewöhnungsbedürftig

Schon optisch nicht jedermanns Sache ist »Svið«, ein abgesengter, erst gekochter, dann im Ofen gebräunter halber Schafskopf. Wer ihn probieren möchte, findet ihn recht häufig im Supermarkt in der Kühltruhe.

Auch »Hákarl«, fermentierter Grönlandhai, ist aus der Not entstanden. Wegen des hohen Ammoniakgehaltes ist er ohne Fermentierung giftig, aber auch danach verströmt sein Fleisch einen sehr intensiven Geruch. »Kæst Skata« ist fermentierter Rochen, der ebenso zubereitet wird wie Hai; traditionell wird diese Spezialität am 23. Dezember verzehrt. »Slátur« sind in einem Schafsmagen gekochte Innereien vom Schaf, vergleichbar mit unserer Blut- (»Blóðmör«) bzw. Leberwurst (»Lifrarpylsa«) oder dem schottischen Haggis.

Wohl nur ganz Mutige, nicht in Island Aufgewachsene, trauen sich auch an sauer Eingelegtes wie Schafsinnereien (»Lundabaggar«), Robbenflossen (»Selshreyfar«) und Hammelhoden (»Pungur«).

Zur besseren Bekömmlichkeit dieser Köstlichkeiten gönnen sich die Isländer gern ein Glas – oder auch mehrere Gläser – vom »Svarti Dauði«, dem heimischen Branntwein, der nicht nur wegen des schwarzen Etiketts »Schwarzer

»Hákarl« (fermentierter Grönlandhai) riecht ziemlich streng.

Walfleisch?

Für den unwahrscheinlichen Fall, dass Sie Gefallen an Walfleisch (»hrefnukjöt«/»kvalkjöt«) gefunden haben und etwas davon mit nach Hause nehmen möchten: Tun Sie es nicht! Auch wenn man Walfleisch vakuumverpackt in so manchem Supermarkt bekommt, ist die Einfuhr nach Deutschland eine Straftat. Auf der Webseite https://artenschutz-online.de kann man sich darüber informieren, welche geschützten Tiere und Pflanzen sowie Erzeugnisse daraus in verschiedenen Urlaubsländern zum Kauf angeboten werden könnten.

Tod« genannt wird. Hergestellt wird der Rachenputzer aus fermentierten Kartoffeln und Kümmel, getrunken wird er gewöhnlich eiskalt.

Einen Versuch wert

»Harðfiskur« oder »Saltfiskur« ist luftgetrockneter, gesalzener Fisch, meist ist es Schellfisch oder Kabeljau, der in einer sehr kräftig duftenden Fischsuppe serviert wird und gut schmeckt. Gerne wird er auch, mit ein wenig Butter verfeinert, als Snack geknabbert; in kleinen Tüten abgepackt, bekommt man ihn in fast jedem Supermarkt.

Auch an »Hangikjöt«, stark geräuchertes Lammfleisch, und »Saltkjöt«, gepökeltes Fleisch, kann sich der mitteleuropäische Gaumen gut gewöhnen. Pökelfleisch wird oft als Suppeneinlage verwendet, »Hangikjöt« gern zusammen mit Kartoffeln, Béchamelsoße und grünen Erbsen an Weihnachten aufgetischt; kalt kann man es mit Fladenbrot essen.

»Plokkfískur« ist ein Eintopf aus gekochtem Fisch, Kartoffeln und Zwiebeln in weißer Soße. Dazu gibt es eine Scheibe »Rúgbrauð«, ein dunkles, oft süßes Roggenbrot. Ursprünglich wurde es mit Erdwärme dampfgegart, in einigen Orten, wie in Hveragerði (S. 170), wird es noch heute so zubereitet.

Isländische Küche heute

Mittlerweile ist Islands Küche erstaunlich vielfältig, von internationalen Fast-Food-Gerichten bis hin zu Gourmetrestaurants reicht das Angebot – zumindest in Reykjavík. In kleineren Orten bekommt man allerdings eher Hausmannskost serviert.

Kaffee wird zu jeder Tages- und Nachtzeit getrunken. Als Alternative zum »normalen« Kaffee kann man auch »Molakaffi« probieren: Zum schwarzen Kaffee wird Würfelzucker gereicht. Man nimmt den Zucker in den Mund und trinkt den Kaffee wie im Orient durch dieses Stück. Auch beeindruckend große Sahnetorten lachen einen überall an.

Etwas leichter ist das Nationalgericht »Skýr«, eine Mischung aus Joghurt und Quark; gern wird »Skýr« noch mit frischen Früchten und Sahne aufgepeppt. Hervorragend munden auch Crêpes (»Pönnukökur«), gefüllt mit Sahne oder Marmelade, und Schmalzgebäck (»Kleinur«).

Selbst wenn das Wetter oft nicht zum Eisessen animiert, die Isländer lieben es und stehen deshalb vor den angesagten Eisdielen gerne Schlange.

Wer es am Nachmittag lieber herzhaft mag, kein Problem: »Flatbrauð« ist ein Pfannkuchen aus Roggenmehl, der mit einer dünnen Scheibe »Hangikjöt« belegt wird. Auch ein Sandwich mit Krabben (»Rækja«) und Mayonnaise ist ein beliebter Nachmittagsimbiss.

Probieren Sie auf alle Fälle Lamm und Fisch, denn diese sind absolut frisch und immer eine gute Wahl. Die Lämmer verbringen den Sommer im Gebirge und ernähren sich von Wildkräutern, was ihrem Fleisch eine ganz besonders würzige Note verleiht.

Isländische Besonderheiten auf den Speisekarten der Restaurants sind Papageitaucher, Pferd und Wal. Ein Stück Walfleisch, das zubereitet stark an Rindfleisch erinnert, mag vielen befremdlich vorkommen, doch beim sehr umstrittenen Thema Walfang zeigt sich Island unnachgiebig. Zwar hat der Walfang längst schon keine wirtschaftliche Bedeutung mehr, aber verbieten lassen sich die Isländer ihn nicht. Und so findet sich auf den Speisekarten einiger Restaurants auch immer noch das Walsteak.

Seafood am Hafen von Reykjavík

Energie im Überfluss

Dank Geothermie und Wasserkraft brauchen sich Isländer keine Gedanken übers Energiesparen zu machen. Sie haben ein ganz anderes Problem: Das Land produziert so viel Strom, dass sie ihn eigentlich exportieren müssten. Doch wie soll das gehen?

Noch vor gut 100 Jahren wurde heißes Wasser fast nur zum Baden und Waschen genutzt. Im Reykjavíker Laugardalur, dem Tal der heißen Quellen, haben die Frauen früher Wäsche gewaschen. Heute ist hier das größte Schwimmbad der Hauptstadt – dessen Becken und Hot Pots natürlich mit geothermal erwärmtem Wasser gefüllt sind.

Das überall verschwenderisch aus der Erde sprudelnde heiße Wasser wurde früher auch zum Kochen genutzt; an einigen Stellen war es sogar so heiß, dass man das leckere »Hverabrauð« (dunkles Brot aus Roggenschrot) im heißen Dampf backen konnte.

Als Erfinder der Fernwärme gilt der Bauer Stefán Jónsson, der 1908 vor den Toren Reykjavíks mit dem Wasser einer Thermalquelle sein Haus beheizte. Es sollte allerdings noch etwas dauern, bis seine Idee in großem Maßstab umgesetzt wurde.

Viel ungenutztes Potenzial

Mit etwa 600 Heißwasserquellen, 250 Niedrigtemperaturgebieten sowie mehr als 30 Hochtemperaturgebieten steht Island mehr Energie aus dem Erdinneren zur Verfügung als jedem anderen Land der Welt. Von dem Potenzial an erneuerbarer Energie – Geothermie und Wasserkraft – wird bisher allerdings nur rund ein Viertel genutzt. Doch schon dies reicht aus, um die gesamte Stromerzeugung und mehr als 80 % des Energieverbrauchs aus erneuerbaren Energien zu decken.

Gegenwärtig gibt es sieben Geothermiekraftwerke: »Bjarnarflag« in Nordisland ging 1969 in Betrieb, dann folgten »Svartsengi« auf der Halbinsel Reykjanes, »Krafla« am Mývatn-See, Nesjavellir und »Hellisheiði« im Hengill-Gebiet, das »Reykjanes«-Kraftwerk sowie das in Húsavík.

Beheizte Bürgersteige

Fast alle Gebäude in Reykjavík sind an das Fernwärmenetz angeschlossen, landesweit sind es ca. 90 % der Haushalte. Nachdem das heiße Wasser für wohlige Wärme in den Häusern gesorgt hat, ist es immer noch badewannenwarm und wird dazu genutzt, Fahrbahnen und Bürgersteige schneefrei zu halten.

Schon in den 1920er-Jahren wurden die ersten Gewächshäuser mit Erdwärme beheizt. Mittlerweile wachsen für den heimischen Markt auf ca. 200 000 m² unter Glas Gemüse, Obst und Zierpflanzen. Um das Wachstum der Pflanzen zu beschleunigen, werden sie im Winter künstlich beleuchtet, Energie ist ja billig. Fast schon dekadent muten Pläne an, auch Golfplätze mit Erdwärme eisfrei zu halten.

Fossile Brennstoffe werden nur für Autos und Schiffe benötigt. Damit ist Island weltweit führend in der Nutzung sauberer Energien. Diese Voraussetzungen haben auch eine wichtige Rolle beim schnellen Aufstieg Islands von einem der ärmsten Länder Europas zu einem der wohlhabendsten gespielt.

Energiesparen? – Nein danke!

Ist Island deshalb ein Öko-Paradies? Nicht unbedingt, denn die Isländer

Vielerorts auf Island sind die Auswirkungen der Wärme in der Tiefe sofort zu erkennen (rechts: Geysir). Diese Wärme nutzen die Geothermiekraftwerke der Insel (unten: Svartsengi auf der Halbinsel Reykjanes).

gehen mit dem fast unerschöpflichen Reichtum verschwenderisch um. Der Pro-Kopf-Energieverbrauch Islands ist nach dem von Katar der zweithöchste weltweit, doch das liegt nicht am relativ kalten Klima. Über Energiesparen macht sich hier noch kaum jemand viele Gedanken, denn die Kosten für Strom und Fernwärme sind niedrig, und die Umweltbelastung dieses hohen Verbrauchs scheint unproblematisch zu sein.

Industrie kontra Natur

Zur Aluminiumproduktion wird viel Strom benötigt, den produziert Island konkurrenzlos günstig. Gute Voraussetzungen für den Staat und ausländische Investoren, Geld zu verdienen. Der amerikanische Alcoa-Konzern hat im ostisländischen Reyðarfjörður eine Aluminiumhütte in Betrieb genommen, die Island endgültig zu einem der weltweit größten Aluminiumproduzenten gemacht hat. Zur Stromversorgung musste im Hochland bei Káhranjúkar ein riesiger Damm gebaut und ein bisher von menschlichen Einflüssen unberührtes Gebiet geflutet werden. Das größte Bauprojekt der isländischen Geschichte sollte angeblich nur Vorteile bringen: Reduzierung der Abhängigkeit von der Fischerei und sichere Arbeitsplätze in den strukturschwachen Ostfjorden. Doch das Projekt wurde nicht nur zum größten, sondern auch zum umstrittensten Bauvorhaben Islands. Denn erstmals haben sich viele Isländer die Frage gestellt: Wie viel Natur darf den wirtschaftlichen Interessen geopfert werden?

Und auch die augenscheinlich umweltfreundliche Geothermie bringt nicht nur Vorteile: Geothermiekraftwerke produzieren zwar keine Treibhausgase, jedoch wird Schwefelwasserstoff frei, und der riecht nach faulen Eiern. Zudem ist das heiße Wasser aus dem Erdinneren oft mit Schwermetallen belastet.

Zukunftsmarkt Energieexport

Die energieintensive Aluminiumindustrie ins Land zu holen, war bis jetzt die einzige Möglichkeit, mit billigem Strom Geld zu verdienen.

Ein anderer Ansatz ist, den Strom zu exportieren. Dazu wäre aber ein Unterseekabel ins 1000 km entfernte Schottland nötig. Das ist zwar technisch machbar, die Kosten bereiten den Isländern jedoch Sorgen. Wegen stark gestiegener Strompreise in Europa könnte sich das Megaprojekt aber bald rechnen.

Ein weiteres Projekt, die ebenfalls energieintensive Produktion von Wasserstoff in großem Stil, hat bis jetzt nicht zum gewünschten Erfolg geführt. Im Rahmen eines EU-Forschungsprogrammes wurden vor einigen Jahren drei Reykjavíker Stadtbusse auf umweltfreundlichen Wasserstoff umgestellt. Doch auch dieser Ansatz hat bislang noch nicht die Serienreife erreicht.

Pool statt Pub

Das Meer um Island ist viel zu kalt zum Baden, doch es gibt Alternativen: Schwimmbäder und Hot Pots. Wohlig warm oder richtig heiß: Sie haben die Wahl – und die Auswahl, denn in jedem noch so kleinen Dorf wartet das herrliche Badevergnügen auf Sie.

Wohl kaum ein Isländer würde sich in einem deutschen Schwimmbad wohl fühlen. Wahrscheinlich würde er ungläubig einen Fuß ins Wasser halten und dann fröstelnd gleich wieder unter der warmen Dusche verschwinden. Daraus zu schließen, dass Isländer wasserscheu sind, wäre aber ganz und gar falsch, denn auf der Insel im Nordatlantik gibt es eine uralte Badekultur.

Zwar gibt es einige Hartgesottene, die sich selbst im Winter ins eiskalte Meer stürzen und schwärmen, dies wäre das gesündeste Vergnügen der Welt. Doch die meisten Isländer gehen lieber ins Schwimmbad, um im mindestens 28 °C warmen Wasser gemütlich ein paar Bahnen zu schwimmen und sich dann in den »Heißen Pott« zu setzen. Das meistens runde, whirlpoolähnliche Becken ist mit mindestens 38 °C warmem Wasser gefüllt, meistens gibt es sogar noch einen weiteren »Pott« für die, die es noch etwas wärmer lieben; 42 oder 43 °C sind da genau richtig.

Heißes Wasser – überall

Island befindet sich in der beneidenswerten Lage, über praktisch unbegrenzte geothermische Ressourcen zu verfügen, überall sprudelt fast kochend heißes Wasser aus der Erde, mit dem neben Häusern und Bürgersteigen natürlich auch fast alle der rund 200 landesweiten Schwimmbäder beheizt werden. Die Finnen oder die Esten haben die Sauna erfunden, um dem kalten Klima zu trotzen, die Isländer den Hot Pot.

Der Aufenthalt im warmen Wasser dient natürlich der Entspannung, aber nicht nur, denn was dem Engländer sein Pub, ist dem Isländer sein Hot Pot: eine kulturelle Errungenschaft oder ganz einfach ein Ort, an dem man sich wohlfühlt. Hier trifft man sich, diskutiert mit Freunden wie am Stammtisch die aktuelle politische Lage oder wie sich die Kinder in der Schule machen.

Da Kneipen und Kulturzentren in dem Land am Polarkreis Mangelware sind, wird der Hot Pot auch mal zum Veranstaltungsort für ein Jazzkonzert, eine Performance, eine Lunchparty oder eine Lesung. Obwohl fast alle heißen Pötte im Freien sind, bieten sie ein Ganzjahresvergnügen, denn wer bis zum Hals im warmen Wasser sitzt, den stört auch der stärkste Regen oder garstigste Wind nicht. Und im Winter setzt man eine Mütze auf. Außerdem, was gibt es Schöneres, als den funkelnden Sternenhimmel oder gar das Nordlicht aus einer dampfenden Badewanne heraus zu beobachten?

»Hot-Pot-Erfinder« Snorri Sturluson

Die englischen Pubs können zwar auch auf eine lange Geschichte zurückblicken, doch einen Hot Pot gab es schon zur Sagazeit. Gebaut hat ihn der kluge Staatsmann und Historiker Snorri Sturluson im 13. Jh. in Reykholt (S. 101). Auch Snorris Freiluftbadewanne war schon rund wie fast alle heutigen Hot Pots und bot Platz für den Luxus liebenden Staatsmann sowie rund ein Dutzend seiner Freunde. Woher wir das wissen? Archäologen haben die runde Badestelle rekonstruiert, man kann sie sich in Reykholt anschauen.

Mittlerweile hat es sich auch unter den Besucherinnen und Besuchern herumgesprochen, wie gut ein Bad unter freiem Himmel im wohlig warmen Wasser tut, nicht umsonst zählt die »Blaue Lagune« (S. 89) zu den meistbesuchten Sehenswürdigkeiten des Landes.

Auch warme Thermalbäche (hier bei Fluðir) bieten Abschnitte, die sich zu einem Hot Pot umfunktionieren lassen.

Die »Ebene der heißen Quellen«: Hveravellir (rechts)

Natürliche Hot Pots

Wer Gefallen an der isländischen Badekultur gefunden hat, macht sich irgendwann auf die Suche nach natürlichen Hot Pots, die oft gar nicht so leicht zu finden und manchmal sogar erst nach einem längeren Fußmarsch zu erreichen sind. Auch wenn das Wasser in diesen Naturpools mehr oder weniger stark nach Schwefel riecht, lohnt sich die Mühe, denn oft sitzt man ganz allein im heißen Wasser, genießt einen faszinierenden Blick auf Fjorde oder Berge und kann in aller Ruhe seinen Gedanken nachhängen. Machen Sie sich auf die Suche nach Ihrem ganz persönlichen Lieblings-Hot Pot, dann kann Ihnen auch schlechtes Wetter nichts mehr anhaben und Sie werden sich garantiert in Island verlieben.

Die spektakuläre Hallgrímskirkja war zunächst nicht unumstritten, doch heute ist sie eines der Wahrzeichen Reykjavíks.

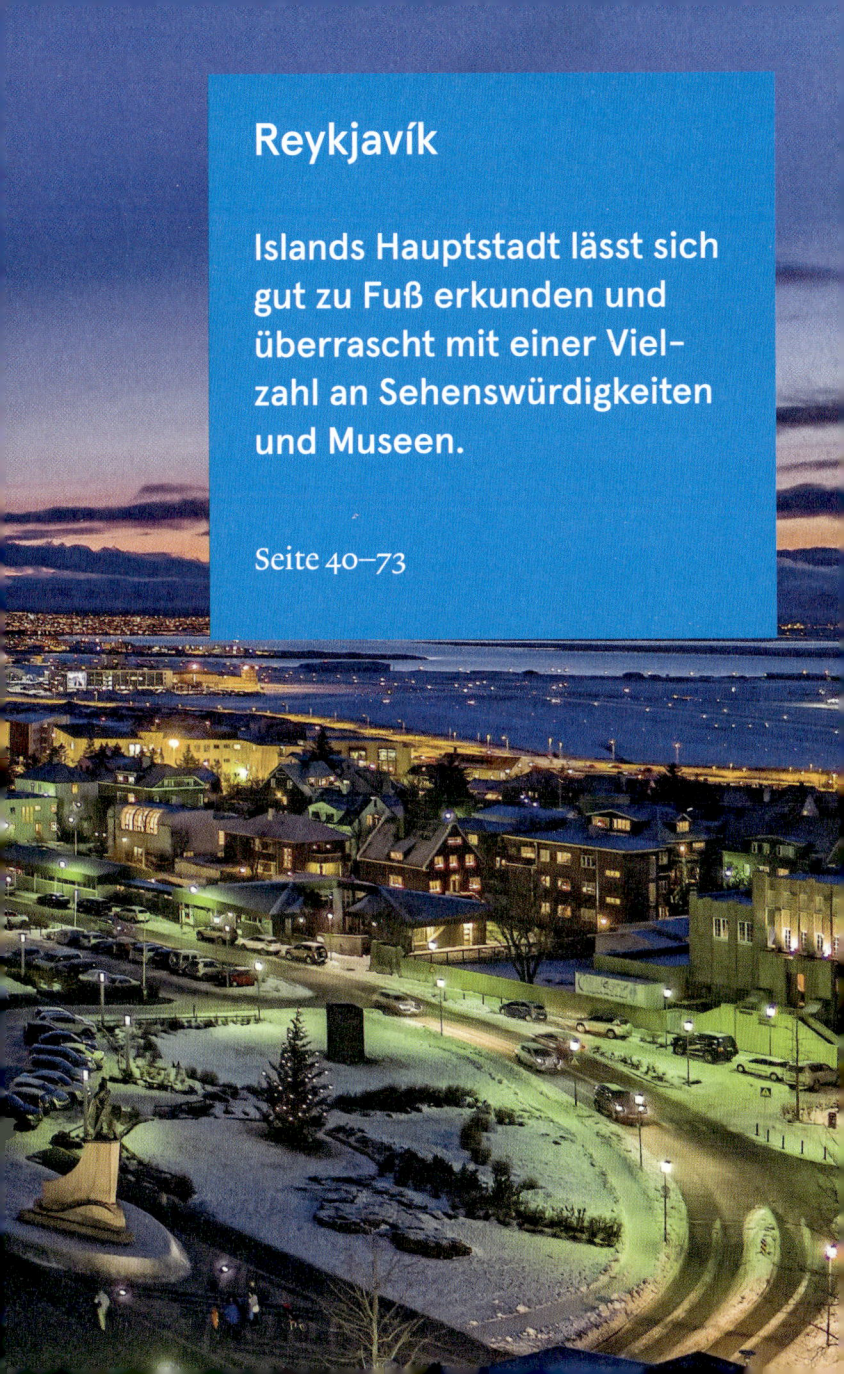

Reykjavík

Islands Hauptstadt lässt sich gut zu Fuß erkunden und überrascht mit einer Vielzahl an Sehenswürdigkeiten und Museen.

Seite 40–73

Erste Orientierung

Reykjavík bildet das wirtschaftliche, kulturelle und politische Zentrum Islands. Die Stadt strahlt eine ruhige Gelassenheit aus, ohne dabei langweilig zu sein. An Wochenenden erlebt man die sonst so zurückhaltenden Bewohner in Partystimmung, wobei auch der Alkohol eine große Rolle spielt.

Rund ein Drittel der Isländer lebt in Reykjavík, rechnet man die Nachbarstädte Kópavogur, Garðabær und Hafnafjörður noch dazu, mit denen die Hauptstadt mittlerweile zusammengewachsen ist, sind es sogar zwei Drittel. Und doch ist das touristische Zentrum mit den meisten Sehenswürdigkeiten überschaubar geblieben und gut zu Fuß zu erkunden.

Die Altstadt breitet sich zwischen Tjörnin-See und Altem Hafen aus. Auf dem zentralen Austurvöllur-Platz steht weithin sichtbar die Statue von Jón Sigurðsson, dem wichtigsten Kämpfer für die Unabhängigkeit Islands im Jahr 1944. Am Tjörnin-See steht das moderne Rathaus der Stadt, hier lohnt ein Blick auf die mehrere Quadratmeter große Reliefkarte der Insel im Foyer.

Reykjavík ist eine junge Stadt mit nur wenigen historischen Gebäuden, von denen einige noch aus der zweiten Hälfte des 18. Jh.s stammen. Nach dem Zweiten Weltkrieg mussten viele der mit Wellblech verkleideten Häuser Neubauten weichen. Der Bauboom erlahmte erst mit der Wirtschaftskrise von 2008, von der sich das Land mittlerweile aber erholt hat.

TOP 10

❽ ★★ Gamla Höfn (Alter Hafen)
❾ ★★ Þjóðminjasafn (Nationalmuseum)

Nicht verpassen!

⓫ Hallgrímskirkja (Hallgrimskirche)
⓬ Kjarvalsstaðir (Kjarval-Museum)
⓭ Ásmundarsafn (Ásmundur-Sveinsson-Museum)
⓮ Perlan

Nach Lust und Laune!

⓯ Hið Íslenzka Reðasafn (Phallusmuseum)
⓰ Reykjavík 871±2
⓱ Hafnarhús (Hafenhaus)
⓲ Harpa (Konzerthaus)
⓳ Listasafn Íslands (Nationalgalerie)
⓴ Listasafn Einars Jónssonar (Einar-Jónsson Museum)
㉑ Árbæjarsafn Freilichtmuseum (Árbæjarsafn)
㉒ Hafnarfjörður
㉓ Gljúfrasteinn (Halldor-Laxness-Museum)

Mein Tag
im modernen Reykjavík

Dieser Spaziergang führt zu den modernen Highlights der Stadt, aber auch zu Kunstwerken, die man nicht auf den ersten Blick wahrnimmt.

9 Uhr: Guðjón Samúelssons Meisterwerk

Beginnen Sie Ihren Stadtspaziergang an der ⓫ Hallgrímskirkja, einer der prominentesten Sehenswürdigkeiten Reykjavíks. Das weiße Gotteshaus thront weithin sichtbar auf einem Hügel und reckt seinen schlanken Turm mehr als 70 m in den Himmel. Staatsarchitekt Guðjón Samúelsson ließ sich von Basaltsäulen wie denen am Svartifoss leiten, manche behaupten aber auch, die Kirche ähnle einem Space Shuttle auf der Startrampe. Weitere Bauten von ihm sind in Reykjavík das Hauptgebäude der Universität, das Nationaltheater sowie die katholische Kathedrale.

11 Uhr: Zur Sonnenfahrt

Von der Hallgrimskirche schlendern Sie in Richtung Wasser, überqueren die vielbefahrene Sæbraut und stehen vor dem Edelstahlskelett »Sólfariđ« (Sonnenfahrt) von Jón Gunnar Árnason. Die Skulptur stammt von 1986 und ähnelt einem Wikingerschiff. Vor allem bei Sonnenuntergang ist es eines der beliebtesten Fotomotive der Stadt.

12 Uhr: Der Regenbogenwürfel

Von der »Sonnenfahrt« sieht man schon das Konzerthaus ⓲ Har-

11 Uhr

Symbol für den Aufbruch zur Entdeckung ferner Ufer – Jón Gunnar Árnasons Skulptur »Sólfarið« (Sonnenfahrt) ist ein sehr beliebtes Fotomotiv.

pa, das wegen der Finanzkrise beinahe nicht fertiggestellt wurde. Heute haben Symphonieorchester und Oper hier ihre Spielstätte. Das Flaggschiff moderner Architektur, ein verkanteter Würfel des dänischen Architekten Henning Larsen, beeindruckt vor allem wegen seiner gläsernen Fassade. Ólafur Elíasson hat sie ausgetüftelt und auch hier dienten wohl rechteckige Basaltsäulen – wie bei der Hallgrímskirkja – als Inspiration. Keine der 956 Glasscheiben gleicht der anderen, was praktisch unendlich viele Lichtbrechungseffekte zur Folge hat. 2013 wurde der Bau mit dem Mies van der Rohe Award ausgezeichnet.

14 Uhr: Nur ein grüner Hügel?

Von der Konzerthalle Harpa sehen Sie schon das nächste Ziel, den grasbewachsenen Hügel Þúfa. Um dorthin zu gelangen, müssen Sie allerdings zunächst den Alten Hafen umrunden. Der Hügel hat einen Durchmesser von 26 m, auf seiner Spitze steht ein winziges Holzhaus, in dem Fische trocknen. Ein schmaler Pfad führt spiralförmig zum »Gipfel«. Vorbilder für das Werk der Künstlerin Ólöf Nordal waren diverse Elemente der isländischen Natur und Geschichte. So ganz nebenbei genießt man von dem Hügel einen schönen Blick auf den Hafen, die Stadt und die umgebenden Berge.

12 Uhr

15 Uhr

9 Uhr

Das Konzerthaus Harpa ist nicht nur ein Ort der Musik, sondern auch ein preisgekröntes architektonisches Meisterwerk (ganz oben).

Reykjavíks Alter Hafen hat sich in den letzten Jahren zu einem lohnenden Ziel gemausert (oben).

Vor der Hallgrímskirkja steht ein Denkmal für Leifur Eiríksson, der den amerikanischen Kontinent Jahrhunderte vor Kolumbus fand.

15 Uhr: Im Alten Hafen

Nach diesem ersten Teil des Stadtbummels haben Sie sich eine Pause verdient. Rund um den ❽ ★★ Gamla Höfn (Alter Hafen) bieten sich viele Möglichkeiten von der kultigen Eisdiele Valdís bis zum nepalesischen Himalayan Spice. Auch für die Abendgestaltung ist der Alte Hafen immer ein lohnendes Ziel.

16 Uhr: Modernes Rathaus oder Baracke?

Auf dem Weg vom Alten Hafen zum modernen Rathaus können Sie noch einen Stopp beim ⓱ Hafnarhús einlegen, wo Wechselausstellungen verschiedener in- und ausländischer Künstler gezeigt werden.

Schon als Reykjavík 1786 die Stadtrechte verliehen bekam, sollte

16 Uhr

Das 1992 eingeweihte Rathaus von Reykjavík ragt, auf Betonsäulen stehend, zum Teil in den See Tjörnin hinein (oben).

In Reykjavík ist abends einiges los – ganz besonders am Wochenende. Da lohnt es, durch die Bars und Kneipen zu ziehen, allein oder in einer geführten Tour (rechts).

ein Rathaus gebaut werden, doch wegen diverser Unstimmigkeiten wurde es erst 1992 eingeweiht. Der moderne Betonbau, der teilweise in den Stadtteich Tjörnin ragt, gefiel dann aber auch nicht allen, unter anderem wegen des tonnenförmigen Daches, das viele an die Barackenlager nach dem Zweiten Weltkrieg erinnerte. Auf jeden Fall sollten Sie im Innern einen Blick auf das große 3-D-Modell Islands werfen, das sehr anschaulich das Relief der Insel zeigt.

18 Uhr: Rund um den Tjörnin

Nehmen Sie sich Zeit für einen Spaziergang vom Rathaus um den See Tjörnin und den angrenzenden Park, denn hier sind mehr als ein Dutzend Skulpturen in- und ausländischer Künstler zu sehen. Darunter auch eine Skulptur von einem Jungen und einem Mädchen von Ásmundur Sveinsson, dem bekanntesten Bildhauer Islands. An zwei weiteren Werken von ihm, »Andlit sólar« (Das Gesicht der Sonne) und »Vatnsberinn« (Die Wasserträgerin) kommen Sie vorbei, wenn Sie der Lækjargata Richtung Meer folgen. Haben Sie Ásmundur Sveinssons Skulpturen neugierig gemacht? Dann sollten Sie unbedingt an einem anderen Tag noch sein Museum ⓭ Ásmundarsafn besuchen.

Wer jetzt noch nicht genug hat: Reykjavíks Nachtleben ist legendär – vor allem am Wochenende. Also sollten Sie ihren Stadtbummel möglichst auf Samstag oder Sonntag legen. Jeden Tag können Sie in einer kleinen Gruppe die angesagten Kneipen- und Bars erkunden.

Schwerpunkt der Tour ist die Verkostung isländischer Craft-Biere.

Valdís
✢ 230 nördl. A5 ✉ Grandagarður 21
☎ 586 80 88 ⊕ https://valdis.is ● tägl. 12–23 Uhr

Himalayan Spice
✢ 230 B5 ✉ Geirsgata 3 ☎ 519 74 44
⊕ www.himalayanspice.is
● tägl. 11.30–14, 16–22 Uhr

The Reykjavik Bar Tour
Buchen unter: ⊕ www.getyourguide.de
Start ist in der Aðalstræti 7.

❽ ★★ Gamla Höfn
(Alter Hafen)

Was?	Ausflüge, Kulinarik, Kultur – alles rund ums alte Hafenbecken
Warum?	Hier schlägt das neue Herz von Reykjavík.
Wann?	Jederzeit
Wie lange?	1 Stunde oder ein ganzer Tag
Was noch?	Ein Spaziergang zum Þufa-Hügel
Resümee	Viele sehenswerte Ziele auf kleinem Raum

In den letzten Jahren hat sich der Alte Hafen zu einem der wichtigsten touristischen Zentren der isländischen Hauptstadt entwickelt, denn in Hafennähe entstanden Museen, Geschäfte, Hotels, Restaurants und Cafés. Auch viele Ausflüge und Aktivitäten starten hier. Die Neugestaltung der Hafengegend – die Isländer nennen sie Grandi – ist aber noch nicht abgeschlossen, auch die restlichen Freiflächen, vor allem auf der Halbinsel Örfirsey, sollen noch bebaut werden.

Früher konnten Schiffe vor Reykjavík nur auf Reede gehen, die Waren mussten mit kleinen Booten an Land gebracht werden. In den ersten Jahrzehnten des 20. Jh.s wurde dann der Alte Hafen vor dem Zentrum ausgebaut. Doch auch der war bald für die größer werdenden Schiffe zu klein. Für die modernen Container- und Kreuzfahrtschiffe wurde deshalb der Sundahöfn, ein paar Kilometer weiter östlich, angelegt. Der Alte Hafen blieb Anlaufstation für Jachten, Fischerboote, Ausflugsboote und einige Walfangschiffe. Noch vor einigen Jahren bot die Gegend um den Alten Hafen einen tristen Anblick, doch inzwischen ist sie eine der Hauptattraktionen der Hauptstadt, mit dem ikonografischen Konzertgebäude Harpa am Südende.

Im Alten Hafen liegen heute nur noch einige Fischerboote und Jachten.

Magischer Moment

Tanzende Himmelslichter

Wenn Sie im Frühjahr, Herbst oder Winter nach Island kommen, haben Sie die Chance, Polarlichter zu erleben. Mit etwas Glück wabern dann meist grüne, manchmal aber auch rote und blaue Schleier über den Nachthimmel. Ein faszinierendes Schauspiel – wer es einmal gesehen hat, wird es nie wieder vergessen. Wer im Sommer nach Island reist, kann zumindest im Northern Light Center Aurora Reykjavík im Alten Hafen ins Träumen geraten. Die interaktive Ausstellung und der Film auf der Panoramaleinwand zeigen einige der schönsten Polarlichter. Fast so betörend wie das Original.
Fiskislóð 53; https://aurorareykjavik.is

Maritime Ausstellungen

In einer ehemaligen Fischfabrik befindet sich heute das Víkin Sjóminjasafn (Schifffahrtsmuseum), das alles thematisiert, was mit Fischerei und Fischverarbeitung zu tun hat. Zu sehen gibt es Modellschiffe, Schiffsmotoren und allerlei maritime Ausrüstungsgegenstände. Im Hafenbecken vor dem Eingang hat ein Schiff der Küstenwache, die Óðinn, die in allen drei »Kabeljaukriegen« (1958–1975) gegen Großbritannien zum Einsatz kam, ihren letzten Hafen gefunden.

Ebenfalls mit einem maritimen Thema befasst sich die Ausstellung Whales of Iceland. In der nach eigener Aussage größten Wal-Erlebnisausstellung Europas werden lebensgroße Modelle von 23 Walarten präsentiert, darunter auch ein Blauwal.

Rückblick in die Sagazeit

Das Saga Museum befindet sich in einem ehemaligen Lagerhaus am Alten Hafen. Es präsentiert die Geschichte Islands von der Ankunft der ersten irischen Mönche über den ersten dauerhaften Siedler Ingólfur Arnarson; auch Leifur Eiríksson, der Entdecker Amerikas, und die Entwicklung Islands bis zur Reformation werden beleuchtet. Und wie in Madame Tussauds Wachsfigurenkabinett wirken die Figuren in den nachgestellten Szenerien beinahe lebendig, denn ihre Kleidung und ihre Waffen wurden mit historisch überlieferten Methoden gefertigt. So sollen die Besucher einen möglichst authentischen Eindruck von der Zeit der ersten Siedler bekommen.

Der Rundgang durch das Museum umfasst 17 Stationen, die von einem Audioguide kommentiert werden. Nach dem Besuch der Ausstellung glaubt man, dass es zur Zeit der Sagas und Wikinger in Island ziemlich wild zuging.

Hügel Þúfa

Beim Blick Richtung Norden fällt ein kleiner grüner Hügel ins Auge, den man nach einem Spaziergang um das Hafenbecken erreicht. Þúfa hat die Künstlerin Ólöf Nordal ihr Kunstwerk genannt. Auf dem rund 8 m hohen, grasbewachsenen Hügel thront eine kleine Holzhütte, in der einige Trockenfische hängen. Von dem Hügel aus genießt man ei-

Þúfa – das grüne Kunstwerk am Hafen zieht die Blicke auf sich.

nen schönen Blick auf das Konzerthaus Harpa (S. 67), auch die Hallgrimskirche (S. 56) ist zu erkennen.

Whale Watching

Vom Alten Hafen aus starten mehrmals täglich verschiedene Walbeobachtungstouren, bei denen man auf der kleinen, rund 1 km weiter nördlich gelegenen Insel Akurey auch brütende Papageitaucher zu sehen bekommt.

KLEINE PAUSE

Probieren Sie, wie schon Ex-US-Präsident Clinton, das inoffizielle isländische Nationalgericht Hot Dog. Gehen Sie in die nahe Tryggvagata zum Hot-Dog-Stand **Bæjarins Beztu**, den Sie unschwer an seiner roten Farbe erkennen, und bestellen Sie »eina með öllu«. Nach weniger als einer Minute halten Sie den vielleicht besten Hot Dog Islands in der Hand.

Bæjarins Beztu: Tryggvagata 1 und weitere Standorte, Tel. 511 15 66, https://bbp.is, Mo-Do 9-1, Fr bis 2, Sa, So bis 6 Uhr

---

✢ 230 B/C5

Víkin Sjóminjasafn (Schifffahrtsmuseum)
✉ Grandagarður 8 ☎ 411 63 40
⊕ https://borgarsogusafn.is/en
🕐 tägl. 10–17 Uhr ⚓ 2350 ISK, bis 18 Jahre frei

Whales of Iceland
✉ Fiskislóð 23–25 ☎ 571 00 77
⊕ www.whalesoficeland.is
🕐 tägl. 10–17 Uhr

⚓ 4300 ISK, 7–15 Jahre 2150 ISK, Familie 8600 ISK

Saga Museum
✉ Grandagardi 2 ☎ 511 15 17
⊕ https://sagamuseum.is
🕐 tägl. 10–17 Uhr
⚓ 3600 ISK, 6–12 Jahre 1000 ISK

Elding Whale Watching
✉ Ægisgarður 5c
☎ 519 50 00 ⊕ https://elding.is
⚓ 13 990 ISK, 7–15 Jahre 6990 ISK

❾ ★★ Þjóðminjasafn (Nationalmuseum)

Was?	1200 Jahre Islandgeschichte in einem Museum
Warum?	Spannend erzählte, ganz und gar nicht verstaubte Geschichte
Wann?	Jederzeit
Wie lange?	Mindestens 2 Stunden
Was noch?	Unbedingt mit dem deutschsprachigen Audioguide durchs Museum gehen
Resümee	Alles, was man über die Geschichte Islands wissen will

Rekonstruierter Wohnraum eines mittelalterlichen Gehöfts

Bis zur Gründung des Isländischen Nationalmuseums 1863 befanden sich viele Kulturgüter Islands in dänischen Sammlungen. Kernstück des Museums ist die multimediale Dauerausstellung »Eine Nation entsteht«.

Die Ausstellung besteht aus etwa 2000 Objekten, beginnend mit der Zeit der Landnahme vor rund 1100 Jahren, sowie rund 1000 Fotografien aus dem 20. Jahrhundert. Symbolträchtig beginnt der Rundgang mit einem Schiff, auf dem die ersten Siedler ihre neue Heimat erreichten, und endet mit dem modernen Flughafen Keflavík als Tor in die Welt. Für jede Zeitperiode präsentiert die Ausstellung ein besonders charakteristisches Objekt. Für die Zeit von 800–1000 ist es eine kleine Bronzefigur, die entweder den nordischen Gott Thor mit seinem Hammer oder Christus mit einem Kreuz darstellt. Rund 200 Jahre später

Im Isländischen Nationalmuseum wird den Besuchern die Geschichte des Landes höchst anschaulich vermittelt.

datiert die Christusfigur von Ufsir in Nordisland. Aus der Zeit zwischen 1200 und 1400 stammt die Kirchentür von Valþjófsstaður, die mit aufwendigen Holzschnitzereien verziert ist. Den Buchdruck brachte Bischof Jón Arason 1530 nach Island, gut 50 Jahre später wurde die Guðbrandur-Bibel gedruckt. Aus der Periode zwischen 1600 und 1800 stammt ein Trinkhorn, das mit Szenen aus dem Alten und Neuen Testament verziert ist.

In der Zeit des nationalen Erwachens zwischen 1800 und 1900 entstand die reich verzierte Skautbúningur-Tracht. Ein Symbol für den Beginn des 20. Jh.s stellt die Blau-Weiße Fahne dar, die in Konkurrenz zur Fahne der dänischen Herrscher trat.

KLEINE PAUSE
Das **Museumscafé** im Erdgeschoss bietet täglich von 10 bis 16 Uhr Snacks, zur Mittagszeit auch warme Gerichte.

✢230 A2
✉Suðurgata 41 ☎530 22 00
⊕www.thjodminjasafn.is

🕑 Mai–Mitte Sept. tägl. 10–17, sonst Di–So 10–17 Uhr 💰 2500 ISK, bis 18 Jahre frei

⓫ Hallgrímskirkja
(Hallgrimskirche)

Was?	Größte Kirche Islands
Warum?	Reykjavíks Wahrzeichen muss man gesehen haben.
Wann?	Jederzeit
Wie lange?	30 Minuten genügen
Was noch?	Der einmalige Blick vom Turm auf Reykjavík
Resümee	Moderne Betonarchitektur kann auch schön sein.

Die strahlend weiße Hallgrimskirche auf einem Hügel ist das größte Kirchengebäude Islands und eines der Wahrzeichen der Hauptstadt. Eingeweiht wurde das nach dem Pfarrer und Dichter Hallgrímur Pétursson (1614–1674) benannte Gotteshaus zu den 200-Jahr-Feierlichkeiten der Stadt 1986.

Für den anfangs nicht unumstrittenen Kirchenentwurf war der damalige Staatsarchitekt Guðjón Samúelsson (1887 bis 1950) verantwortlich, der schon herausragende Proben seines Könnens abgeliefert hatte. Von ihm stammen in Reykjavík auch das Hauptgebäude der Universität, das Nationaltheater und der katholische Dom sowie die Kirche in Akureyri (S. 152). In der Betonarchitektur der Hallgrímskirkja wollte Samúelsson Motive der isländischen Landschaft zum Ausdruck bringen. Auffälligstes Merkmal der Kirche sind die Betonpfeiler an der Front, die sich in großer Zahl aneinanderreihen. Sie symbolisieren Basaltsäulen, wie sie sehr häufig auf der vom Vulkanismus geprägten Insel vorkommen. Die weiße Farbe ist Gletschern nachempfunden.

Über den Standort auf der Skólavörðuholt-Anhöhe gab es keine Diskussionen, es war und ist der geeignete Platz für ein ganz Reykjavík überragendes Bauwerk. Auch beim Namen war man sich schnell einig, denn der evangelische Pfarrer Hallgrímur Pétursson gehört seit jeher zu den am meisten verehrten Dichtern des Landes.

Und trotzdem mussten die Isländer lange auf die Fertigstellung der Kirche warten: Die Planungsarbeiten begannen 1929, Guðjón Samúelsson wurde 1937 beauftragt, Baubeginn

Ein aufsehenerregendes, steingewordenes Abbild der isländischen Landschaften: die Hallgrímskirkja.

war 1945, nach drei Jahren konnte die Krypta unter dem Chor geweiht werden. Der Turm wurde 1974 fertiggestellt, das Hauptschiff folgte dann 1986. Der Hauptgrund für die lange Bauzeit war, dass 60 % der Baukosten durch Spenden aufgebracht werden mussten.

Der Innenraum der fünfschiffigen Basilika mit Kreuzrippengewölbe und Spitzbogenfenstern ist sehr schlicht gehalten. Die äußeren Seitenschiffe treten gegenüber dem breiten Hauptschiff weit zurück. Das sehr helle Innere wird durch den weitgehenden Verzicht auf Buntglasfenster erzielt. Ungewöhnlich sind die Fenster hinter dem Hauptaltar, durch die man in den Himmel schaut.

Die bleiverglasten Türen im Kirchenschiff stammen von dem Künstler Leifur Breiðfjörð, der auch die Ornamente an der Kanzel schuf. Die in Deutschland gefertigte Orgel ist mit 5275 Pfeifen die größte in Island und wird nicht nur bei Gottesdiensten, sondern auch bei Konzerten gespielt.

Trotz ihrer Größe und Dominanz ist die Hallgrímskirche nicht die Kathedrale der Stadt, diese Funktion erfüllt die relativ kleine und unscheinbare Domkirche aus dem 18. Jahrhundert.

Bei schönem Wetter lohnt die Fahrt mit dem Fahrstuhl zur Aussichtsplattform des 74 m hohen Turmes.

Vor dem Eingang erinnert die Statue von Leifur Eiríksson, der auch Leif der Glückliche genannt wird, an den Entdecker Amerikas 500 Jahre vor Kolumbus. Der Wikinger Leifur, Sohn Eriks des Roten, steht in einer stolzen Siegerpose auf einem hohen Sockel; die Skulptur ist ein Werk des amerikanischen Bildhauers Alexander Stirling Calder. Die (englischsprachige) Inschrift auf der Rückseite des Denkmals lautet: »Leif Eriksson, Sohn Islands, Entdecker Vinlands. Die Vereinigten Staaten von Amerika dem isländischen Volk zum eintausendsten Jahrestag des Althings im Jahre 1930.«

Die Statue Leifur Eirikssons vor der Kirche ist ein Geschenk der USA an Island.

KLEINE PAUSE
Wenn Sie vom Leifur-Denkmal den schnurgeraden Skólavörðustígur hinunter gehen, finden Sie zahlreiche Cafés und Restaurants. Nostalgiker machen einen Stopp im **Mokka-Kaffi** (S. 71), dem ältesten Café der Stadt.

  ✝ 231 D2
✉ Hallgrímstorg 1
☎ 510 10 00 ⊕ www.hallgrimskirkja.is

🕐 Kirche und Turm tägl. 10–17, Mitte Mai–Ende Aug. tgl. 9–20 Uhr
🎟 Turm 1400 ISK, 7–16 Jahre 200 ISK

⓬ Kjarvalsstaðir
(Kjarval-Museum)

Was?	Landschaftsbilder eines romantischen Bohemiens in einem modernistischen Museum
Warum?	Die Isländer verehren Jóhannes Sveinsson Kjarval.
Wann?	Am besten morgens
Wie lange?	1–2 Stunden
Was noch?	Einen genaueren Blick auf das Museumsgebäude im Stil des nordischen Modernismus werfen
Resümee	Realismus und Phantastisches in großartigen Bildern

Schon zu Lebzeiten war Kjarval, ein romantischer Bohème und Künstler, eine Legende, vor allem wegen seiner realistischen Landschaftsbilder, aber auch wegen der mystischen Elfen, Trolle und Sagenfiguren. Meisterhaft gelang es ihm, die sich mit dem Wetter verändernde isländische Landschaft darzustellen.

Kjarvals Werke lassen sich in diesem Museum genau studieren.

KJARVALSSTAÐIR

Als Jóhannes Sveinsson 1885 in der fast menschenleeren Gegend von Borgarfjörður eystri in den Ostfjorden geboren, nahm der Maler 1910 den Beinamen Kjarval an. Er studierte Malerei in Reykjavík und Kopenhagen und unternahm längere Studienreisen nach Italien und England.

Kurz vor seinem Tod 1972 schenkte der Maler einen Großteil seiner Werke der Stadt Reykjavík, durch weitere Zukäufe und Schenkungen umfasst die Sammlung heute mehr als 3300 Bilder und Zeichnungen Kjarvals.

Das 1973 eröffnete Museum Kjarvalsstaðir gilt als typisches Beispiel des nordischen Modernismus. In Zentrumsnähe inmitten eines Parks gelegen, ist es das erste, speziell für die bildende Kunst errichtete Gebäude Islands. Neben der Präsentation der Werke Kjarvals veranstaltet das Museum auch Wechselausstellungen zu Kunst, Architektur und Design des 20. Jahrhunderts.

Die Verehrung Kjarvals zeigt sich auch darin, dass sein Porträt und eines seiner Bilder auf dem 2000-Kronen-Geldschein abgebildet sind.

Während eines Kunstfestivals herrscht Hochbetrieb im Kjarval-Museum.

KLEINE PAUSE

Die lichtdurchflutete **Cafeteria** des Museums mit ihren vom Boden bis zur Decke reichenden Fenstern und dem Blick auf den Park bietet sich für einen kleinen Imbiss zwischendurch an.

✚ 231 F1 ✉ Flókagata 24 ☎ 411 64 25
🌐 https://listasafnreykjavikur.is/en

🕐 tägl. 10–17 Uhr
🎫 2350 ISK, bis 18 Jahre frei

⓭ Ásmundarsafn
(Ásmundur-Sveinsson-Museum)

Was?	Das ehemalige Atelier und Wohnhaus des bekanntesten isländischen Bildhauers mit einer Ausstellung seiner Werke
Warum?	Weil seine abstrakten Figuren die Fantasie beflügeln.
Wann?	Jederzeit, den Skulpturenpark eher bei schönem Wetter
Wie lange?	1–2 Stunden
Was noch?	In Reykjavík nach Skulpturen von Sveinsson suchen
Resümee	Skurrile Skulpturen in einem Gebäude, das ein abstraktes Kunstwerk sein könnte

Ásmundur Sveinsson (1893–1982) gehörte zu den Pionieren der isländischen Bildhauerkunst und war einer der ersten Künstler, der auch im Ausland Anerkennung fand. Für ihn sollte Kunst nicht nur für eine Elite, sondern für alle Menschen zugänglich sein. Deshalb regte er immer wieder an, seine Werke an öffentlichen Orten auszustellen.

Auf den ersten Blick erinnert der strahlend weiße Betonbau im Stadtteil Laugardalur wegen seiner Kuppel an ein raffiniert gestaltetes Observatorium, doch bei dem Bauwerk handelt es sich um das ehemalige Ateliergebäude Sveinssons, des bekanntesten isländischen Bildhauers. Zwei Skulpturen aus einer frühen Schaffensperiode flankieren den Eingang zu dem fast fensterlosen Bau.

Nach der technischen Schule in Reykjavík besuchte Sveinsson die Kunsthochschulen in Kopenhagen und Stockholm. Nach dem Ende seines Studiums ging er für drei Jahre nach Paris, in die Stadt, die damals das unumstrittene Zentrum der modernen Kunst bildete. 1929 schließlich kehrte er nach Island zurück.

Sveinssons frühe Skulpturen sind feingliedrig und zeigen schlanke Körper, sein Spätwerk dagegen ist hauptsächlich durch abstrakte Darstellungen geprägt. Seine Motive fand er vor allem in der isländischen Natur, er ließ sich aber auch durch Sagen und das Leben und Arbeiten der einfachen Menschen inspirieren.

Der »Dom«

Betritt man das Gebäude, kann man sofort einen Blick in das ehemalige Atelier werfen, das das Gefühl vermittelt, der Künstler sei nur einmal kurz weggegangen, um sich einen Kaffee zu holen. Geht man weiter, gelangt man in den sogenannten Dom, in dem – raffiniert indirekt beleuchtet – viele von Sveinssons kleineren Skulpturen betrachtet werden können. Auch die Innenräume zeigen sich in strahlendem Weiß. Diesen einzigartigen Betonbau hat Ásmundur Sveinsson in den 1930er-Jahren selbst entworfen und bauen lassen.

Auch die Arbeitsräume des Künstlers sind Teil der Ausstellung.

Ásmundur Sveinsson vermachte seine Werke und sein Atelier der Stadt Reykjavík, die das Gebäude in ein Museum umgewandelt hat. Von den mehr als 400 Skulpturen in städtischem Besitz werden hier die wichtigsten aus allen Schaffensperioden gezeigt. Zudem ist das Museum von einem Skulpturenpark umgeben, in dem etwa 30 Werke des Bildhauers das ganze Jahr über frei zugänglich sind, und über Reykjavík verteilt gibt es weitere Werke Sveinssons zu sehen.

Laugar Spa: Sundlaugavegur 30a, Tel. 553 11 77, https://laugarspa.com, Mo–Fr 6–23, Sa u. So 8–21.30 Uhr

KLEINE PAUSE

Vom Museum sind es nur wenige Minuten zu Fuß zum **Laugar Spa,** Reykjavíks größtem Schwimmbad mit SPA-Abteilung und einem recht netten Café (Zugang zum Spa ab 18 Jahre).

 ✝231 östl. F2 ✉Sigtún 5 ☎411 64 30
🌐https://listasafnreykjavikur.is/en

❶ Mai–Sept. tägl. 10–17, sonst 13–17 Uhr
💰 2350 ISK, bis 18 Jahre frei

⓴ Perlan

Was?	Ein architektonisch aufregender Heißwasserspeicher
Warum?	Tolle Aussicht, faszinierendes Gebäude, gute Ausstellung
Wann?	Jederzeit, wegen der Aussicht aber eher bei schönem Wetter
Wie lange?	So lange man möchte…
Resümee	Diese »Perle« lohnt einen Besuch.

Über Reykjavík thront auf dem Hügel Öskjuhlið das 1991 in Betrieb genommene, von Ingimundur Sveinsson entworfene futuristische Architekturkunstwerk namens »Perlan« – die Perle. Um eine aufgesetzte gläserne Kuppel sind sechs Tanks angeordnet, in fünf von ihnen wird Thermalwasser gespeichert.

Die »Perle«: Reykjavíks Heißwasserspeicher

Das Heißwasser stammt aus vier Geothermiegebieten, eines davon befindet sich direkt im Zentrum in der Nähe des Laugavegur. Aus jedem der Bohrlöcher schießen pro Sekunde mehrere Hundert Liter heißes Wasser an die Oberfläche. In der Eingangshalle fällt der künstliche Geysir auf, der regelmäßig eine zwar dünne, aber 15 m hohe Fontäne emporschleudert. Die Ausstellung »Wonders of Iceland« verteilt sich auf mehrere Stockwerke und informiert über Vulkane, Erdbeben, Gletscher, Nordlichter und geothermale Energie.

An die Hänge des Öskjuhlið-Hügels wurden knapp 200 000 Bäume gepflanzt, die einen kleinen Wald bilden. Kein Wunder, dass die Einheimischen die Rad- und Wanderwege am Öskjuhlið gern für eine Pause nutzen.

KLEINE PAUSE
Café, Restaurant und Bar sorgen für das leibliche Wohl, beliebt ist auch der Stand mit hausgemachtem Eis.

✜ 231 südl. E1 ✉ Öskjuhlið
☎ 566 90 00 ⊕ https://perlan.is
⏱ tägl. 9–22 Uhr 🍴 Wonders of Iceland

5390 ISK, 6–17 Jahre 3390 ISK, Zugang zur Aussichtsplattform ist im Ticketpreis der Ausstellungen enthalten.

Perlan

Die »Perle« ist ein Kunstwerk und ein Besuchermagnet sowie das weithin sichtbare Symbol dafür, dass mit diesem riesigen Heißwasserreservoir die isländische Hauptstadt und ihre Umgebung komplett mit thermaler Energie versorgt werden.

❶ Heißwassertanks: In fünf der sechs Tanks werden je 4 Mio. Liter bis zu 85 °C heißes und sauberes Thermalwasser gespeichert, das man im Winter für Heizzwecke nutzt.

❷ Stahlträger: In den Stahlträgern zirkuliert, je nach Jahreszeit, kaltes oder warmes Wasser und hält so die Temperatur des Gebäudes konstant. »Perlan« – »die Perle« – nennen die Isländer stolz diese Symbiose aus Pragmatismus und Wissen.

❸ Aussichtsplattform: Auch von der Plattform über den Tanks genießt man einen tollen Ausblick.

❹ Restaurant und Café: In der Glaskuppel speist und snackt man mit schönem Rundumblick auf Reykjavík.

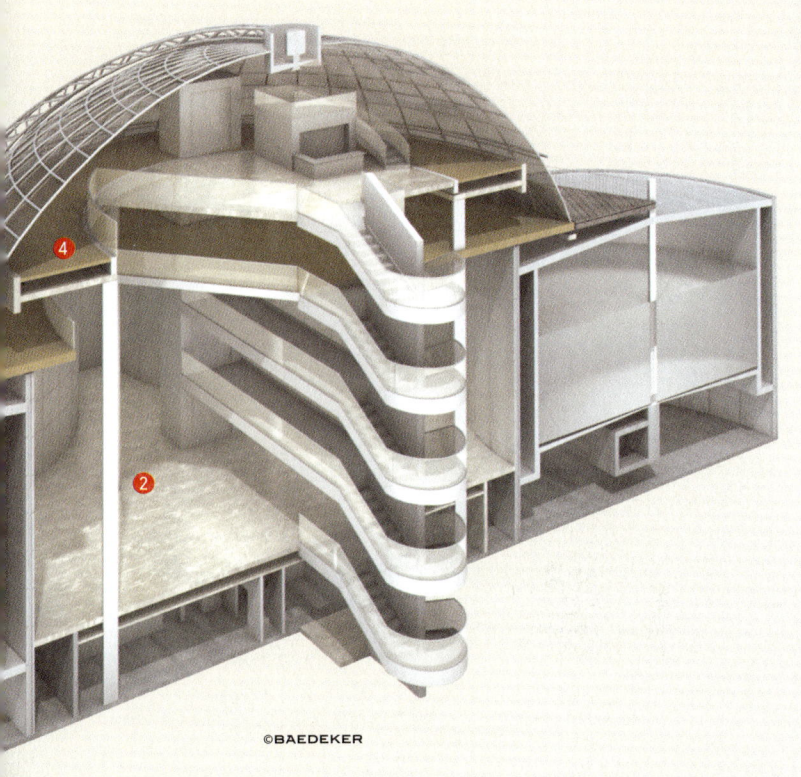

Nach Lust und Laune!

15 Hið Íslenzka Reðasafn (Phallusmuseum)

Der Sammelleidenschaft von Sigurður Hjartarson hat Island seit 1997 eines der skurrilsten Museen zu verdanken. Mittlerweile hat sein Sohn die Rolle des Museumsdirektors übernommen und präsentiert die Sammlung, die mehr als 200 Phalli umfasst, wieder in Reykjavík. Auch er legt Wert auf Seriosität und spricht von wissenschaftlichem Interesse und von der antiken Wissenschaft der Phallologie. Zu sehen sind fast alle Phalli isländischer Land- und Meeressäuger, schrumpelig getrocknet oder in Flüssigkeiten konserviert. Der größte Phallus stammt von einem Pottwal. Seit 2011 besitzt das Museum auch den Phallus eines Menschen. Neben den ausgestellten Originalen gibt es auch noch mehrere Hundert Kunst- und Gebrauchsgegenstände zum Thema.

✆ 231 E/F2 ✉ Kalkofnsvegur 2
☎ 561 66 63 🌐 www.phallus.is
🕐 tägl. 10–19 Uhr
💰 3300 ISK

16 Reykjavík 871±2

Im Jahr 2001 fand man bei Bauarbeiten mitten in der Stadt unter dem Hotel Reykjavík archäologische Relikte. Reste einer Hausmauer konnten ungefähr auf das Jahr 871 datiert werden. Bei weiteren Ausgrabungen stieß man auf ein Langhaus aus der Wikingerzeit, das vermutlich aus dem 10. Jh. stammt. In jedem Fall sind es die ältesten Reste einer menschlichen Ansiedlung, die jemals in Reykjavík gefunden wurden. In der großen unterirdischen Halle bilden die Grundmauern des Langhauses das wichtigste Ausstellungsstück. Wie die Menschen in dieser Zeit gelebt haben, erfahren Besucher mit Hilfe von Computeranimationen, die einen wichtigen Teil von Reykjavík 871±2 The Settlement Exhibition ausmachen.

✆ 230 B4 ✉ Aðalstræti 10 und 16
☎ 411 63 70 🌐 https://borgarsogusafn.is/en
🕐 tägl. 10–17 Uhr
💰 2900 ISK, bis 17 Jahre frei

17 Hafnarhús (Hafenhaus)

Der jüngste Spross des Kunstmuseums Reykjavík – zu dem auch das Kjarval-Museum (S. 59) sowie das Ásmundur-Sveinsson-Museum (S. 61) gehören – ist in einem ehemaligen Lagerhaus in der Nähe des Alten Hafens untergebracht. Auf mehr als 3000 m² Ausstellungsfläche auf zwei Etagen wird die größte Sammlung bildender Kunst in Island präsentiert; jährlich finden mehr als 20 Ausstellungen statt. Kernstück der Sammlung sind die Werke des isländischen Malers Erró (geb. 1932), der seit vielen Jahren in Paris lebt und arbeitet. Er hat der Stadt mehr als 3000 seiner Werke gestiftet und fügt auch heute noch neue Werke hinzu. Seine Werke

Harpa: Innen wie außen imposant ist das neueste Wahrzeichen der isländischen Hauptstadt.

werden dem Surrealismus und der Pop-Art-Bewegung zugerechnet. Neben den Ausstellungen wird das Hafenhaus auch noch für vielfältige Veranstaltungen wie Rockkonzerte oder Dichterlesungen genutzt.

Von der Cafeteria im ersten Stock haben Sie einen schönen Blick auf den Hafen. Der Shop ist eine Fundgrube für hochwertiges Kunsthandwerk, Ausstellungskataloge und Kunstbücher.

230 B4 Tryggvagata 17
411 64 00 https://listasafnreykja vikur.is/en tägl. 10–17, Do bis 22 Uhr 2350 ISK, bis 18 Jahre frei

18 Harpa (Konzerthaus)

Schon aus der Ferne beherrscht Harpa die Silhouette der Stadt. Das im Jahr 2011 eröffnete Konferenzzentrum und Konzerthaus am Wasser ist das neueste Wahrzeichen der isländischen Hauptstadt. Entworfen hat es das Kopenhagener Architekturbüro Henning Larsen, die Fassade stammt von dem isländischen Künstler Ólafur Elíasson. Sie wirkt wie ein gläsernes Puzzle, in dem sich das Blau des Meeres und des Himmels in unzählige Farbtöne aufspaltet. Jedes Fassadenteil des kubisch-asymmetrischen Gebäudes ist ein Unikat. In den vier großen Konzertsälen haben das Isländische Symphonieorchester und die Isländische Oper ihre Spielstätte.

Gehen Sie vom Konzerthaus entlang der Küstenstraße Sæbraut nach Osten, dann sehen Sie rechts das moderne, überwiegend vor der Wirtschaftskrise von 2008 entstandene Reykjavík, mit seinen mehrgeschossigen Büro- und Appartementhäusern. Links eröffnet sich ein schöner Blick über den Viðeyjarsund auf das Esja-Massiv, den Hausberg der Hauptstadt. Bald kommen Sie zu einer skelettartigen Metallskulptur, der Sonnenfahrt von Jón Gunnar Árnason. Die 1990 enthüllte Skulptur symbolisiert ein Wikingerschiff.

⌖ 230 C5 ✉ Austurbakki 2
⊕ https://harpa.is/en ☎ 528 50 50
🕐 Tickets: tägl. 10–18 Uhr; Gebäude
So–Di 10–18, Mi–Sa 10–20 Uhr

🔟 Listasafn Íslands (Nationalgalerie)

Der ältere Teil des Gebäudes in der Nähe des Stadtteiches Tjörnin wurde Anfang des 20. Jh.s als Kühlhaus für Eisblöcke errichtet. Die Nationalgalerie nutzt diesen Altbau sowie einen architektonisch interessanten, lichtdurchfluteten Neubau für Ausstellungen. Die Sammlung umfasst mehrere Tausend Werke isländischer Künstler, die in Wechselausstellungen gezeigt werden. Mit der Nationalgalerie assoziiert sind das Museum des Bildhauers Sigurjón Ólafsson (Laugarnestangi 17) und die Ásgrímur-Jónsson-Sammlung (Bergstaðastræti 74), einem von französischen Impressionisten beeinflussten Landschaftsmaler.

⌖ 230 B3, ✉ Laufásvegur 12
☎ 515 96 00, ⊕ www.listasafn.is
🕐 Di–So 10–17 Uhr
💰 2200 ISK, bis 18 Jahre frei

🔟 Listasafn Einars Jónssonar (Einar-Jónsson-Museum)

Das eigenwillige Betongebäude neben der Hallgrimskirche hat der Bildhauer Einar Jónsson (1874–1954) selbst entworfen und als Wohnhaus und Atelier genutzt. Es wurde 1923 als erstes Kunstmuseum Islands eröffet. In ihm und im zugehörigen Garten werden die eigenwilligen Skulpturen von Einar Jónsson ausgestellt. Oft zeigen sie mythologische Motive. Ein herausragendes Beispiel seines Schaffens ist das Denkmal im Zentrum von Reykjavík an der Lækjargatan, das den ersten Siedler Ingólfur Arnarson in heroischer Pose verewigt. Auch die Skulptur »Der Geächtete« vor der Eiskathedrale in Akureyri (S. 152) stammt von Jónsson.

⌖ 231 D2 ✉ Hallgrímstorgi 3 ☎ 551 37 97 ⊕ www.lej.is 🕐 Di–So 10–17
💰 1500 ISK, bis 18 Jahre frei

🔟 Árbæjarsafn (Freilichtmuseum)

Bis ins 20. Jh. hinein war Árbær – 8 km östlich vom Zentrum – ein bewirtschafteter Bauernhof, der sich bis ins 15. Jh. zurückverfolgen lässt. Neben dem Hof besteht das Freilichtmuseum aus knapp zwei Dutzend Gebäuden, darunter eine Kirche, Schmiede, Ställe, Scheunen und Bootshäuser. Die meisten Häuser stammen aus Reykjavík, die kleine Grassodenkirche aus Nordisland. Alle wurden zerlegt und hier wieder aufgebaut. So entstand um den Hof ein historisches Dorf, das in erster Linie die Lebensumstände des 19. Jh.s widerspiegelt. Mitarbeiter in Trachten, Handwerkstage, Sonderausstellungen und Familienangebote machen Árbæjarsafn zu einem lebendigen Museum. Im Restaurant wird Hausgebackenes serviert, und im Kramladen kann man wie zu Großmutters Zeiten einkaufen.

✝ 230 südl. C1 ✉ Kistuhyl
☎ 411 63 04 ⊕ https://borgarsogu
safn.is/en 🕒 Juni–Aug. tägl. 10–17,
sonst 13–17 Uhr 🚌 Bus Nr. 19 bis
Strengur
💰 2350 ISK, bis 18 Jahre frei

22 Hafnarfjörður

Die mit rund 30 000 Einwohnern drittgrößte Stadt Islands liegt an einer hufeisenförmigen Bucht und hat einen der größten Häfen des Landes; sie ist mit der Hauptstadt Reykjavík zusammengewachsen. Die meisten Häuser wurden auf dem Lavafeld Búrfellshraun errichtet, deshalb nennt sich Hafnarfjörður »Stadt in der Lava«.

Und vielleicht sind es die bizarren Lavaformen, die die Einwohner glauben lassen, dass hier besonders viele Elfen, Trolle, Gnome und Feen leben. Wer sich über das Huldufólk, die verborgenen Wesen, informieren möchte, kann an einem Hidden World Walk teilnehmen.

Im Kunstmuseum Hafnarborg werden vor allem Werke zeitgenössischer isländischer Künstler gezeigt.

✝ 219 D2

Hidden World Walk
☎ 695 95 58 ⊕ http://alfar.is ✉ Im Sommer Di und Fr 16.30 Uhr; Treffpunkt Strandgata 6 💰 5500 ISK

Hafnarborg
✉ Strandgata 34 ☎ 585 57 90
⊕ https://hafnarborg.is 🕒 Mi–Mo 12–17 Uhr 💰 frei

Touristeninformation
✉ Strandgata 6 ☎ 585 5500 ⊕ https://visitreykjavik.is/city-areas/hafnarfjordur 🕒 Mo–Do 8–16, Fr 8–14 Uhr

23 Gljúfrasteinn (Halldor-Laxness-Museum)

In Mosfellsbær, 22 km östlich von Reykjavík, hat der Schriftsteller und Nobelpreisträger Halldór Laxness (1902–1998) fast sein ganzes Leben verbracht. Sein Haus, das noch wie zu seinen Lebzeiten eingerichtet ist, dient heute als Museum. Sein Arbeitszimmer, die große Bibliothek, die Antiquitäten und der weiße Jaguar vor der Tür werden im Originalzustand bewahrt. Selbst der Pool wird regelmäßig mit frischem Wasser befüllt. Beim Rundgang mit Audioguide erfährt man alles Wissenswerte über den einzigen isländischen Nobelpreisträger.

Isländische Geschichte im Árbæjarsafn

✝ 219 E2 ✉ Mosfellsbær
☎ 586 80 66 ⊕ www.gljufrasteinn.is
🕒 Juni–Aug. tägl. 10–17, Sept.–Mai Di–So 10–16 Uhr 💰 1500 ISK, bis 18 Jahre frei

NACH LUST UND LAUNE!

Wohin zum ... Übernachten?

Preise für ein Doppelzimmer pro Nacht mit Frühstück:
€ unter 20 000 ISK
€€ 20 000–40 000 ISK
€€€ über 40 000 ISK

Apotek Hotel €€€
Das stattliche, zentral gelegene Gebäude mit dem markanten Turm wurde 1917 nach Plänen des Staatsarchitekten Guðjón Samúelsson errichtet. Früher als Apotheke genutzt, beherbergt es heute ein Vier-Sterne-Boutique-Hotel. Die dreistöckige Turmsuite ist besonders luxuriös.
☩ 230 B4 ✉ Austurstræti 16 ☎ 512 90 00
⊕ www.keahotels.is

Berjaya Reykjavik Marina Hotel €€€
Die ehemalige Fabrik am Hafen ist ein ungewöhnliches Gebäude. Die Zimmer sind modern und farbenfroh, es gibt viele originelle Ideen, auch in der Lobby. Umweltfreundlich ist das Hotel sowieso. Einen Empfangstresen gibt es nicht, die Gäste werden am Tisch von den freundlichen Mitarbeiterinnen eingecheckt - das trägt zur angenehmen, fast familiären Atmosphäre bei. Mit am besten aber ist die Lage: Versuchen Sie ein Zimmer mit Blick auf den alten Hafen zu bekommen.
☩ 230 B5 ✉ Myrargata 2 ☎ 444 40 00
⊕ www.icelandairhotels.com

Hotel Borg €€€
1930 im Art-déco-Stil erbaut, 2006 saniert und dabei mit dem Luxus eines Grand Hotels ausgestattet, ohne den historischen Charme zu zerstören. Viele Prominente haben hier schon genächtigt. Lassen Sie sich nicht vom äußeren Eindruck täuschen, der ist pures Understatement.
☩ 230 C4 ✉ Pósthússtræti 11 ☎ 551 14 40
⊕ www.keahotels.is

Kex Hostel €
Eine ehemalige Keksfabrik wurde kreativ zum stylischen Hostel umgewandelt. Übernachtung in Schlafsälen mit 4–16 Betten, aber auch in Einzel-, Doppel- und Familienzimmern. Sauberkeit, freundliche Mitarbeiter und ein gutes Frühstücksbüfett sind die Markenzeichen. Die Zimmer zum Hafen haben einen tollen Meerblick. Die Bar wird auch gern von Einheimischen besucht. Das Zentrum ist problemlos zu Fuß zu erreichen.
☩ 231 F3 ✉ Skúlagata 28 ☎ 561 60 60
⊕ www.kexhostel.is

Loft HI Hostel €/€€
Zum besten Hostel in Island gewählt, bietet das zentral gelegene Haus Plätze in vielen verschiedenen Kategorien: vom Doppelzimmer mit Bad über Zimmer nur für Frauen bis zum 8-Bett-Zimmer. Ökostandard, Bar und Aktivitätsangebote inklusive.
☩ 230 C4 ✉ Bankastræti 7 ☎ 553 81 40
⊕ www.hostel.is

Wohin zum ... Essen und Trinken?

Preise für ein Hauptgericht ohne Getränke:
€ unter 3500 ISK
€€ 3500–6000 ISK
€€€ über 6000 ISK

Genuss im Soutterrain: Grillmarkaðinn

Café Rosenberg €
Nicht nur guten Kaffee, sondern vor allem auch vorzügliche Torten und Kuchen gibt es in diesem gemütlich eingerichteten Café.
☩ 230 B4 ✉ Vesturgata 3 ☎ 546 18 42
🕒 tägl. 11–23 Uhr

Dill Restaurant €€€
Besitzer des »Dill« ist der isländische Starkoch Gunnar Karl Gíslason, der die »Neue

Nordische Küche« mitgeprägt hat. In dem ersten mit einem Michelin-Stern gekrönten Restaurant Islands, zentral im geschäftigen Zentrum gelegen, steht Nachhaltigkeit an erster Stelle, serviert werden nur beste Zutaten in vollendeter Zubereitung.
✣ 230 C4 ✉ Laugarvegur 59 ☎ 552 15 22
🌐 www.dillrestaurant.is

Forréttabarinn €€/€€€
In diesem coolen Restaurant am Alten Hafen bestellt man entweder mehrere kleine Gerichte oder das 4-Gänge-Menü und bekommt so einen guten Einblick in die Facetten der modernen isländischen Küche.
✣ 230 B5 ✉ Nýlendugata 14, Eingang von der Myrargata ☎ 517 18 00 🌐 http://forretta barinn.is ◐ tägl. 16–22, Bar bis 23 Uhr

Grillmarkaðinn €€€
Lassen Sie sich vom Abstieg ins Souterrain nicht abschrecken, das moderne Design des Gastraumes ist etwas Besonderes: Säulenbasalt und Treibholz als Raumteiler, Lampen aus Lava und Fischhaut, Holzfässer und Baumscheiben als Tische. Auch das kulinarische Erlebnis kommt nicht zu kurz, vor allem bei den Grillspezialitäten. Wer sich traut: Es gibt auch Papageitaucher, Wal und Pferd.
✣ 230 C4 ✉ Lækjargata 2A ☎ 571 77 77
🌐 www.grillmarkadurinn.is ◐ Mo–Fr 11.30–14 und 18–22.30, Sa und So 18–23.30 Uhr, Lounge bis 24 Uhr

Íslenska Hamborgarafabrikkan €/€€
Die »Hamburgerfabrik« ist so beliebt, dass man reservieren sollte. Die Burger sind nicht rund, sondern rechteckig und heißen »Mr. Rock« oder »The President«. Es gibt auch eine vegane Alternative zu den sonst üppig fleischlastigen Burgern.
✣ 231 östl. F3 ✉ Höfðatorg 2 ☎ 575 75 75
🌐 www.fabrikkan.is ◐ tägl. 11.30–21 Uhr

Kaffivagninn €/€€
Gute Adresse zum Frühstück oder für eine Pause vom Hafenbummel. Hauptsächlich Fisch steht auf der Karte des 1935 gegründeten Lokals. Beliebt bei Einheimischen zur Mittagspause. Drinnen sitzt man gemütlich, auf der Terrasse sieht man den Alten Hafen.
✣ 230 bei A5 ✉ Grandagarður 10 ☎ 551 59 32
🌐 https://kaffivagninn.is ◐ Mo–Fr 7.30–21, Sa, So 9–21 Uhr

Kopar €€/€€€
Am Alten Hafen steht eine Reihe grün gestrichener Häuser. In einer dieser alten Fischerhütten ist das Kopar untergebracht, das Sie nicht so schnell vergessen werden. In der oberen Etage sitzen Sie dicht gedrängt; versuchen Sie einen Platz am Fenster mit Blick auf den Hafen zu ergattern. Und wenn Sie sich nicht entscheiden können, bestellen Sie das Abenteuermenü, das es in verschiedenen Varianten gibt, oder das Überraschungsmenu, das Ihnen der Küchenchef zusammenstellt.
✣ 230 B5 ✉ Geirsgata 3 ☎ 567 27 00
🌐 https://koparrestaurant.is ◐ tägl. geöffnet, mit Pause am Nachmittag

Mokka-Kaffi €
Seit der Eröffnung 1958 hat sich dieses Café kaum verändert – nur die Kunst an den Wänden wird regelmäßig getauscht. Für Nostalgiker der richtige Platz für eine Tasse Kaffee, dazu passen isländische Waffeln.
✣ 231 D3 ✉ Skólavörðustigur 3a ☎ 552 11 74
🌐 http://www.mokka.is ◐ tägl. 9–18 Uhr

Sægreiffin €€
Der »Seebaron« am Alten Hafen ist sehr beliebt. Wer das alte Lagerhaus mit Wellblechdach betritt, wird maritim begrüßt, mit Schiffsbildern, Netzen und einem ausgestopften Seehund. Die Gäste sitzen auf Plastiktonnen an Tischen aus Holzplanken und schwärmen von der besten Hummersuppe weit und breit. Auch die Spieße mit frisch gegrilltem Fisch sind lecker. Falls Sie nach einer Wal-Safari Lust auf ein Walfleisch-Schaschlik haben sollten, beim »Seebaron« bekommen Sie es. Was den Walfang anbelangt, sind die Isländer nach wie vor auf Konfrontationskurs mit fast allen Ländern der Welt und bieten deshalb in ihrer regionalen Küche gern auch Walfleisch an.
✣ 230 B5 ✉ Geirsgata 4a
☎ 553 15 00 🌐 www.facebook.com/ saegreifinn.seabaron ◐ tägl. 11.30–16, 18–22 Uhr

Sumac €€
Island mit einer großen Portion Naher Osten: Im Sumac gibt es neben Lammrippchen Falafel, Halloumi und Hummus weitere Köstlichkeiten von der Levante. Geschmack und Feeling sind ein bisschen wie in Beirut, obwohl Besitzer und Chefkoch waschechte Isländer sind.
✢ 230 C4 ✉ Laugavegur 28 ☎ 537 99 00
⊕ https://sumac.is ❶ Di–Sa ab 17.30 Uhr

HAFNARFJÖRÐUR

Fjörugarðurinn €€
Wer wie ein echter Wikinger essen möchte, der bestellt das Viking Dinner. Als Vorspeise gibt es »Hákarl«, Trockenfisch und »Brennivín« – alles ziemlich gewöhnungsbedürftig. Danach kann man Fischsuppe, Lamm und als Nachtisch »Skýr« genießen.
✢ 219 D2 ✉ Vikingastræti 1–3 ☎ 565 12 13
⊕ www.fjorukrain.is ❶ tägl. ab 18 Uhr

Wohin zum … Einkaufen?

Die besten Einkaufsmöglichkeiten findet man in den Straßen zwischen dem Austurvöllur-Platz und dem Alten Hafen. Auch in der Lækjargata, Hverfiskgata, Skólavörðustígur und Laugavegur sind viele Geschäfte. Rund 150 Läden unter einem Dach bietet die Mall Kringlan (Kringlan 4–12, www.kringlan.is).

Wollsouvenirs an einem Marktstand in Reykjavík

FLOHMARKT

Kolaportid
Islands größter Flohmarkt findet am Wochenende direkt am Alten Hafen statt. Angeboten werden neben Secondhand-Artikeln und Trödel auch typisch isländische Gaumenfreuden wie Hai und Trockenfisch.
✢ 230 C4 ✉ Tryggvagata 19 ☎ 562 50 30
⊕ https://kolaportid.is ❶ Sa und So 11–17 Uhr

KULINARISCHES

Frú Lauga
In dem Bioladen werden überwiegend Lebensmittel aus der Region angeboten.
✢ 231 östl. F3 ✉ Laugalækur 6 ☎ 534 71 65
⊕ www.frulauga.is ❶ Mo–Fr 11–18 Uhr

KLEIDUNG

Icewear
Hier gibt es alles, was man draußen trägt – von klassischer Outdoor-Kleidung über Wollpullover bis zu Elegantem. Neben diesem Outlet-Geschäft gibt es in Reykjavík weitere Filialen sowie in Vík í Mýrdal und Akureyri.
✢ 231 östl. F1 ✉ Fákafen 9 ☎ 568 74 50
⊕ www.icewear.is ❶ Mo–Fr 10–19, Sa 10–18, So 11–17 Uhr

Farmers Market
Isländisches Design sowohl für Outdoor-Aktivitäten als auch für einen Stadtbummel, kombiniert mit modernem Chic. Nachhaltige Produktion und natürliche Materialien sind für dieses Label selbstverständlich.
✢ 230 nördl. B5
✉ Hólmaslóð 2 ☎ 552 19 60
⊕ www.farmersmarket.is
❶ Mo–Fr 10–18, Sa, So 11–18 Uhr

Handprjónasamband Íslands
Hier gibt es eine riesige Auswahl an echten Islandpullovern, in allen Farben und Größen, außerdem Mützen, Schals, Handschuhe und jede Menge Wolle. Das Geschäft

Es darf probiert werden – bei der Reykjavík Food and Drink Adventure-Tour!

wird von der Kooperative der isländischen Strickerinnen betrieben.
✛ 231 D3 ✉ Skólavörðustígur 19
☎ 552 18 90 ⊕ www.handknit.is ❶ Mo–Fr 9–18, Sa 9–17 Uhr

66° North
Wer ohne die richtige Outdoor-Bekleidung angereist ist, kann sich hier einkleiden.
✛ 230 C4 ✉ Bankastræti 5 ☎ 535 66 00
⊕ www.66north.com ❶ tägl. 10–20 Uhr

Wohin zum … Ausgehen?

Das Nachtleben der Hauptstadt kommt nur am Wochenende richtig in Schwung, an Wochentagen geht es eher ruhig zu. Am späten Samstagabend – also nach Mitternacht – lohnt ein Bummel über den Laugavegur, um in die eine oder andere Kneipe zu schauen, wenn die Schlangen davor nicht zu lang sind.

SIGHTSEEING

Am Alten Hafen beginnt die von »Reykjavík Bike Tours & Bike Rental« organisierte Stadterkundung per Rad.
✛ 230 B5 ✉ Hlésgata 1 ☎ 694 89 56
⊕ www.icelandbike.com

BARS UND CLUBS

Kaffibarin
Kultbar zum Kultfilm »101 Reykjavík«, die am Wochenende immer hoffnungslos überfüllt ist, aber natürlich einen Besuch lohnt.
✛ 230 C3 ✉ Bergstaðastræti 1 ☎ 888 11 93
⊕ www.facebook.com/kaffibarinn ❶ Fr und Sa bis 4.30, sonst bis 1 Uhr

The Reykjavík Food and Drink Adventure
Jeden Do, Fr und Sa geht es durch die bunte Kneipen- und Restaurantszene der Hauptstadt. In der dreieinhalb Stunden dauernden Tour werden fünf verschiedene Lokalitäten besucht.
✉ Tryggvagata 12 ☎ 454 02 22
⊕ www.wakeupreykjavik.com ⬩ 22 900 ISK

KINOS

Alle ausländischen Filme werden im Original mit isländischen Untertiteln gezeigt; isländische Filme haben englische Untertitel. Ein sehr beliebtes Kino ist Bió Paradis in der Hverfisgata 54, das täglich isländische Filme mit englischer Untertitelung zeigt (https://bioparadis.is).

MUSIK & THEATER

Konzerte
Die Isländische Oper und das Isländische Sinfonieorchester haben ihre Spielstätte in der Harpa (S. 67).

Borgarleikhús (Stadttheater)
Neben in- und ausländischen Stücken gibt im ältesten isländischen Theater auch die Icelandic Dance Company Vorstellungen. Im Juli und August sind Theaterferien.
✛ 231 südl. F1 ✉ Listabraut 3 ☎ 568 80 00 (Tickets) ⊕ www.borgarleikhus.is

Der Steinbogen bei Arnarstapi an der Südküste der Halbinsel Snæfellsnes wurde von Wind und Wetter geformt.

Westisland

Im Westen Islands liegen die bekanntesten Sehenswürdigkeiten der Insel. Ein Muss für Besucher sind der Golden Circle und die Blaue Lagune.

Seite 74–107

Erste Orientierung

Wegen der sich immer stärker ausbreitenden Hauptstadtregion und weiterer Städte wie Reykjanesbær, Akranes, Borgarnes und Stykkishólmur ist der Westen Islands der am dichtesten besiedelte Teil der Insel. Dank der guten touristischen Infrastruktur und der kurzen Wege zur Hauptstadt liegen hier einige der meistbesuchten Sehenswürdigkeiten Islands.

Bei einer Fahrt durch den Westen von Island lernt man sehr unterschiedliche Landschaften kennen. Der südliche Teil mit der Halbinsel Reykjanes und dem Golden Circle gehört zum Mittelatlantischen Rücken und ist deshalb vulkanisch und tektonisch aktiv. Kein Wunder also, dass die ersten Siedler die Gegend um Reykjavík »Rauchbucht« nannten! Heute werden mehrere Thermalgebiete zur Strom- und Wärmegewinnung genutzt. Auch einige der größten Sehenswürdigkeiten wie die Blaue Lagune, der Geysir oder der Nationalpark Þingvellir stehen in Zusammenhang mit der unruhigen Erdkruste.

Nördlich von Reykjavík ändert sich das Landschaftsbild: Alte, bemooste Lavafelder, Weideland, Moore, Flüsse, Seen und einige kleinere Waldgebiete wechseln sich hier ab, die Grenze zum Hochland bildet der Langjökull. Aktiven Vulkanismus gibt es in dieser Region aber nicht mehr.

Weiter nördlich ragt die Halbinsel Snæfellsnes wie ein dürrer Finger 80 km weit ins Meer. Ihr Rückgrat bildet eine Bergkette, an deren Ende sich der markante Vulkan Snæfellsjökull mehr als 1400 m hoch erhebt; bei guter Sicht ist er sogar von Reykjavík aus zu sehen. Rund um den seit 2000 Jahren nicht mehr aktiven Vulkan breitet sich der Snæfellsjökull-Nationalpark aus.

TOP 10
- ❶ ★★ Golden Circle (Goldener Kreis)
- ❷ ★★ Bláa Lónið (Blaue Lagune)
- ❹ ★★ Inside the Volcano
- ❼ ★★ Snæfellsjökull

Nicht verpassen!
- ㉔ Reykjanesviti & Gunnuhver
- ㉕ Stykkishólmur

Nach Lust und Laune!
- ㉖ Krýsuvík
- ㉗ Reykjanesbær
- ㉘ Akranes
- ㉙ Hvalfjörður
- ㉚ Borgarnes
- ㉛ Deildartunguhver, Reykholt, Húsafell & Hraunfossar
- ㉜ Víðgelmir (Lavahöhle)
- ㉝ Langjökull
- ㉞ Eldborg (Ringwallkrater)
- ㉟ Búðir
- ㊱ Bjarnarhöfn
- ㊲ Eiríksstaðir

ERSTE ORIENTIERUNG

Mein Tag
– heiß und kalt

Island ist bekannt als Insel aus Feuer und Eis, als Insel der gegensätzlichen Extreme. Eine kleine Ahnung von den Urkräften der Natur bekommen Sie an diesem Tag – in wohlig warmem und eisig kaltem Wasser.

9 Uhr: Die Blaue Lagune

Sie beginnen den Tag mit einer Stippvisite bei der meistbesuchten Attraktion Islands: der ❷ ★★ Bláa Lónið (Blauen Lagune). Die Eintrittskarten sollten Sie sich online schon vorher rechtzeitig besorgt haben, ansonsten könnte es gut sein, dass Sie nicht mehr eingelassen werden. Denn trotz mehrfacher Erweiterung des Bades arbeitet es den Großteil des Jahres an der Kapazitätsgrenze – und das, obwohl die Eintrittspreise mittlerweile extrem hoch sind. Dennoch lohnt sich der Besuch weiterhin, denn der milchig-trübe See mit unwirklich blauem Wasser liegt inmitten einer bizarren Lavalandschaft.

Sie haben sich schon häufiger über das miese Islandwetter beschwert? Beim Besuch der Blauen Lagune kann es gar nicht schlecht genug sein. Denn jagende Wolkenfetzen und Regenschauer mit nur gelegentlichen Sonnenstrahlen machen das Bad hier erst zum Vergnügen. Bis zum Hals im warmen Wasser können Sie sich wohlig zurücklehnen und die Szenerie genießen, die wie aus einem Science-Fiction-Film wirkt.

Still liegt der Kleifarvatn in der Sonne, umgeben von schneebedecktem Fels.

12 Uhr: Der mysteriöse Kleifarvatn

Von der Blauen Lagune fahren Sie nach Grindavík, folgen ein Stück der Südküste von Reykjanes und biegen dann zum Kleifarvatn ab. Der kleine Ort Grindavík hat 2023 und 2024 wegen heftiger Vulkanausbrüche Schlagzeilen gemacht. Erkundigen Sie sich rechtzeitig, ob es Straßensperrungen gibt. Der rund 10 km² große Kleifarvatn liegt auf der Verwerfungszone des Mittelatlantischen Rückens und wird von beeindruckenden Bergen und aktiven Vulkanen eingerahmt. Seine schwarzen Sandstrände und bizarren Felsformationen bieten traumhafte Anblicke.

Der Bergsee ohne Zu- und Abflüsse birgt ein Geheimnis, denn er verändert immer wieder seine Größe. Besonders auffällig war dies nach dem Erdbeben im Jahr 2000, als der Kleifarvatn um rund ein Fünftel schrumpfte, so als ob jemand am Seegrund den Stöpsel gezogen hätte. Nach einigen Monaten hatte er seine ursprüngliche Größe wieder, und niemand wusste warum. Vermutet werden heiße Quellen am Seegrund, Hot Spots im ansonsten kalten Seewasser.

14 Uhr: Ein eiskaltes Vergnügen

Vom Kleifarvatn geht es weiter in nördlicher Richtung an Reykjavík

14 Uhr

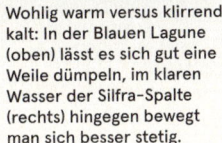

Wohlig warm versus klirrend kalt: In der Blauen Lagune (oben) lässt es sich gut eine Weile dümpeln, im klaren Wasser der Silfra-Spalte (rechts) hingegen bewegt man sich besser stetig.

vorbei bis zum Þingvellir-Nationalpark (S. 84) und zum Nordzipfel des Þingvallavatn. Hier mündet die Silfra-Spalte in den See; ihr eiskaltes Gletscherwasser, das vom Langjökull kommt, ist so klar, dass man mehr als 100 m weit schauen kann. Viele Jahre ist ihr Wasser durch Lavastein geflossen, wodurch sämtliche Partikel herausgefiltert wurden. Bevor Sie abtauchen oder schnorcheln können, müssen Sie sich aber warm anziehen – und das ist eine aufwendige Prozedur. Mit langer Unterwäsche und warmen Socken zwängen Sie sich in den Dry Suit. Jetzt nur noch Handschuhe, Mütze, Taucherbrille, Schnorchel und Flossen, dann kann es losgehen! Wie kalt das Wasser ist, spüren Sie sofort im Gesicht. Nach einer Weile werden auch Hände und Füße kalt, aber Aushalten lohnt sich, denn im Sonnenschein fluoreszieren die fadenförmigen Algen an den Felsen in einem unwirklichen Grün. Durch das unglaublich klare Wasser verliert man jegliches Gefühl für die Tiefe, erst die aufsteigenden

MEIN TAG

Geheimnisvoll: Der Kleifarvatn bezaubert bei jeder Witterung und zu jeder Jahreszeit.

Luftblasen der Taucher sorgen wieder für Orientierung. Wieder an Land, gibt es Kekse und heißen Kakao (die Tauch-/Schnorcheltour muss im Vorfeld gebucht werden).

17 Uhr: Wieder im warmen Wasser

In dem kleinen Ort Flúðir können Sie sich dann wieder richtig aufwärmen, und zwar in der Gamla Laugin, wie das Bad auf Isländisch heißt – auf Englisch wird es als Secret Lagoon beworben. Gamla Laugin heißt altes Schwimmbad, was durchaus zutrifft, denn die Einheimischen haben sich hier schon 1891 entspannt.

Es handelt sich nicht um ein gekacheltes Bad, sondern um einen Teich mit warmem Wasser, eingefasst mit Natursteinen.

Die Wassertemperatur liegt zwischen gut 30 °C und knapp 40 °C, je nachdem wie nah Sie dem Zulauf kommen. Sobald Sie über die Treppe einsteigen, umgibt Sie milchiges Wasser, das wie eine Cremelotion wirkt und pure Entspannung auslöst. Ewig könnte man hier dümpeln und den dezenten Geräuschen des nahen Mini-Geysirs lauschen. Die englische Bezeichnung Secret Lagoon, geheime Lagune, trifft allerdings inzwischen

17 Uhr

So lässt es sich aushalten: In der Gamla Laugin genießen Sie die Wärme des Wassers und das Wissen, dass hier schon Generationen vor Ihnen gebadet und die Natur bewundert haben.

nicht mehr zu, denn zu nah liegt Flúðir an den Hauptsehenswürdigkeiten des Golden Circle, als dass hier nicht auch hin und wieder Busse Halt machten. Allerdings geht es im Vergleich zur Blauen Lagune sehr viel entspannter zu – und selbst der Eintrittspreis ist noch erschwinglich.

19 Uhr: Exotik am Ende der Welt

Auch wenn die Secret Lagoon noch so schön ist, Sie müssen noch ins Minilik, das wahrscheinlich nördlichste afrikanische – genauer gesagt: äthiopische – Restaurant der Welt. Das Restaurant wirkt unscheinbar, ist aber gemütlich und bietet authentische Gerichte. Das Betreiberpaar, sie aus Äthiopien, er aus Island, sorgt für eine herzliche Atmosphäre. Auch das vegetarische Angebot überzeugt. Probieren Sie unbedingt die Kaffeespezialitäten!

Silfra-Tauch-/Schnorcheltour
Dive.is – Sport Diving School of Iceland
✉ Hólmaslóð 2, 101 Reykjavík
☎ 578 62 00 ⊕ www.dive.is 💰 20 490 ISK

Gamla Laugin/Secret Lagoon
✉ Hvammsvegur, 845 Flúðir
☎ 555 33 51 (Rezeption), 853 30 33 (Infos)
⊕ https://secretlagoon.is
🕐 Okt.–Mai 10–19, Juni–Sept. 10–20 Uhr
💰 Erw. 3600 ISK, Kinder bis 14 Jahre frei

Minilik
✉ Skeiða- og Hrunamannavegur, 845 Flúðir
☎ 846 97 98 ⊕ auf Facebook: Minilik ethiopian restaurant fluðum 🕐 Di–So 18–21 Uhr

❶ ★★ Golden Circle
(Goldener Kreis)

Was?	Ein mächtiger Wasserfall, ein zuverlässiger Geysir und ein Nationalpark mit Geschichte
Warum?	Weil Sie so die drei wichtigsten Sehenswürdigkeiten in der Umgebung von Reykjavík sehen.
Wann?	Der Golden Circle ist ganzjährig ein Erlebnis; wer früh startet, umgeht vielleicht den größten Trubel.
Wie lange?	Einen ganzen Tag
Was noch?	Abstecher nach Laugarvatn und Skálholt
Resümee	Ein Islandauftakt, der neugierig macht

Als Goldener Kreis wird ein rund 250 km langer Tagesausflug von Reykjavík aus bezeichnet, bei dem die drei größten Sehenswürdigkeiten nahe der Hauptstadt – Þingvellir, Geysir und Gullfoss – besucht werden. Die Tour können Sie mit dem Mietwagen unternehmen oder sich einem der zahlreichen organisierten Ausflüge anschließen, die ganzjährig angeboten werden. Einige Veranstalter legen Extra-Stopps ein, z. B. in Laugarvatn, bei der Blauen Lagune oder in Hvergerði.

Die Busse fahren die Ziele zwar in unterschiedlicher Reihenfolge an, doch für isländische Verhältnisse ist der Golden Circle überlaufen. Wer auf eigene Faust unterwegs ist, sollte deshalb möglichst früh aufbrechen, um das Naturschauspiel von Gullfoss und Geysir in relativer Ruhe zu genießen.

Geschichtsträchtiger Þingvellir

Seit 1928 sind 50 km² am Nordende des Sees Þingvallavatn als Nationalpark unter Schutz gestellt, seit 2004 steht Þingvellir auch auf der UNESCO-Weltkulturerbeliste.

Durch die Almannagjá, die Allmännerschlucht, in Þingvellir verläuft die Grenze zwischen der eurasischen und der amerikanischen Kontinentalplatte, die jedes Jahr einige Zentimeter auseinandergedrückt werden. Wie kaum an einer anderen Stelle in Island sind hier die geologischen Vorgänge der Plattentektonik anschaulich zu sehen.

Die wild zerklüftete Schlucht aus dunklem Basalt bietet aber nicht nur Geologie wie aus dem Lehrbuch, für die Isländer ist sie auch ein historisch äußerst bedeutsamer Ort, denn im Jahr 930 versammelten sich in der Schlucht erstmals die »Goden«, die Häuptlinge und Priester, um eine Alþingi-Versammlung abzuhalten. Von da an tagte das Alþingi, das als ältestes Parlament der Welt gilt, alljährlich zwei Wochen im Sommer. Während dieser Zeit wurden Gesetze erlassen und Gerichtsurteile vollstreckt, aber auch Markt gehalten und ein Volksfest gefeiert. Seitdem wurden viele wichtige Ereignisse in Þingvellir begangen: 1874 der tausendste Jahrestag der Besiedlung, 1930 das tausendjährige Jubiläum des Alþingi, am 17. Juli 1944 die Ausrufung der Republik, 1974 der elfhundertste Jahrestag der Besiedlung und im Jahr 2000 die tausendjährige Christianisierung des Landes.

Auf dem Þingvellir (oben) wurde einst über die Geschicke des Landes entschieden. Wer Zeit hat, besucht das Thermalbad Fontana (unten) in Laugarvatn.

Abstecher: Laugarvatn

Der winzige Ort am gleichnamigen See besitzt vier Schulen, mehrere Übernachtungsmöglichkeiten und viele Ferienhäuser. Am Seeufer, am Seegrund, aber auch im Ort treten heiße Quellen an die Oberfläche. Sie waren der Hauptgrund für die Gründung von Laugarvatn.

Heute machen vor allem im Sommer viele Tagesgäste auf dem Golden Circle hier einen Stopp. Die größte Sehenswürdigkeit ist das architektonisch ansprechend mit Natursteinen und Holz gestaltete, direkt am schwarzen Sandstrand des Laugarvatn gelegene Thermalbad Fontana. Wer länger bleiben möchte, findet in der Umgebung viele Wandermöglichkeiten.

Magischer Moment

Zurück in die Vergangenheit

Ganz klein und ehrfürchtig werden Sie sich fühlen, wenn Sie in der Allmännerschlucht im Þingvellir-Nationalpark mit einem Bein auf der eurasischen und mit dem anderen auf der amerikanischen Kontinentalplatte stehen und Sie an den steilen Basaltwänden entlang aufschauen – nirgendwo sonst ist Geologie so anschaulich wie hier. Der Zauber dieses Ortes ist nicht zu leugnen, und so fällt es nicht schwer, sich vorzustellen, wie sich die Isländer hier vor über 1000 Jahren zur ersten Parlamentssitzung versammelt haben, wie sie aus allen Landesteilen angeritten kamen und Þingvellir für zwei Wochen mit Leben erfüllten.

Geysire und anderes heißes Wasser

Island gilt als das Land der Geysire und Thermalquellen. Heiße Quellen gibt es fast überall, doch nur zwei Geysire: den Großen Geysir und den Strokkur (»Butterfass«). Am Haupteingang zum Geysirgebiet im Haukadalur blubbert in einigen Schlammtöpfen eine graue und rote Masse vor sich hin. Im warmen Wasser des Baches, der durch das Gelände plätschert, gedeihen farbige Algen und Bakterien. Doch die große Attraktion sind die Geysire.

Bis zum Anfang des 20. Jh.s war der Große Geysir sehr aktiv, doch dann kamen seine Eruptionen immer seltener, und irgendwann stellte er seine Aktivitäten ganz ein. Mehrmals hat man noch versucht, ihn mithilfe von Seife zu weiteren Aktivitäten anzuspornen, doch ohne großen Erfolg. Nach einem Erdbeben im Jahr 2000 ist der Große Geysir dann doch kurzfristig wieder zu neuem Leben erwacht, Verlass ist mittlerweile auf ihn aber erneut nicht mehr.

Ganz anders der benachbarte Strokkur, der ziemlich zuverlässig alle fünf bis fünfzehn Minuten eine stattliche Wasserfontäne in den Himmel schießt. Manchmal überrascht er die dicht gedrängt stehenden Zuschauer sogar mit drei Fontänen kurz hintereinander. Die kochend heiße Wassersäule steigt 25 bis 35 m auf, bevor sie in sich zusammenfällt.

Interessant ist auch die nahe Blesiquelle: Einer ihrer Quelltöpfe enthält fast kochend heißes, klares Wasser, in einem weiteren ist das Wasser »nur« rund 50 °C warm und durch Kieselsäure intensiv blau gefärbt.

Zauberhafter Gullfoss

Der »Goldene Wasserfall«, ebenfalls im Haukadalur, zählt zu den schönsten Islands. Denn die Hvítá – der »Weiße Fluss« – stürzt über zwei versetzte Fallstufen insgesamt gut 30 m in eine enge, mehrere Kilometer lange Schlucht. Selbst im Sommer führt die Hvítá so viel Wasser, dass der Gullfoss ein beeindruckendes Schauspiel bietet. Wer Glück hat, sieht in der Gischt einen Regenbogen. Auch im Winter lohnt ein Besuch, denn dann verwandelt sich der Gullfoss in eine glitzernde Eiswelt.

Seit 1979 stehen der Gullfoss und seine Umgebung unter Naturschutz. Dass der Wasserfall, der sich heute in Staatsbesitz befindet, nicht, wie viele andere, der Energieerzeugung geopfert wurde und heute nur noch als kleines Rinnsaal in die Schlucht tröpfelt, ist in erster Linie der mutigen Bauerntochter Sigriður Tómasdóttir (1874–1957) zu verdanken. Hartnäckig hat sie sich für den Erhalt des Gullfoss eingesetzt; bei dem Wasserfall erinnert ein Denkmal an sie.

Abstecher: Skálholt

Über 700 Jahre – bis 1785 – war Skálholt Bischofssitz, insgesamt residierten hier 31 katholische und zwölf protestantische Bischöfe. Auch der letzte katholische Bischof, Jón Arason, wirkte hier, bis er 1550 hingerichtet wurde.

An die Bedeutung von Skálholt als wichtiges kulturelles Zentrum erinnert heute die Domkirche, ein Bau von 1956, eingeweiht anlässlich des neunhundertsten Jahrestages der ersten Bischofsweihe. Sie ist das letzte einer langen Reihe von Gotteshäusern an dieser Stelle, das erste stand hier schon vor über 1000 Jahren. Jedes Jahr finden in der Domkirche von Ende Juni bis Anfang August mehrmals wöchentlich Konzerte statt.

KLEINE PAUSE

Nehmen Sie zum Þingvellir-Spaziergang ein Picknick mit, und suchen Sie sich eine schöne Stelle mit Blick auf den See! Alternative: Im ansprechend gestalteten Restaurant im **Geysir Center** wird täglich von 11.30 bis 14 Uhr ein üppiges Büfett angeboten.

✢ 219 E/F2

Visitor Centre Hakið
Die Multimedia-Ausstellung über Þingvellir dauert ca. 45 Min.; in die Almannagjá-Schlucht sind es von hier nur wenige Gehminuten.
☎ 488 18 00 ⊕ www.thingvellir.is
❶ Mai–Okt. tägl. 9–18, sonst 9–17 Uhr
✦ 1200 ISK, bis 17 Jahre frei

Þingvellir Information Centre
Touristeninformation mit Café und Campingplatz ✉ an der Kreuzung der Straßen 36, 52 und 361 ❶ Mai–Okt. tägl. 9–18, sonst 9–17 Uhr

Laugarvatn Fontana
✉ Hverabraut 1 ☎ 486 14 00
⊕ www.fontana.is ❶ tägl. 11–21 Uhr
✦ 5490 ISK, erm. 3490 ISK

Geysir Center
Das Geysir Center bietet Reisenden einen Rundumservice: Es gibt ein Multimedia-Museum, ein schönes Restaurant, ein Hotel, einen Campingplatz sowie einen gut sortierten Souvenirladen.
✉ Haukadalur ☎ 480 68 00
⊕ https://hotelgeysir.is
✦ vor Ort erfragen

❷ ★★ Bláa Lónið
(Blaue Lagune)

Was?	See mit wohlig warmem, milchig-blauem Wasser inmitten eines Lavafeldes
Warum?	Ohne ein Bad in der Blauen Lagune waren Sie nicht in Island.
Wann?	Je schlechter das Wetter, desto beeindruckender das Erlebnis
Wie lange?	Mindestens zwei bis drei Stunden
Resümee	Gut für Seele und Haut, aber mies für den Geldbeutel

Die Blaue Lagune ist die bekannteste und meistbesuchte Attraktion Islands. Wegen der günstigen Lage in der Nähe des internationalen Flughafens in Keflavík und auch nicht allzu weit von Reykjavík entfernt, findet jeder noch Zeit für ein Bad in dem herrlich warmen Wasser.

Die Blaue Lagune entstand Mitte der 1970er-Jahre als Nebenprodukt des Geothermalkraftwerkes Svartsengi. Vom Kraftwerk wird Meerwasser in rund 2000 m Tiefe gepumpt, mischt sich dort mit Süßwasser und kommt dann mit einer Temperatur von 240 °C wieder an die Oberfläche. Nachdem das heiße Wasser zur Stromerzeugung genutzt wurde, fließt es in das umliegende Lavafeld ab. Auf diese Weise entstand nach einiger Zeit ein Salzwassersee im Lavafeld mit der typischen milchig-blauen Farbe, die durch die Kieselsäure im Wasser hervorgerufen wird. Anfangs nahmen nur die Mitarbeiter des Kraftwerkes und die Einheimischen ein Bad in dem Lavasee, doch bald kamen die ersten Touristen und schwärmten von dem Badevergnügen vor der bizarren Kulisse des rauchenden und zischenden Svartsengi-Kraftwerks.

Sinfonie in Schwarz, Weiß und Blau im Lavasee der Blauen Lagune

Die neue Blaue Lagune

Als das Provisorium für die immer zahlreicheren Besucher zu klein wurde, beschloss man, den Badesee in ein 2 km entferntes größeres Becken umzuleiten. 1999 eröffnete der damalige Staatspräsident Ólafur Ragnar Grímsson das neue Bad.

Vor allem bei schlechtem Wetter wirkt der Badesee, als wäre er eine Kulisse aus einem Science-Fiction-Film. Dann hüllen Dampfschwaden alles ein, nur für Sekunden reißt der Wind Löcher in den weißen Vorhang. So weit das Auge reicht: schwarze Lavafelder und mittendrin der See mit zartblauem Wasser, in dem die Köpfe der Badenden nur schemenhaft auszumachen sind. Im Winter macht das Bad in der Blauen Lagune besonders viel Spaß. Da das Wasser das ganze Jahr über mindestens Badewannentemperatur besitzt, muss niemand frieren – nur eine Mütze ist manchmal angebracht.

Das kieselsäurehaltige Wasser der Blauen Lagune sorgt nicht nur für Badevergnügen, es lindert auch entzündliche Hautkrankheiten wie Schuppenflechte oder Neurodermitis. Mittlerweile ist dieser Effekt wissenschaftlich nachgewiesen. Im Skin Care Shop sind diverse Produkte wie Creme und Shampoo zur Hautpflege erhältlich. Einige hundert Meter in Richtung Wärmekraftwerk gibt es eine Klinik zur stationären Behandlung von Hautkrankheiten.

So viel Schönheit und geschicktes Marketing haben den Massentourismus befördert. Zum Angebot der Lagune gehören mittlerweile außerdem Bar, Café, Restaurants, das Silica Hotel mit 35 Zimmern sowie das Retreat mit 62 luxuriösen Suiten. Die Blaue Lagune ist das mit Abstand teuerste Schwimmbad Islands. Wer hinein möchte, muss sich möglichst rechtzeitig online seine Eintrittskarte besorgen.

KLEINE PAUSE
Hier hat man die Wahl zwischen **Lava Restaurant, Moss Restaurant, Spa Restaurant** und dem **Café**.

✛218 C2 ✉ Grindavík ☎ 420 88 00
⊕ www.bluelagoon.com
❶ tägl. geöffnet, im Sommer 7-23, sonst 8-22 Uhr
♣ Die Preise richten sich nach Saison, Tageszeit und Umfang der Nutzung.

Das günstigste Angebot für Erwachsene liegt für den Eintritt bei 11500 ISK, bis 13 Jahre frei. Weitere Angebote mit Drink, Essen und/oder Wellnessbehandlung sind erheblich teurer.

❹ ★★ Inside the Volcano

Was?	Abstieg in eine ausgebrannte Magmakammer
Warum?	Das geschmolzene und bizarr erstarrte Gestein leuchtet in allen Farben.
Wann?	Im Sommer
Wie lange?	Einen halben Tag
Was noch?	Wer nicht wandern möchte und das nötige Kleingeld hat, kann einen Helikopterflug zum Þríhnúkagígur buchen.
Resümee	Wie winzig klein der Mensch doch ist!

Hinab geht es zum Mittelpunkt der Erde – jedenfalls fühlt es sich so an…

Eine »Reise zum Mittelpunkt der Erde« gibt's nur in Science-Fiction-Romanen? Nicht mehr, denn mittlerweile können auch Touristen das Innere eines Vulkans erkunden. Zwar nicht bis zum Mittelpunkt der Erde, aber immerhin bis in eine Tiefe von 120 m.

Das kleine Abenteuer beginnt mitten in Reykjavík, an der Busstation von »Iceland Excursions« in der Hafnarstræti. Es folgt eine 45-minütige Busfahrt in die Blauen Berge (Bláfjöll). Bis zum Vulkan Þríhnúkagígur, ein Name, der für nichtisländische Zungen kaum auszusprechen ist und so viel wie »Dreigipfelkrater« bedeutet, ist es dann noch eine Stunde Fußmarsch – hauptsächlich über mit Moos bedeckte Lavafelder. Zum Schluss geht es noch einige Meter steil bergauf, dann steht man am Kraterrand, über den eine Art Leiter gelegt ist, an der wiederum ein Korb hängt, so wie ihn Fensterputzer an Hochhäusern verwenden. An Stahlseilen schwebt der Korb dann mit fünf staunenden Touristen und dem Guide 120 m in die Tiefe. Anfangs ist die Öffnung so eng, dass der Korb an den Wänden anstößt und mit den Händen dirigiert werden muss. Dann weitet sich der Schlot zu einer riesigen, schwach beleuchteten Halle, und der Korb kann frei schwebend zum Grund hinabgelassen werden. Sechs Minuten dauert der Schwebezustand, die allerdings wie im Flug vergehen, denn das Innere des Vulkanschlots leuchtet in allen Farben. Das geschmolzene und wiedererstarrte Gestein ist mal gelb, dann violett oder sogar leuchtend rot. Das Loch, durch das der Korb sich hindurchgezwängt hat, ist bald nur noch ein winzig kleiner Lichtpunkt. Rund eine Dreiviertelstunde bleiben Besucher am Grund der vor 4000 Jahren ausgebrannten Magmakammer, dann bringt sie der »Fahrstuhl« wieder ans Tageslicht.

KLEINE PAUSE
Nach dem Ausflug ins Erdinnere serviert das Team einen Imbiss: eine kräftige isländische Lammsuppe sowie Kaffee und Kekse.

 ✢219 D/E2 ☎519 56 09 ⊕https:// insidethevolcano.com ❷Mai–Okt., ab Reykjavík starten mehrere Touren täglich, die erste um 8 Uhr, die letzte am Nachmittag. Dauer 5–6 Std. ✈47 000, 8–12 J. 23 000

❼ ★★ Snæfellsjökull

Was?	Gletscher am Ende der Halbinsel Snæfellsjökull
Warum?	Weil der Berg aus jeder Perspektive beeindruckt.
Wann?	Jederzeit
Wie lange?	Mindestens einen Tag
Was noch?	An der Küste zwischen Arnarstapi und Hellnar spazieren gehen
Resümee	Dieser Berg ist einfach magisch.

Der vergletscherte Gipfel des Snæfellsjökull bildet den Abschluss der schmalen, weit ins Meer ragenden Halbinsel Snæfellsnes. Rund um den Berg sind 167 km² als Nationalpark geschützt. Viele, darunter auch einige bekannte Schriftsteller, hat der Snæfellsjökull schon fasziniert. Halldór Laxness wählte ihn für seine Romane »Am Gletscher« und »Weltlicht« als Kulisse. Und Jules Verne ließ in seinem fantastischen Roman »Reise zum Mittelpunkt der Erde« seine Protagonisten am Snæfellsjökull ins Erdinnere einsteigen.

Naturwissenschaftler sehen in dem 1446 m hohen Snæfellsjökull einen Stratovulkan mit Gletscherkuppe. Am Gipfel gibt es ein nach Westen offenes Kraterbecken mit 1 km Durchmesser und 200 m hohen Steilwänden. Am Kraterrand erheben sich drei Spitzen, die Jökulþúfur. In den letzten 10 000 Jahren ist der Vulkan mindestens dreimal aus-

Im Sommer ist die Gletscherkappe des Snæfellsjökull nur sehr klein.

gebrochen, letztmals vor ca. 1750 Jahren. Als erloschen gilt er aber nicht. Der Gletscher über dem Gipfel bedeckt heute nur noch eine Fläche von rund 10 km², vor 100 Jahren war er noch rund doppelt so groß – und das Eis schmilzt weiter.

Unterwegs auf der Halbinsel Snæfellsnes

Die Südküste der Halbinsel ist nur spärlich besiedelt, die Orte sind alle winzig. Búðir (S. 103), einst Handelsplatz, besteht nur noch aus einer kleinen Kirche und einem Hotel. In der Nachbarbucht lohnt am Rand eines Lavastroms der wunderschöne Muschelstrand Hraunlandarif einen Spaziergang.

Der Fischerort Arnarstapi liegt auf einem Plateau zwischen Snæfellsjökull und Steilküste, sein malerischer Hafen an einer Steilküste mit von den Wellen zu Türmen und Bogen geformten Basaltklippen. Diese Steilküste zieht sich westlich bis nach Hellnar. Den Ort erreicht man über eine Stichstraße oder – viel schöner – auf einer Wanderung entlang der Steilküste. Nach Hellnar zweigen von der Hauptstraße (Nr. 574) mehrere Stichstraßen zur Küste ab. Auf ihnen gelangt man zum Leuchtturm von Malarrif und zu den Felszinnen Lóndrangar, auf denen Seevögel brüten. Wer wandern möchte, gelangt an der Küste entlang zur Bucht von Dritvík und zur Tröllakirkja, einer markanten Felsformation.

Die nächste größere Ansiedlung ist Ólavsvík an der Nordküste, ein wichtiger Handelsplatz. In dem ehemaligen Lagerhaus Gamla Pakhúsið wird die Ortsgeschichte erzählt.

Eine weitere Ansiedlung ist Grundarfjörður, mit dem 436 m hohen Kirkjufell auf einer Halbinsel im Fjord als Wahrzeichen. Mit etwas Fantasie könnte man den Kirkjufell (Kirchberg) wirklich für einen Kirchturm halten.

KLEINE PAUSE

Das kleine **Café Fjöruhúsið** (S. 106) liegt außerhalb Hellnars direkt an der Steilküste.

 ✢ 218 A/B5

Besucherzentrum Nationalpark
✉ Malarrif ☎ 436 68 88
⊕ www.ust.is
❶ Im Sommer tägl. 11–16 Uhr

National Park Center Hellissandur
✉ Sandhraun 5 ☎ 661 15 00
⊕ www.ust.is
❶ im Sommer tägl. 10–16 Uhr

❷❹ Reykjanesviti & Gunnuhver

Was?	Islands jüngstes Geothermalgebiet
Warum?	Weil die »Rauchhalbinsel« ihren Namen verdient.
Wann?	Jederzeit
Wie lange?	Ein halber Tag
Was noch?	Den Blick auf die nahe Vogelinsel Eldey genießen.
Resümee	Über allem liegt der Geruch nach Schwefel und faulen Eiern.

Die Halbinsel Reykjanes bildet den Südwestzipfel Islands. Hier begann mit der Landnahme von Ingólfur Arnarson die Besiedlung der Insel. Reykjanes zählt zu den geologisch jüngsten und unruhigsten Teilen Islands. Seit 2021 ist die Region wieder sehr aktiv. Nach kleineren Eruptionen spuckte das Vulkansystem Fagradalsfjell 2022 Lava. Seit Ende 2023 kommt es rund um den kleinen Ort Grindavík immer wieder zu spektakulären Ausbrüchen, die mehrfach zu Sperrungen und Evakuierungen des Gebietes geführt haben. Geologen rechnen mit einer längeren Phase vulkanischer Aktivitäten.

Dampf und Rauch prägen das hochaktive Geothermalgebiet Gunnuhver.

Lohnende Ziele sind der Vogelfelsen Hafnarberg, die Basaltfelsen am Leuchtturm Selvogsviti, die Blaue Lagune (S. 89) und das Hochtemperaturgebiet am Kap Reykjanes. Der Leuchtturm von Reykjanesviti thront auf einem Vulkanhügel, von der nahen Küste erblickt man die Vogelinsel Eldey; auf ihr brüteten 1844 die letzten Riesenalke. Nicht weit vom Leuchtturm dampfen die Quellen des Geothermalgebiets Gunnuhver. Von Holzbohlenwegen aus kann man die Schlammtöpfe und Schwefelfelder anschauen.

Bevor Sie auf Reykjanes unterwegs sind, informieren Sie sich über die aktuelle Lage. Gute Quellen:
· www.island protravel.de/ vulkanaus bruch-grinda vik.html
· https://safe travel.is
· https://en. vedur.is/about-imo/news

KLEINE PAUSE
Picknick am Leuchtturm von Reykjanesviti mit schönem Blick aufs Meer und die spektakuläre Vulkanlandschaft.

✝ 218 C1

㉕ Stykkishólmur

Was?	Hafenort mit hübschem Stadtbild und viel Sehenswertem
Warum?	Für Abstecher in die Westfjorde, um sich über Vulkane zu informieren und um etwas Kunst zu tanken.
Wann?	Jederzeit
Wie lange?	Ein halber Tag reicht, wenn Sie nur den Ort selbst besichtigen.
Was noch?	Ein Ausflug nach Flatey und ein Aufstieg auf den Helgafell
Resümee	Kultur, Natur und vielleicht sogar erfüllte Wünsche

Schon um 1550 wurde hier von deutschen Kaufleuten aus Oldenburg und Bremen ein Handelsplatz gegründet. Bis heute bildet der Hafen, von dem eine Fährverbindung in die Westfjorde führt, die Lebensgrundlage von Stykkishólmur.

Weit schiebt sich der Ort auf einer Halbinsel in die Schärenwelt des Breiðafjörður. Seinen Namen verdankt das Städtchen der großteils in die Hafenmauer integrierten Schäreninsel Stykkið. Súgandisey, eine weitere mit einem Damm verbundene Basaltinsel, schützt den Hafen vor dem offenen Meer. Es lohnt sich wegen des Ausblicks, den höchsten Punkt von Súgandisey zu erklimmen. Auf einem Hügel fällt die Kirche ins Auge, ein moderner weißer Betonbau von Architekt Jón Haraldsson.

Hübsch bunt leuchten die Bootsrümpfe im Hafen von Stykkishólmur.

Schöne alte Holzhäuser

Das Stadtbild gestalten liebevoll sanierte, bunt gestrichene Holzhäuser. Unter ihnen befindet sich auch das Norwegische Haus, das Norska Húsið. Árni Thorlacius ließ es 1832 errichten. Einst Wetterstation, wird hier heute Kunst gezeigt.

Wenn Sie Kissen- und Deckenfüllungen mit Daunen lieben, besuchen Sie das Eidercenter. Hier werden Daunen für ganz Island und den Export nach Europa gereinigt. Sie erfahren alles über Eiderenten, können Vorträge hören und Produkte aus Eiderdaunen kaufen.

In einem modernen Gebäude auf einem Hügel hat die Installationskünstlerin Roni Horn ihre Wasserbibliothek verwirklicht. Highlight sind 24 Glassäulen mit Wasser der größten isländischen Gletscher in einem lichtdurchfluteten Raum.

Nach einer Überlieferung hat jeder, der den südlich vom alten Zentrum von Stykkishólmur gelegenen Hügel Helgafell zum ersten Mal besteigt, drei Wünsche frei. Dafür müssen Sie mit dem Blick geradeaus und schweigend hinaufgehen. Oben angelangt, müssen Sie dann die Wünsche in Richtung Osten sprechen. Wenn es gute Wünsche waren und sie niemand gehört hat, sollen sie in Erfüllung gehen.

Abstecher nach Flatey

Der rund 120 km lange und 50 km breite Breiðafjörður trennt die Halbinsel Snæfellsnes von den Westfjorden. Seine Wasserfläche ist mit rund 2000 Inseln gesprenkelt. Der Fjord ist flach und der Tidenhub groß, was gute Lebensbedingungen für Tiere und Pflanzen schafft. Im Wasser leben Fische und Krustentiere, aber auch Robben, Delfine und Orcas. Rund die Hälfte der in Island brütenden Vogelarten ist hier anzutreffen, darunter Eiderenten, Kormorane, Eissturmvögel, Seeadler und Brandgänse. Ein Aufenthalt auf Flatey, der größten Insel im Breiðafjörður, lohnt wegen der schönen Holzhäuser, der Vögel und der Lage abseits jeglicher Hektik.

KLEINE PAUSE
Im **Hótel Flatey** (S. 104) kann man im vorzüglichen Restaurant gemütlich zu Mittag essen.

✛ 218 C5

Norska Húsið (Norwegisches Haus)
✉ Hafnargata 5 ☎ 433 8114 ⊕ https://norskahusid.is ⏰ im Sommer tägl. 11-17 Uhr 🎫 1600 ISK, bis 18 J. frei

Æðarsetur Íslands (Eider Center)
✉ Frúarstígur 6 ⊕ https://eider.is
⏰ Im Sommer 13-17 Uhr
🎫 frei

Vatnasafn (Wasserbibliothek)
✉ Bókhlöðustígur 17 ⊕ https://artangel.org.uk/project/library-of-water
⏰ Juni-Aug. tägl. 11-17, sonst nur Di-Sa

Die Fähre »Baldur« fährt im Sommer täglich in die Westfjorde und legt auch auf Flatey an; nähere Infos auf www.seatours.is.

Nach Lust und Laune!

26 Krýsuvík

Das verlassene Dorf Krýsuvík und das gleichnamige Vulkansystem liegen im Süden der Halbinsel Reykjanes zwischen Grindavík und Hafnarfjördur und sind gut über die Straße 42 zu erreichen. Dass es sich um ein Hochtemperaturgebiet handelt, sieht man in Seltún. Von der Straße führen Bohlenwege zu Solfataren, Schlammtöpfen, Quellen, gelben Schwefelablagerungen und ockerfarbenen Berghängen.

✛ 219 D1

27 Reykjanesbær

Im Kulturzentrum von Reykjanesbær, nur wenige Minuten vom internationalen Flughafen Keflavík entfernt, lockt Rokksafn Íslands, Islands einziges Rock-'n'-Roll-Museum. Björk, Sigur Rós, die Sugarcubes oder Of Monsters and Men haben auch außerhalb Islands Karriere gemacht, doch Trúbrot oder Páll Óskar werden nur wenige kennen. Sie und noch einige andere geben in dem modernen, interaktiven Museum eine Kostprobe ihrer Musik. Die Music Hall of Fame würdigt alle Music-Award-Preisträger.

✛ 218 C2

Rokksafn Íslands
✉ Hjallavegur 2 ☎ 420 10 30
🌐 www.rokksafn.is
🕐 tägl. 11–18 Uhr
🎫 1500 ISK, bis 18 Jahre frei

28 Akranes

Akranes liegt an der Spitze einer Halbinsel zwischen dem Fjord Hvalfjörður und der Bucht Leirárvogur. Zum Ort gehören weitläufige Hafenanlagen und eine nicht zu übersehende Zementfabrik, die den gesamten Bedarf Islands deckt. Leider liegt die Fabrik in unmittelbarer Nähe des sehr schönen Strandes.

Dass Akranes doch einen Stopp wert ist, zeigt sich beim Besuch des Regionalmuseums Safnasvæðið á Akranesi. Zu sehen gibt es auf dem Gelände des ehemaligen Gutes von Garðar das älteste Holzhaus von 1875, das erste Betonhaus der Stadt sowie den restaurierten Küstensegler »Sigurfari«; außerdem wären da noch eine Mineraliensammlung und das Sportmuseum.

Im Hafenviertel mit einigen alten Häusern stehen auf der Landspitze zwei Leuchttürme. Der neuere, größere davon kann im Sommer

Akranes strahlt Beschaulichkeit aus.

Sonnenuntergang am ruhigen Hvalfjörður

besichtigt werden; im Innern stellen lokale Künstler ihre Werke aus.

✣ 219 D3

Safnasvæðið á Akranesi
✉ Garðaholt 3 ☎ 433 11 50 ⊕ www.museum.is ⏲ Mitte Mai–Mitte Sept. tägl. 11–17, sonst Sa 13–17 Uhr
💰 1300 ISK, bis 18 J. frei

29 Hvalfjörður

Den Namen erhielt der schmale, rund 30 km ins Land reichende Fjord wegen der bedeutendsten Walfangstation Islands, die noch bis in die 1980er-Jahre in Betrieb war. Auch nach der Wiederaufnahme des Walfanges, angeblich zu wissenschaftlichen Zwecken, wurden hier noch Wale angelandet und zerlegt.

Bis 1988 führte die Ringstraße um den Hvalfjörður herum. Seit dem Tunnelbau ist es heute im Fjordinnern aber recht ruhig. Wegen der spektakulären Landschaft mit steilen Felsen und Bergmassiven an den Ufern lohnt der Umweg.

In Saurbær ist die kleine Kirche sehenswert, die zu Ehren von Hallgrímur Pétursson (1614–1674) erbaut wurde, der hier Pfarrer war und Passionspsalmen verfasste. Am Ende des Fjordes führt eine Piste ins Botnsdalur, das durch dichten Birkenwald beeindruckt. Auch lohnt sich die Wanderung zum 196 m hohen Wasserfall Glymur.

✣ 219 D3

30 Borgarnes

Für Touristen wirkt der Ort ziemlich nüchtern, doch für viele Isländer besitzt Borgarnes als Heimat des Dichters und Sagahelden Egill Skallagrímsson besondere Bedeutung. Die Saga von Egill beginnt im Jahr 850; ein wichtiger Teil der Handlung beschreibt sein Leben und die Kämpfe seiner Familie. Während der komplizierten Geschichte werden rund 400 Personen erwähnt. Heute sind alle Straßen in Borgarnes nach Personen der Saga benannt, außerdem wurden an historisch überlieferten Orten Steinmännchen errichtet – auch direkt im Zentrum des Ortes.

In dem kleinen Park Skallagrímsgarður in der Stadtmitte befindet sich ein Grabhügel, in dem

NACH LUST UND LAUNE!

Besiedlungsgeschichte im Landnahmezentrum

ein bedeutender Wikinger mit Pferd und Waffen beigesetzt worden ist, wahrscheinlich war es Egills Vater, Skallgrímur Kveldúlfsson. Ein Relief am Hügel zeigt Egill mit seinem toten Sohn Böðvar, der ebenfalls hier begraben sein soll.

In solch einem geschichtsträchtigen Ort muss es natürlich ein Museum geben, das über die Zeit der Sagas informiert. Ein ehemaliges Lagerhaus beherbergt das Landnahmezentrum Landnámssetur. Im Erdgeschoss erfährt man, warum Menschen ab dem Jahr 874 von Norwegen nach Island zogen. Im Untergeschoss ist die Egill-Ausstellung zu sehen.

Das Safnahús Borgarfjarðar hingegen widmet sich ausschließlich den Kindern Islands. Anhand von Fotografien werden Lebensgeschichten von Kindern der letzten 100 Jahre erzählt.

Etwas außerhalb von Borgarnes liegt das Gehöft Borg á Mýrum, das in Islands Geschichte eine wichtige Rolle gespielt hat: Hier wurde Egill Skallgrímsson (910–990) geboren. Vor einer kleinen Holzkirche steht die Skulptur Sonatorrek (»Klage um die Söhne«) des Bildhauers Ásmundur Sveinsson (1893–1982), die den Verlust von Egills Söhnen Böðvar und Gunnar thematisiert.

✝ 219 D 2/3

Landnámssetur
✉ Brákarbraut 13–15 ☎ 437 16 00
🌐 www.landnam.is ⏱ tägl. 10–21, Wellness-Büfett im Restaurant tägl. 11.30–15 Uhr 💰 3500 ISK, bis 14 Jahre frei

Safnahús Borgarfjarðar
✉ Bjarnarbraut 4–6 ☎ 433 72 00
🌐 www.safnahus.is ⏱ Mitte Mai–Ende Aug. Mo–Fr 10–17, Sa 11–14 Uhr
💰 Eintritt frei

Visit West Iceland
☎ 433 88 20
🌐 www.west.is

31 Deildartunguhver, Reykholt, Húsafell & Hraunfossar

Von Borgarnes führen die beiden Täler Reykholtsdalur und Hvitárdalur in nordöstlicher Richtung in die Nähe des Langjökull (S. 102). Der Ausflug durch landwirtschaftlich genutzte Täler lohnt sich, denn hier warten mit Deildartunguhver, Reykholt, Húsafell und Hraunfossar gleich vier Sehenswürdigkeiten.

Die gesamte Gegend ist ein Niedrigtemperaturgebiet, das heißt, durch Spalten treten Dampf und heißes Wasser an die Oberfläche, es liegt aber keine aktive Magmakammer darunter.

Die ergiebigste Heißwasserquelle Islands, Deildartunguhver, fördert rund 200 l fast kochend heißes Wasser pro Sekunde. Mit dem Wasser werden die Gewächshäuser der Umgebung sowie die Städte Akranes und Borgarnes beheizt. Auf dem Bauernhof Sturlureykir wurde erstmals in Island im Jahr 1908 heißes Wasser aus diesen Quellen zum Heizen von Häusern verwendet.

Reykholt im Reykholtsdalur zählt zu den wichtigsten historischen Orten Islands, denn hier lebte der bekannteste isländische Dichter und Historiker Snorri Sturluson (1179–1241). Von ihm stammt höchstwahrscheinlich die »Heimskringla«, eine detaillierte Geschichte der norwegischen Könige, sowie ein Skaldenlehrbuch, das die Regeln der damaligen Dichtkunst erklärt. Snorri Sturluson war einer der einflussreichsten Männer seiner Zeit, der über zwei Godentümer herrschte und auf dem Alþingi, dem altisländischen Parlament, zweimal zum Gesetzessprecher ernannt wurde. Als mächtiger Politiker besaß er aber nicht nur Freunde: 1241 wurde er in Reykholt ermordet.

Zu Lebzeiten ließ er es sich aber wohl gutgehen, denn hinter seinem Haus fand man den ersten Hot Pot Islands. Das Kulturzentrum Snorrastofa im Untergeschoss der modernen Kirche informiert über sein Leben.

Ein Stück weiter talaufwärts kommt man zu den Hraunfossar. Unter dem Lavastrom Hallmundarhraun, der um 800 v. Chr. entstand, quellen auf einer Länge von rund 1 km unzählige kleine Wasserfälle hervor und ergießen sich in die Hvítá. Der obere Teil des steilen Flussufers besteht aus wasserdurchlässiger Lava, der untere aus wasserundurchlässigem Basalt. Wasser, das in die Lava einsickert, fließt deshalb unterirdisch auf der Basaltschicht und tritt dann am Steilufer der Hvítá aus. Noch weiter flussaufwärts liegt der Barnafoss, der sogenannte »Kinderwasserfall«, dessen Name an zwei Kinder erinnert, die hier ertrunken sind.

Als nächstes kommt man nach Húsafell. Der Ort besteht praktisch nur aus privaten Ferienhäusern, einem modernen Hotel, dem Golfplatz sowie dem Campingplatz mit Hütten, Restaurant und Freibad. Im Ort befindet sich das Atelier des Künstlers Páll Guðmundsson, das an dem mit schwarzem Wellblech verkleideten Turm zu erkennen ist. Rund um den Turm sind seine ungewöhnlichen Skulpturen zu bewundern.

219 E/F4

Snorrastofa
☎ 433 80 00 ⊕ www.snorrastofa.is
Mai–Aug tägl. 10–17, sonst Mo–Fr 10–17 Uhr ◆ 1500 ISK, mit Tour 2500 ISK K

Hotel, Campingplatz
✉ Húsafell 311 ☎ 435 15 51
⊕ www.husafell.is

32 Víðgelmir (Lavahöhle)

Das großflächige Lavafeld Hallmundarhraun an den nordwestlichen Ausläufern des Langjökull entstand bei Ausbrüchen zur Zeit der Landnahme, also vor mehr als 1000 Jahren. Der Name des Lavafeldes geht auf die Saga von Grettir dem Starken zurück, der hier in einer der Höhlen den Troll Hallmundur getroffen haben soll, welcher ihm Unterschlupf gewährte. Die Höhle steht unter Naturschutz und kann nur im Rahmen von Führungen besichtigt werden. Im Innern der Höhle sind farbige Lava und natürliche Eisskulpturen zu sehen. Holzstege und Beleuchtung erleichtern den Besuch. Von Húsafell folgt man den Schildern Fljótstunga, The Cave und Víðgelmir bis zum Servicegebäude.

Fährt man weiter auf der F 578, kommt man nach einigen Kilometern zu den Lavahöhlen Surtshellir und Stefánshellir, die auf eigene Faust erkundet werden können.

☩ 219 F4 ☎ 783 36 00 ⊕ www.the cave.is ❶ Führungen Mai–Aug., tägl. mehrere Touren; Dauer 1,5 Std. ❧ 8000 ISK, 7-15 J. 4000 ISK

33 Langjökull

Der Langjökull im westlichen Hochland ist der zweitgrößte Gletscher Islands. Zu erreichen sind seine westlichen Ausläufer über die Hochlandpiste Kaldidalur und die östlichen über die Kjölur. Der »lange Gletscher«, so die Übersetzung seines Namens, erstreckt sich von Südwesten nach Nordosten und folgt so der Ausrichtung der aktiven Vulkanzone. Unter seinem Eis gibt es mindestens zwei aktive Vulkansysteme. Eine besondere Attraktion bildet der künstliche Eistunnel auf dem Plateau des Langjökull, der ungefähr 200 m ins Innere des Eises führt. Angeboten werden verschiedene Besichtigungstouren, welche direkt am Gletscherrand beginnen oder als Tagestour von Reykjavík aus starten.

☩ 228 B5

Into the glacier
✉ Húsafell ☎ 578 25 50 ⊕ https://intotheglacier.is ❧ 22 290-33 999 ISK

34 Eldborg (Ringwallkrater)

Kurz bevor die Straße 54 auf die Halbinsel Snæfellsnes einschwenkt, fährt man mitten durch das Lavafeld Eldborgarhraun, das durch einen Ausbruch vor mindestens 5000 Jahren entstanden ist. Westlich der Straße ist der perfekt geformte Krater

Am Langjökull können Sie in den Gletscher hineingehen – ein erfrischendes Erlebnis!

Eldborg gut zu erkennen. Geologen bezeichnen ihn als Schweißschlackenkegel oder Lavaring; den isländischen Namen Eldborg kann man mit Feuerburg übersetzen. Vom Hof Snorrastaðir führt eine kurze Wanderung auf den Berg.

🕂 219 D4/5

35 Búðir
Nichts erinnert mehr daran, dass Búðir an der Südküste der Halbinsel Snæfellsnes über Jahrhunderte bis etwa 1930 ein bedeutender Handelsort war. Heute besteht Búðir nur noch aus einem luxuriösen Hotel und einer kleinen Kirche von 1848, die zu den beliebtesten Fotomotiven Islands gehört. In ihr befindet sich ein Flügelaltar von 1750 mit dem Bild des »Letzten Abendmahls«.

🕂 218 B5

36 Bjarnarhöfn
Grönlandhaie sind für den Menschen eigentlich ungenießbar. Da die Tiere keine Nieren besitzen, enthält ihr Fleisch sehr viel Ammoniak. Doch Not macht erfinderisch, also haben die Isländer das Fleisch der Haie eingegraben, gewässert und dann getrocknet. Die »Hákarl«-Brocken sind dann nicht mehr giftig. In Bjarnarhöfn, an der Nordküste der Halbinsel Snæfellsnes, wird der Grönlandhai auf diese Art seit Generationen genießbar gemacht. Ein kleines Hai-Museum informiert über die Prozedur. Am Ende des Museumsbesuchs kann man dann ein Stückchen »Gammelhai« kosten. Selbst viele Isländer spülen diese »Delikatesse« mit einem kräftigen Schluck »Brennivín« hinunter – den es im Museum aber nicht gibt.

🕂 218 C5 ☎ 438 15 81
🌐 https://bjarnarhofn.is ⏲ tägl. 10–17 Uhr 💰 1800 ISK, bis 15 J. frei

37 Eiríksstaðir
Abseits der Hauptreiserouten liegt im Haukadalur der Wikingerhof Eiríksstaðir. Wer auf der Straße 60 auf dem Weg in die Westfjorde ist, kann einen Abstecher machen. In dem rekonstruierten Langhaus in Grassodenbauweise sollen einst Erik der Rote und sein Sohn Leifur Eiríksson gelebt haben. Erik muss ein streitsüchtiger Mann gewesen sein, der mehrere Nachbarn erschlagen hat, was zur Verbannung und damit zur Entdeckung von Grönland führte. Sein Sohn machte sich von Grönland auf die Reise nach Amerika und überwinterte in Neufundland. Auf dem Hof kann man sich ein Bild vom Leben der Wikinger machen.

🕂 219 E5 ✉ Haukadal ☎ 899 71 11
🌐 https://eiriksstadir.is ⏲ Mitte April bis Ende Okt. 10–17 Uhr 💰 2700 ISK, bis 12 Jahre frei

Wohin zum ... Übernachten?

Preise für ein Doppelzimmer mit Frühstück:
€ unter 20 000 ISK
€€ 20 000–40 000 ISK
€€€ über 40 000 ISK

BORGARNES

Gästehaus Bjarg €
Alter Hof rund 1 km nördlich des Zentrums mit geräumigen und sehr gemütlichen Apartments. Durch die Hügellage hat man einen herrlichen Blick auf die Bucht.
☩ 219 D3/4 ☎ 437 19 25 ⊕ www.heyiceland.is

Hótel Borgarnes €€
Direkt im Zentrum: Helle, zweckmäßig eingerichtete Zimmer, viele davon mit schöner Aussicht. Das Restaurant serviert gute isländische Küche.
☩ 219 D3/4 ✉ Egilsgata 14–16 ☎ 437 11 19 ⊕ http://hotelborgarnes.is

BUÐIR

Hótel Búðir €€€
Nachdem das Hotel 2001 komplett abgebrannt war, wurde schon ein Jahr später der Neubau eröffnet. Die Solitärlage ist einmalig, es ist schwer zu sagen, welcher Ausblick schöner ist: der auf den schneebedeckten Snæfellsjökull, der auf die kleine schwarze Kirche oder der auf die Faxaflói-Bucht. In der Nähe lädt ein Sandstrand zu Spaziergängen ein. Die Zimmer sind dezent und modern eingerichtet. Die Gourmetküche des Restaurants wird allseits gerühmt. Es gibt die Möglichkeit zu organisierten Ausflügen mit Boot, Pferd oder zu Fuß.
☩ 218 B5 ☎ 435 67 00 ⊕ https://hotelbudir.is

FLATEY

Hótel Flatey €€€
Mitten in dem kleinen, verschlafenen Ort Flatey befindet sich dieses Kleinod von einem Hotel. Die mit viel Liebe zum Detail nostalgisch gestalteten Zimmer haben noch den Charme von früher. Wenn die tägliche Fähre Baldur am Horizont verschwunden ist, bleibt nur noch das Geschrei der Seevögel. Lassen Sie sich nicht das Gourmetmenü am Abend entgehen! Nur von Juni bis August geöffnet.
☩ 220 C2 ☎ 834 44 50 ⊕ www.hotelflatey.is

HÚSAFELL

Camping und Hótel Húsafell €–€€€
Campinghütten und ein schöner Campingplatz im Birkenwald von Húsafell. Es gibt ein Schwimmbad, und man kann reiten, wandern und golfen. Ganzjährig geöffnetes Gästehaus in einem renovierten Farmhaus vom Anfang des 20. Jahrhunderts. Wer mehr Komfort möchte: In unmittelbarer Nähe des Campingplatzes befindet sich ein sehr schönes Luxushotel.
☩ 219 F4 ☎ 435 15 51 ⊕ www.husafell.is

HVALFJÖRÐUR

Hotel Glymur €€/€€€
Liebevoll eingerichtet mit tollem Blick über den Fjord, den man auch vom Hot Pot aus genießen kann, und einer großen, gemütlichen Bibliothek. Zusätzlich zum Hotel gibt es sechs großzügige Ferienhäuser.
☩ 219 E3 ☎ 430 31 00 ⊕ www.hotelglymur.is

LAUGARVATN

Héraðsskólinn €/€€
Das markante weiße Gebäude mit den grünen Dächern wurde 1928 als Schule nach Plänen des bekannten Architekten Guðjón Samúelsson erbaut. Nach einer wechsel-

Das Hótel Búðir punktet mit wunderbaren Panoramen.

WESTISLAND

Futuristisch: Im ION Luxury Adventure Hotel wohnen Sie topmodern.

vollen Geschichte beherbergt es heute ein Boutique Hostel. Im Angebot sind Schlafsaalbetten, Doppel- und Familienzimmer. Alle sind spärlich, aber ausreichend möbliert und wirken durch die vorherrschende Farbe Weiß sehr hell. Hier hat sich während mehrerer Sommer Halldór Laxness einquartiert, um an seinen Büchern zu arbeiten.
☩ 219 F2 ☎ 537 80 60
⊕ https://heradsskolinn.is

NESJAVELLIR

ION Luxury Adventure Hotel €€€
Das Design und die Umgebung mit einem Geothermalkraftwerk in Sichtweite wirken wie aus einem Science-Fiction-Film. Das Ökohotel arbeitet nachhaltig: Möbel aus Treibholz, Stühle und Betten aus recycelten Materialien, wenig künstliche Lichtquellen. Im Restaurant werden vor allem regionale Produkte verarbeitet.
☩ 219 E2 ☎ 578 37 20 ⊕ https://ioniceland.is

REYKHOLT

Fosshotel Reykholt €€
Modernes Hotel, das außen nüchtern wirkt, innen aber sehr gemütlich ist. Es liegt in der Nähe des Museums und ist ganzjährig geöffnet.
☩ 219 E4 ☎ 435 12 60 ⊕ www.islandshotel.is

Wohin zum …
Essen und Trinken?

Preise für ein Hauptgericht ohne Getränke:
€ unter 3500 ISK
€€ 3500–6000
€€€ über 6000 ISK

AKRANES

Galito €/€€€
Edles, modernes Ambiente, umfangreiche Speisekarte; günstig zur Mittagszeit, am Abend deutlich teurer. Serviert werden u. a. Pizza, Hamburger und Nudelgerichte. Spezialitäten des Lokals sind Lammfilet und Sushi.
☩ 219 E3 ✉ Stillholt 16–18 ☎ 430 67 67
⊕ www.galito.is ⏱ tägl. 11.30–21/22, So ab 17 Uhr

BORGARNES

Landnámssetur €/€€
Hell und freundlich präsentiert sich das Restaurant im Landnahmezentrum mit Felswand im Hintergrund. Vor allem isländische Gerichte zu moderaten Preisen finden sich auf der Speisekarte. Empfehlenswert ist das Büfett zur Mittagszeit oder der Fisch von der Tageskarte.
☩ 219 D3/4 ✉ Brákarbraut 13–15 ☎ 437 16 00
⊕ www.landnam.is ⏱ tägl. 10–21 Uhr

GRINDAVÍK

Lava Restaurant €€€
Das Schwimmen in der Blauen Lagune macht hungrig, wie wäre es deshalb mit einem Besuch des Restaurants? Durch die großen Fenster fällt der Blick auf das milchig-blaue Bad zwischen schwarzen Lavafelsen. Die Innenarchitektur greift die Farben und Formen der isländischen Natur auf: Lava, Feuer, Eis und Wasser. In edlem Ambiente werden landestypische Produkte in Perfektion serviert. Wer sich überraschen lassen möchte, nimmt das viergängige Menü. Unbedingt reservieren!
✝ 218 C1 ☎ 420 88 00 ⊕ www.bluelagoon.com ◐ tägl. 11.30–21.30 Uhr

HELLNAR

Café Fjöruhúsið €
Es ist nur eine kleine Hütte mit Sonnenterrasse, aber die Lage an der Steilküste von Hellnar könnte nicht schöner sein. Lauschen Sie bei Kaffee und Kuchen oder einer Fischsuppe der Brandung, die nur vom Kreischen der Seevögel übertönt wird.
✝ 218 B4 ✉ Hellnar ☎ 435 68 44

LAUGARVATN

Restaurant Lindin €€
Die kleine, aber feine Speisekarte bietet überwiegend Landestypisches. Besonders schön sitzt man draußen – wenn es das Wetter erlaubt.
✝ 219 F2 ✉ Lindarbraut 2 ☎ 898 95 99
⊕ www.facebook.com/lindinlaugarvatn
◐ im Sommer in der Regel tägl. 12–21 Uhr

STYKKISHÓLMUR

Narfeyrarstofa €€/€€€
Das Narfeyrarstofa liegt in Hafennähe bei der Kirche. Passend zum historischen Holzhaus ist das Lokal gemütlich nostalgisch eingerichtet und vor allem für Fischliebhaber ein Tipp. Weil sich das herumgesprochen hat, ist es besser, zu reservieren.
✝ 218 C5 ✉ Aðalgata 3 ☎ 533 1119
⊕ www.narfeyrarstofa.is ◐ tägl. 12–21 Uhr

Wohin zum ... Einkaufen?

BORGARNES

Ljómalind
Der Laden bietet so Unterschiedliches wie Wollwaren, Obst, Gemüse, Spielzeug oder Kunstgewerbe. Allen Produkten gemeinsam ist, dass sie ökologisch und nachhaltig in Island produziert wurden.
✝ 219 D3/4 ✉ Bruartorgi 4 ☎ 437 14 00
⊕ https://ljomalind.is ◐ tägl. 10–18 Uhr

HVANNEYRI

Ullarselið
Hier gibt es alles aus Wolle: Pullover, Mützen, Handschuhe. Und natürlich auch Wolle, um sich den Isländerpullover selbst zu stricken – gute Ratschläge inklusive.
✝ 219 D3 ☎ 437 00 77 ⊕ https://ull.is
◐ Mitte Mai–Mitte Sept. tägl. 11–17, sonst Do, Fr, Sa 13–17 Uhr

LAUGARVATN

Norska Húsið
Hier gibt es schönes isländisches Kunsthandwerk und Eiderdaunenprodukte.
✝ 219 F2 ✉ Hafnargötu 5 í
☎ 433 8114
⊕ www.norskahusid.is
◐ im Sommer tägl. 11–17 Uhr

Flatey ist ein Mekka für Vogelbeobachter.

Wohin zum ... Ausgehen?

ARNARSTAPI

Vatnshellir
Die Vatnshellir-Höhle liegt eine zehnminütige Autofahrt westlich von Arnarstapi. Während der 50-minütigen Besichtigungen sind 8000 Jahre alte Lavaformationen zu sehen. Anmeldungen sind hier nicht erforderlich, die Touren beginnen jeweils zur vollen Stunde.
✛ 218 B4/5 ☎ 787 00 01 ⊕ www.summitguides.is ❶ Termine und Buchung siehe Webseite 🍴 5400 ISK, 12–17 Jahre 2400 ISK

SNÆFELLSNES

Halbinsel-Tour
Auf der rund elfstündigen Tour (ab Reykjavík, mit dem Minibus) in kleiner Gruppe erfährt man viel über das mystische Island, erkundet uralte Lavafelder, besucht Drehorte von »Game of Thrones« und speist auf einer Pferdefarm.
Veranstalter: Buchung über ⊕ https://ljomalind.tourdesk.is ☎ 553 43 21 🍴 27 990 ISK, 3–12 Jahre 21 990 ISK

REYKJANES

Reykjanes Seakayak
Von der Farm Þórustaðir werden im Sommer mehrmals täglich Seekajaktouren für kleine Gruppen von zwei bis acht Personen angeboten.
✛ 218 C2 ✉ Vogar ☎ 892 26 18 ⊕ www.facebook.com/reykjanesseakayak

STYKKISHÓLMUR

Touren zur Vogel- und Walbeobachtung sowie zum Angeln und Tagesausflüge zur Insel Flatey bietet Seatours. Beim Ausflug »VikingSushi« werden selbst gefangene Meeresfrüchte gleich an Bord verzehrt – mit Sojasauce, Wasabi, Ingwer und Zitrone.
✛ 218 C5 ☎ 433 22 54 ⊕ www.seatours.is

ÞINGVELLIR

Bei der »Lake Challenge«, organisiert von Reykjavík Bike Tours, fährt man mit dem Rad um den See Þingvallavatn, 64 km, die wegen des hügeligen Terrains etwas Kondition erfordern. Der Transport zum Start erfolgt mit dem Minibus ab Reykjavík. Bei Reykjavík Bike Tours kann man auch Räder ausleihen.
✛ 218 C5 ❶ Juni–Sept. ☎ 694 89 56 ⊕ https://icelandbike.com

Wanderer unterwegs zu den Papageitauchern am Vogelfelsen Látrabjarg.

Westfjorde

Grandiose Landschaften, Traumstrände, Vogelfelsen und eine spärliche Besiedlung kennzeichnen die Westfjorde.

Seite 108–131

Erste Orientierung

Die Westfjorde (Vestfirðir) sind nur durch eine schmale Landbrücke mit dem Rest der Insel verbunden. Fernab der Ringstraße sind Schotterstraßen eher die Regel denn die Ausnahme, und durch die vielen Fjorde sind die Landwege weit und im Winter oft unpassierbar. Doch wer sich auf diese Mühen einlässt, wird mit atemberaubenden, zumindest in Europa einmaligen Landschaften belohnt.

Wie eine vielfingrige Hand ragt die Halbinsel ins Meer, mehr als 70 Fjorde, manche davon groß und breit, andere schmal und lang, mal mit Seitenarmen, dann wieder geradlinig ins Landesinnere vordringend, summieren sich zu einer Küstenlänge von etwa 2100 km. Der größte der Fjode, der Ísafjarðardjúp, teilt die Halbinsel beinahe in zwei Hälften. Im Fjordinnern erheben sich steile und schroffe Tafelberge aus dunklem Basalt. Typisch sind auch die von Gletschern der letzten Eiszeit ausgehobenen Trogtäler und die teils weit in die Fjorde hinein reichenden Endmoränen. Diese Sandbänke waren der beste und oft sogar der einzige Platz für kleine Ansiedlungen.

Wegen des harten Klimas und der schwierigen Verkehrsverhältnisse leben heute in den gesamten Westfjorden nur noch rund 7000 Isländer, die Hälfte davon in der Nähe des größten Ortes Ísafjörður.

So gut wie menschenleer und ohne Straßen sind die Regionen Strandir und Hornstrandir an der Ostküste. Überwiegend kurze Fjorde prägen diese Küsten,

dahinter erheben sich fast vegetationslose Berge. Heute haben die Seevögel die Klippen wieder für sich alleine und der Polarfuchs kann ungestört durchs Landesinnere streifen. Die Rundfahrtroute in den Westfjorden wurde durch den Tunnel Dýrafjarðargöng ganzjährig befahrbar. Damit entfällt der Pass über Hrafnseyrarheiði, der im Winter immer wieder wegen Schnee gesperrt werden musste.

TOP 10
❻ ★★ Látrabjarg

<u>Nicht verpassen!</u>
㊳ Hólmavík
㊴ Ísafjörður
㊵ Strandir & Hornstrandir

<u>Nach Lust und Laune!</u>
㊶ Látravík, Breiðavík, & Rauðisandur
㊷ Arnarfjörður & Dýrafjörður
㊸ Bolungarvík

ERSTE ORIENTIERUNG

Mein Tag
mit Hexen, Zauberern und Trollen

Die Strandirküste am Westufer der Húnaflói-Bucht und das sich nach Norden anschließende Naturschutzgebiet Hornstrandir gehören zu den einsamsten und wildesten Landschaften Islands. Heute fast menschenleer, ranken sich um sie viele alte Mythen und Legenden.

10 Uhr: Hexenverfolgung und Zauberei

Beginnen Sie Ihren Tag in ㊳ Hólmavík mit einem Besuch des Galdrasýning á Ströndum (Museum für Hexerei und Zauberei; S. 120). Dort erfahren Sie unter anderem, wie man – angeblich – unsichtbar oder reich wird. Während einer kurzen Zeitspanne im 17. Jh. gab es in Island Hexenprozesse und -verbrennungen. Die meisten in den Westfjorden. Anders als im Rest Europas wurden in Island fast nur Männer angeklagt. Im Museum erfahren Sie, warum Jón Rögnvaldsson auf dem Scheiterhaufen verbrannt wurde: Er sollte einen Toten erweckt und zu seinem Feind geschickt haben, damit er diesem Unheil bringe. Dieser Mann schwor, dass Jón die Ursache all seines Unglückes sei, und als man einige Papiere mit Runen und magischen Zeichen in Jóns Bett fand, hielt man seine Schuld für erwiesen. Kurz darauf wurde er ohne Prozess wegen Hexerei verbrannt.

Die armen Bauern konnten damals nicht reich werden. Es

MEIN TAG

Mehrere einfache Torfhäuser bilden zusammen das Kotbýli kuklarans, das Haus des Zauberers. Die Gebäude sind eine Außenstelle des Museums für Hexerei und Zauberei.

sei denn, sie vertrauten auf Übernatürliches, wie z. B. eine Leichenhose. Um eine solche Hose herzustellen, muss ein Zauberer einen Toten ausgraben, ihn von der Taille abwärts häuten und dann in diese Hülle schlüpfen. Dann muss er noch einer alten Witwe eine Münze stehlen und in den Hodensack stecken. Diese Münze wird fortan weiteres Geld einsammeln und den Zauberer für immer reich machen. Die Nachbildung solch einer Leichenhose gehört zu den beeindruckendsten Ausstellungstücken im Museum. Kaum weniger gruselig sind die »Tilberi«, Milch saugende Dämonen mit zwei Mündern.

Vor der Weiterfahrt noch Lust auf eine kleine Stärkung? Wie wäre es mit dem Museumsrestaurant »Galdur« (S. 121)? Dort kocht der Kurator und »Zauberer« Sigurður Atlason höchstselbst.

12 Uhr: Das Haus des Zauberers

Fahren Sie von Hólmavík auf den Str. 61 und 643 bis zum Hótel Laugarhóll in der Nähe des Bjarnafjörður. Wenige Schritte entfernt kommen Sie zu Kotbýli kuklarans, der Unterkunft eines Zauberers. Es ist ein weiteres Museum in den Westfjorden, das Einblicke in den Aberglauben, aber auch in die Lebensumstände der Bevölkerung im 17. Jh. gewährt. Das Haus des Zauberers besteht aus drei kleinen Torfhäusern, den ganz normalen

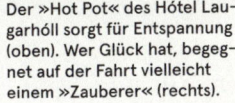

Der »Hot Pot« des Hótel Laugarhóll sorgt für Entspannung (oben). Wer Glück hat, begegnet auf der Fahrt vielleicht einem »Zauberer« (rechts).

isländischen Häusern dieser Zeit. Im Innern gibt es magische Zeichen, die verwendet wurden, damit die Kühe mehr Milch geben oder das Gras besser wächst. Hier soll Svanur á Svanshóli, einer der mächtigsten Zauberer der Westfjorde gelebt haben, der auch in der Njálssaga erwähnt wird. Wenn Sie Glück haben, empfängt Sie Sigurður Atlason als »Zauberer«.

13 Uhr: Lunchzeit
Das Hótel Laugarhóll ist weit und breit die einzige Möglichkeit für eine Stärkung. Oder Sie lassen es sich im geothermal beheizten Schwimmbad und dem natürlichen »Hot Pot« gut gehen.

14 Uhr: Zu den versteinerten Trollen
Fahren Sie nach Drangsnes, einem Dorf am Nordufer des Steingrímsfjörður, und tauchen Sie in die Welt der Trolle ein. Dies fängt schon mit dem Ortsnamen an, der von einem Felsen vor der Küste rührt, der einer Legende nach ein versteinerter Troll sein soll. Und dann erzählt

MEIN TAG

17 Uhr

1997 wurden in Drangsnes geothermale Quellen entdeckt – und schon bald darauf an der Mole drei »Hot Pots« errichtet. Eine Idee, die nicht nur bei den Einwohnern sehr gut ankam.

man sich noch folgende Geschichte: Vor sehr langer Zeit beschlossen drei Trolle, die Westfjorde durch einen Graben zwischen dem Breiðafjörður und der Bucht Húnaflói vom Rest des Landes abzutrennen. Um die Aufgabe noch spannender zu machen, wollten sie aus dem Erdreich und den Steinen Inseln machen. Die zwei Trolle, die ihre Arbeit von Südwesten aufnahmen und sich in den Gilsfjörður schaufelten, arbeiteten voller Elan. Mit vereinten Kräften gelang es ihnen auch, den Breiðafjörður mit unzähligen Inseln zu übersäen. Das Trollweib jedoch, das im Osten im Húnaflói arbeitete, kam viel schlechter voran. In der tiefen Bucht brachte sie nur ein paar Schären zustande. Die Trolle schaufelten die ganze Nacht hindurch und hörten erst auf, als der Tag anbrach und sie in aller Eile vor der Sonne fliehen mussten. Die beiden Trolle rannten nach Norden, doch als sie gerade den Kollafjörður erreicht hatten, ging die Sonne auf und sie wurden zu Stein. Das Trollweib, das im Húnaflói gegraben hatte, sprang ebenfalls eilig nach Norden über den Steingrímsfjörður und machte bei dem Felsabsturz Malarhorn halt, wo sie ihre Axt liegen gelassen hatte. Von dort aus konnte sie die Bucht überblicken und sah, dass sie keine einzige vernünftige Insel zustande gebracht hatte. Außer sich vor Wut schleuderte sie ihre Axt so heftig zu Boden, dass ein Stück von

Eine menschenleere Region: Drangsnes hat rund 70 Einwohner (oben), Hólmavík (unten) knapp 400.

Die Kirche von Hólmavík liegt auf einem Hügel oberhalb der Stadt.

der Klippe abbrach. In dem Moment ging die Sonne auf und das Trollweib erstarrte zu Stein.

17 Uhr: Im Hot Pot

Einen Pub gibt es nicht in dem winzigen Ort Drangsnes, also treffen sich die Einheimischen in den drei heißen Pötten an der Mole zum gemütlichen Schwätzchen, wobei auch die eine oder andere Bierdose geleert wird. Machen Sie es ebenso und genießen dabei den Blick auf den Fjord, den die Trolle mehr oder minder vergeblich bearbeitet haben.

20 Uhr: Zurück in Hólmavík

Wenn Sie nicht zu lange im »Hot Pot« waren, können Sie noch nach Hólmavík zurückfahren und den Abend im Café Riis (S. 130) ausklingen lassen. Bis 21 Uhr können Sie hier noch eine Kleinigkeit essen, fragen Sie nach dem Fang des Tages, der ist immer eine gute Wahl. Oder Sie nehmen nur die Fischsuppe mit einem Bier oder einem Glas Wein.

Restaurant im Hótel Laugarhóll
✉ Bjarnarfjörður, 510 Hólmavík
☎ 451 33 80
🌐 www.laugarholl.is
🕐 tägl. 8–10, 19–21 Uhr

MEIN TAG

❻ ★★ Látrabjarg

Was?	Ein Vogelfelsen am Ende der Welt
Warum?	Eine imposantere Klippe gibt es nirgendwo sonst in Island.
Wann?	Im Sommer
Wie lange?	Ein halber Tag
Was noch?	Ein Stopp in der Bucht Breiðavík bei der An- oder Rückfahrt
Resümee	Das Gekreische der Seevögel bleibt bestimmt in Erinnerung.

An Europas westlichstem Punkt brüten Hunderttausende Vögel.

Die Látrabjarg-Halbinsel bildet den westlichsten Punkt Europas. In den bis zu 400 m hohen, senkrecht abfallenden Klippen, die sich über mehrere Kilometer erstrecken, brüten einige Hunderttausend Seevögel.

An einem Parkplatz am Leuchtturm Bjargtangar endet die Straße. Hier beginnt der anfangs steile, später dann nicht mehr so anstrengende Aufstieg am Rand der Klippen. Schon nach wenigen Minuten sind die ersten Papageitaucher an der Abbruchkante zu sehen. Sie bewohnen die oberste Etage des Vogelfelsens und graben ihre Bruthöhlen in die Erdschicht unter dem Gras. Ihnen zuzuschauen macht immer wieder Spaß, weil sie nach einem Beutezug mit einem Schnabel voll kleiner Fische zurückkommen und eine urkomische Landung hinlegen – Papageitaucher sind wahrlich keine Flugkünstler.

Mehrere Hunderttausend Seevögel können ein Höllenspektakel veranstalten. Auch wenn scheinbar Chaos herrscht, existiert doch eine gewisse Ordnung: Ganz unten brüten die Krähenscharben, Gryllteisten und Dreizehenmöwen, darüber Alke, Trottellummen, Eissturmvögel und Basstölpel, die Logenplätze oben besetzen die Papageitaucher.

Ein ganz besonderes Schauspiel bieten die Großen Raubmöwen Skua, die sich darauf spezialisiert haben, anderen Vögeln durch aggressive Flugmanöver ihre Beute abzujagen. Mit Schnabel, Klauen und Flügeln wird das Opfer so lange angegriffen, bis es seinen Fang aufgibt.

Je nach Gehtempo erreicht man den höchsten Punkt der Klippe nach 1,5 bis 2 Stunden und genießt einen fantastischen Ausblick; mit etwas Glück sollte sogar der Snæfellsjökull (S. 93) zu sehen sein.

Auf dem Rückweg passiert man wieder die Bucht Látravík mit einem herrlichen Sandstrand und einem sehr einfachen, aber wunderschön gelegenen Campingplatz. An flachen Uferstreifen trifft man oft auf Küstenseeschwalben, die ihre Brutplätze sehr aggressiv verteidigen. Im Sturzflug gehen sie gegen menschliche Eindringlinge vor und drehen meist – aber nicht immer – erst wenige Zentimeter über deren Köpfen ab.

KLEINE PAUSE
Für einen Snack müssen Sie bis zum **Hotel Breiðavík** (S. 129) zurückfahren – oder Sie nehmen ein Picknick mit und genießen die Aussicht von den Klippen.

38 Hólmavík

Was?	Museum für Hexerei und Zauberei
Warum?	Weil es auch in Island Hexenverfolgung gab.
Wann?	Jederzeit
Wie lange?	1–2 Stunden
Was noch?	Stöbern in den Büchern des Museumsshops
Resümee	Hier gibt's viele (oft gruselige) Infos zu Aberglaube und Magie.

Der kleine, abgeschieden gelegene Ort ist Islands Zentrum für Aberglaube und Magie. Im Galdrasýning á Ströndum, dem Museum für Hexerei und Zauberei, erfährt man alles über die dunkle Zeit der Hexenverfolgung.

Wegen der Abgeschiedenheit wurden in der Gegend um Hólmavík noch länger als anderswo Rituale der alten germanischen Religion praktiziert; auch Zauberei, die Anrufung von Geistern und sogar das Auf-

Im Museum für Hexerei und Zauberei in Hólmavík lernt man »magische« Gegenstände kennen – vom Knochenkreuz (oben) bis zum Magierstein (rechts).

erwecken von Toten soll es hier gegeben haben. Noch bis ins 17. Jh. waren Hexerei und Zauberei in den Westfjorden straffrei, doch dann wurden innerhalb von nur einigen Jahrzehnten 170 Hexenprozesse geführt – keine Frage, ein Museum für Hexerei und Zauberei ist hier keineswegs fehl am Platze.

Anders als im Rest Europas war die überwiegende Mehrheit der Angeklagten männlich; unter den 21 Menschen, die nachweislich auf dem Scheiterhaufen starben, war nur eine Frau. Angeklagte konnten freigesprochen werden, wenn sie zwölf Zeugen gehobenen Standes fanden, die auf ihre Unschuld schworen. Gelang dies nicht, galt ihre Schuld als erwiesen. Die häufigste Strafe war das Auspeitschen.

Das Café Riis ist Treffpunkt und Restaurant in einem.

Der Hexen- und Aberglaube nahm in Island teilweise makabre Formen an, über die das Museum ebenfalls ausführlich Auskunft gibt. Ein besonders skurriles Ausstellungsstück ist die Nachbildung einer recht gruseligen Leichenhose, die ihrem Besitzer nie enden wollenden Reichtum bescheren sollte (S. 114).

Der Shop des Museums kann zwar nicht mit einer derartigen Hose dienen, bietet aber interessante Literatur (auch in Englisch) zur Hexenverfolgung in Island – und natürlich gibt es auch T-Shirts mit allerlei magischen Symbolen.

KLEINE PAUSE
Vom Museum selbst wird das kleine Restaurant **Galdur** betrieben; oder Sie gehen ins nahe gelegene Café **Riis** (S. 130), das sich im ältesten Gebäude des Ortes befindet.

Galdur: Öffnungszeiten wie Museum

✢ 221 E3

Galdrasýning á Ströndum (Museum für Hexerei und Zauberei)
✉ Höfðagata 8-10

☎ 897 65 25
⊕ https://galdrasyning.is/en/heimsokn
🕐 Mitte Mai-Sept. tägl. 10-18, sonst Mo-Fr 12-18, Sa/So 13-18 Uhr
💰 1300 ISK, bis 14 Jahre frei

㊴ Ísafjörður

Was?	Die größte Stadt in den Westfjorden
Warum?	Hier steht das beste Fischereimuseum weit und breit.
Wann?	Jederzeit
Wie lange?	Ein halber Tag
Was noch?	Ein Abstecher auf die Inseln Vigur und Ædey
Resümee	Ein Versorgungszentrum in der Einsamkeit

Rund ein Drittel der Bevölkerung der Westfjorde lebt in Ísafjörður.

Ísafjörður, das Wirtschafts- und Verwaltungszentrum der Westfjorde, liegt vor den schroffen Bergen Eyrarfjall und Kirkjubólsfjall an einem Seitenarm des Ísafjarðardjúp. Große Teile des Ortes breiten sich auf einer teilweise künstlich angelegten Sandbank aus, die fast bis zum gegenüberliegenden Ufer des Fjords reicht.

Bereits 1569 ließen sich Händler auf dieser Landzunge nieder und machten die Siedlung zum wichtigsten Warenumschlagplatz der Westfjorde. Um die Mitte des 18. Jhs. wurde massenhaft Kabeljau angelandet und zu Klippfisch getrocknet, was viel Geld in die Kassen spülte. Dänische und norwegische Kaufleute bauten sich stattliche Häuser, von denen einige erhalten geblieben sind. Auch heute noch sind Fischfang und Fischverarbeitung die wichtigsten Wirtschaftszweige der Gegend.

Das moderne Stadtzentrum breitet sich um den Silfurtorg aus. Hier hat man alles Wichtige an einem Ort, wie das Hotel Ísafjörður, die Buchhandlung Eymundsson und die Gamla Bakaríið, in der es leckere Kuchen gibt.

Von hier führt der Spaziergang in den Stadtteil Neðstikaupstaður am Hafen. Ísafjörður wirkt architektonisch abwechslungsreich, denn in der Vergangenheit gab es keine großen Brände. Dänische Kaufmannshäuser in der Aðalstræti, das von Norwegern erbaute Faktorshúsið, mit buntem Wellblech verkleidete Wohnhäuser, aber auch die für

Island typischen Betonbauten und modernen Aluminiumfassaden liegen dicht beieinander.

Der älteste Siedlungskern um den Hafen stammt überwiegend noch aus dem 18. Jahrhundert. In einigen der alten Gebäude ist das Regional- und Fischereimuseum Byggðasafn Vestfjarda untergebracht. Hier wurden einst der Klippfisch gesalzen und allerlei Waren gelagert. Eine Ausstellung zeigt die Geschichte der ehemaligen Fischfangstation, vor der Tür liegen mehrere Museumsboote, von denen einige sogar noch seetüchtig sind. Teil des Ensembles ist das Tjöruhúsið aus dem Jahr 1734, eines der ältesten Gebäude Islands.

Auf Vigur steht die einzige Windmühle Islands – sie wurde 1840 errichtet.

Lohnend ist ein Ausflug von Ísafjörður zu den beiden größten Inseln im Ísafjarðardjúp, nach Vigur und Æðey, die für ihr artenreiches Vogelleben bekannt sind. Auf Vigur brüten viele Eiderenten, die dem einzigen Hof der Insel früher einen gewissen Reichtum gebracht haben. Zudem kann man hier die letzte noch erhaltene Windmühle Islands besuchen.

KLEINE PAUSE

Im ehemaligen **Teerhaus** (Tjöruhúsið) des Fischereimuseums lädt ein gemütliches Café zur Rast ein. Immer empfehlenswert ist der »Catch of the Day«.

Tjöruhúsið: tägl. 12–14 und 18–22 Uhr

✠ 220 C4

Byggðasafn Vestfjarda (Fischereimuseum)
☎ 862 99 08 ⊕ www.nedsti.is
❶ Mitte Mai-Aug. tägl. 10–17, Anf. bis Mitte Sept. 11–15 Uhr, sonst nach Vereinbarung
✦ 1600 ISK, bis 18 Jahre frei

Tourist Information
✉ Neðstikaupstaður (im Museumsgebäude)
☎ 450 80 60
⊕ www.westfjords.is
❶ Juni-Aug. Mo-Fr 8–17, Sa/So 8–14, sonst Mo-Do 8–16, Fr 8–12 Uhr

⓸⓪ Strandir & Hornstrandir

Was?	Ein mittlerweile fast völlig entvölkerter Küstenabschnitt
Warum?	Island für Entdecker, Trekking für Fortgeschrittene
Wann?	Im Sommer
Wie lange?	Ein Tag bis eine Woche
Was noch?	Ein heißes Bad am Ende der Welt
Resümee	Eine Region für Abenteuerlustige

Hornstrandir bildet die nördlichste Halbinsel der Westfjorde. Weiter südlich schließt sich die Strandirküste an. Vom Mittelalter bis zum Beginn des 20. Jh.s war die Region für isländische Verhältnisse noch relativ dicht besiedelt, die Menschen lebten zwar abgeschieden, aber gut wegen der reichen Fischgründe im Nordatlantik. Heute ist die Region, bis auf die südlichen Küstenabschnitte, im Winter völlig verlassen, im Sommer gibt es aber einige Einsamkeit suchende Urlauber.

Über der Halbinsel erhebt sich im Landesinnern der 925 m hohe Gletscher Drangajökull, der seine Kälte bis in die Täler schickt, weshalb sich der Schnee hier lange hält. Selbst im Sommer muss man mit Schneeschauern, Nebel, Regen und Kälte rechnen.

Eine gute Möglichkeit, die Strandirküste auf eigene Faust zu erkunden, ist die Straße 643, die über Drangsnes und Djúpavík bis nach Krossnes führt. Die winzige Siedlung

Ausgedehnte Reitausflüge sind eine gute Möglichkeit, die Strandirküste zu erkunden.

Ein junger Polarfuchs im Sommerfell auf der Halbinsel Hornstrandir.

Drangsnes, am Nordufer des Steingrímsfjörður, bekam ihren Namen von einem Felsen vor der Küste, der einer Legende nach ein versteinerter Troll sein soll.

Im Sommer werden von Drangsnes Ausflüge zu den Papageitaucherkolonien auf der Insel Grímsey angeboten. Der ehemalige Fischerort Djúpavík am Ende von Reykjafjörður war früher ein Zentrum des Heringsfangs und der Fischverarbeitung. Als der Hering verschwand, starb der Ort. Die alte Fischfabrik dient heute als Museum und wird hin und wieder für Konzerte genutzt. Besichtigungen organisiert das Hotel Djúpavík (S. 129).

Auch Gjögur, einige Kilometer weiter nördlich, war früher ein geschäftiger Fangplatz. Einige Kilometer hinter dem Ort endet schließlich die Straße in Krossnes. Wer weiter nach Norden möchte, muss ein Boot chartern oder den Rucksack packen und zu Fuß aufbrechen.

KLEINE PAUSE
Im ganzjährig geöffneten **Hotel Djúpavík** (S. 129) werden gute Fischgerichte serviert. Und nur ein paar Meter entfernt, an der Mole, warten drei »heiße Pötte« auf Badegäste.

Nach Lust und Laune!

41 Látravík, Breiðavik & Rauðisandur

Alle Ziele haben eines gemeinsam: Sie gehören zu den Traumstränden der Westfjorde. Die Bucht Látravík befindet sich in der Nähe des Vogelfelsens Látrabjarg (S. 118). Schon von der Straße, die an einer Handvoll Häuser vorbeiführt, eröffnen sich schöne Blicke auf den langen Sandstrand. Eingerahmt wird die Bucht von begrünten Tafelbergen.

Breiðavík liegt einige Kilometer weiter nördlich und ist über eine Stichstraße zu erreichen, die an einem Gästehaus mit einem angeschlossenen Campingplatz endet. Auch hier wartet ein kilometerlanger Sandstrand, an dem sich oft die Wellen kraftvoll brechen. Auf den Wiesen weiden Schafe – eine Idylle mit Weitblick. Wenn die Sonne sich dem Horizont nähert, lohnt ein Spaziergang zur Kirche, um die Bucht und die umliegenden Berge in Rot und Orange erglühen zu sehen.

Wenn man auf dem Weg nach Patreksfjörður auf die Piste 614 abbiegt, gelangt man zum Rauðisandur. Schon der Blick von oben auf den roten Sandstrand lohnt den Abstecher. Die rote Farbe verdankt der Strand dem Muschelsand. Mit etwas Glück kann man auch Robben in der Sonne dösen sehen.

✢ 220 A2

42 Arnarfjörður & Dýrafjörður

Von Süden kommend erreicht man bei dem winzigen Ort Bíldudalur den tief eingeschnittenen Arnarfjörður. Ein Abstecher führt über eine holprige Schotterpiste zur Spitze der Halbinsel Selárdalur (S. 196). Auf der Hauptstraße (Straße 63, dann 60) fährt man weiter ein Stück am Fjord entlang, erklimmt die Hochebene Dyjandisheiði und erreicht bald die Dynjandi-Wasserfälle. Insgesamt

Die monumentale Steilküste lässt den Hof an der Bucht Breiðavík auf Spielzeuggröße schrumpfen.

Magischer Moment

»Hot Pot« mit Aussicht

Am Ende des Reykjaförður, einem kleinen Seitenfjord des Arnarfjörður, befindet sich direkt an der Straße 63 das Bad Reykjafjarðarlaug. Vom Betonbecken mit herrlich warmem Wasser unweit vom Fjordufer bietet sich ein traumhaftes Islandpanorama mit kargen und selbst im Sommer noch teilweise schneebedeckten Bergen. Wenige Schritte weiter befindet sich ein natürlicher »Hot Pot«, in dem das Wasser mindestens 40 °C warm ist. Wer zum Sonnenuntergang kommt, kann hier beim Baden eine irreal wirkende Lichtstimmung genießen.

bildet der Fluss Dynjandisá sechs Wasserfälle, die es zusammen auf eine Gesamtfallhöhe von fast 200 m bringen. Besonders beeindruckend ist die erste Stufe, der 100 m hohe Fjallfoss. An der oberen Kante misst die Wasserwand 30 m, fächert sich nach unten aber auf die doppelte Breite auf. Es folgen fünf kleinere Wasserfälle: Hundafoss, Strokkur, Göngumannafoss – hinter dem man durchlaufen kann – Hrísvaðsfoss und Sjóarfoss. Am Fuß der Wasserfälle lädt ein Rastplatz zu einem längeren Aufenthalt ein. Bald nach den Wasserfällen schlängelt sich die Straße wieder zum Ufer des Arnarfjörður hinab. Nach der Querung der nächsten Halbinsel durch den neuen Tunnel Dýrarfjarðargöng kommt man nach Þingeyri, dem ältesten Handelsort am Dýrafjörður. Wer möchte, kann einen Blick auf das Pakkhús aus der Mitte des 18. Jh.s werfen, das zu den ältesten Lagerhäusern Islands zählt. Wenn man Glück hat, ist auch die über 100 Jahre alte, mit Werkzeugen und Maschinen vollgestopfte Schmiede in der Hafnarstræti geöffnet. Lohnend ist ein Abstecher auf den knapp 400 m hohen Hausberg Sandafell.

In der ehemaligen Fischereisiedlung Ósvör kann man sich ein Bild des Lebens der Fischer im 19. Jh. machen.

Die Allradpiste zum Gipfel dient auch als Wanderweg.

✣ 220 B3/4

43 Bolungarvík

Der Ort liegt an der kleinen gleichnamigen Bucht, die einen Teil des Ísafjarðardjúp bildet, und wird überragt vom steil abfallenden Traðarhorn. Schon zur Landnahmezeit gab es an dieser Stelle einen Fischerort, der später zu einem der bedeutendsten Fangorte Islands heranwuchs. Mit dem Handel um 1890 entstand der heutige Ortskern. Am östlichen Ende der Bucht liegt ein Freilichtmuseum, das die ehemalige Fischereisiedlung Ósvör wieder zum Leben erweckt. Es erinnert an die Zeit, als die Fischer auch bei eisigem Wind und Schneetreiben in offenen Ruderbooten aufs Meer gefahren sind. Am Ufer stehen ein altes Salzhaus für die Klippfischverarbeitung und eine Trockenhütte, in der wie früher der Fisch zum Trocknen hängt. Außerdem gibt es die Hütte für die Fischer, in der sich immer zwei Mann ein Bett teilen mussten. Die Betreiber des Museums empfangen Besucher stilecht in Kleidung aus Schafshaut, die mit Fischöl imprägniert wurde.

✣ 220 C4

Ósvör Sjóminjasafn
🌐 www.bolungarvik.is, www.facebook.com/Osvorsjominjasafn ⏱ tägl. 10–16 Uhr 💰 1500 ISK, bis 16 Jahre frei

Wohin zum... Übernachten?

Preise für ein Doppelzimmer mit Frühstück:
€ unter 20 000 ISK
€€ 20 000–40 000 ISK
€€€ über 40 000 ISK

BREIÐAVÍK

Hótel Breiðavík €/€€€

Die einfachen Schlafsackunterkünfte befinden sich im Hauptgebäude, einem ehemaligen Jugendheim. Zweckmäßige Motelzimmer wurden in Wohncontainern eingerichtet, doch so richtig gemütlich wirkt das weder von außen noch von innen. Angeschlossen ist ein Campingplatz. Wegen der Solitärlage an einem der schönsten Strände der Westfjorde sind im Sommer auch die ziemlich teuren Container oft ausgebucht. Im Restaurant wird überwiegend isländische Küche geboten.
✝ 220 A2 ☎ 456 15 75 ⊕ http://breidavik.is
❶ nur im Sommer geöffnet.

DJÚPAVÍK

Hótel Djúpavík €/€€

Das kleine Hotel mit nur acht Doppelzimmern – außerdem gibt es ein Haus für Gruppen und eine Schlafsackunterkunft – befindet sich in der ehemaligen Heringsfabrik im Haus der Arbeiterinnen. Großen Komfort kann man hier nicht erwarten (Etagendusche), dies wird aber durch eine detailverliebte Einrichtung, Gemütlichkeit und eine familiäre Atmosphäre mehr als wettgemacht. Ideal, um die Einsamkeit der Strandirküste zu erkunden. Neben Frühstück und Abendessen werden tagsüber auch kleine Mahlzeiten serviert.
✝ 221 E3 ☎ 451 40 37 ⊕ https://djupavik.is
❶ ganzjährig geöffnet

ÍSAFJÖRÐUR

Gamla Gistihúsið €€

Ein kleines Gästehaus in Zentrumsnähe, das mit hellen Zimmern und gemeinsam genutzten Sanitäreinrichtungen und Küche ausgestattet ist.
✝ 220 C4 ✉ Mánagata 5 ☎ 456 41 11 ⊕ http://isafjordurhotels.is/gamla_guesthouse

LÁTRABJARG

Hótel Látrabjarg €€/€€€

Das Hotel liegt an der Straße 612 an der Südseite des Patreksfjörður, gut 20 km von den Vogelklippen entfernt. Aus einem ehemaligen Schulheim wurde durch die Sanierung ein ansprechendes Hotel mit gutem Restaurant. Solitärlage, in rund 20 Minuten erreicht man einen schönen Sandstrand.
✝ 220 A2 ✉ Fagrihvammur, Orlygshofn
☎ 419 28 10 ⊕ https://hotellatrabjarg.com

SUÐUREYRI

Fisherman Hotel €€

Hier ist der Name Programm: Bei einem Aufenthalt in Suðureyri erfahren Sie alles über Fisch und dessen Verarbeitung. Das Hotel bietet Zimmer mit und ohne Dusche/WC. Im Restaurant Talisman gibt es neben dem Frühstücksbüfett am Abend ein Fischmenü. Angelausflüge sind ebenso möglich wie die Besichtigung der Fischfabrik. Wer wissen möchte, wie Fisch auf isländische Art zubereitet wird, nimmt an der Kochschule teil. Unter dem Motto »Kulturtag« können Sie einen ganzen Tag damit verbringen, die Fischerei, Geschichte, Kultur, Natur und auch die Köstlichkeiten der Westfjorde zusammen mit einem Einheimischen zu entdecken – und das gleich an drei verschiedenen Orten.
✝ 220 B3 ✉ Adalgata 15 ☎ 450 90 00 ⊕ www.fishermaniceland.com

Wohin zum... Essen und Trinken?

Preise für ein Hauptgericht ohne Getränke:
€ unter 3500 ISK
€€ 3500–6000 ISK
€€€ über 6000 ISK

HÓLMAVÍK

Café Riis €€€
Vor mehr als hundert Jahren hat der dänische Kaufmann Riis das Gebäude errichtet, es ist das älteste im Ort. Auf der Speisekarte stehen Pizza, Fisch- und Fleischgerichte; die reichhaltige Fischsuppe befriedigt auch den großen Hunger. Am Wochenende treffen sich hier die Einheimischen, oft bei Livemusik.
✝221 E3 ✉Hafnarbraut 39 ☎451 35 67 ⊕www.caferiis.is ❷Mai–Okt. Mo–Fr 12–23 Uhr, Öffnungszeiten am Wochenende variieren.

ÍSAFJÖRÐUR

Thai Tawee €/€€
Das kleine Thai-Restaurant in der Nähe des Hafens bietet eine willkommene Abwechslung zu Lamm und Fisch.
✝220 C4 ✉Hafnarstræti 9 ☎686 94 04

Tjöruhúsið €€€
Uriges, rustikales Ambiente. Reichhaltiges Buffet mit saisonalen und lokalen Fischgerichten in ausgezeichneter Qualität.
✝220 C4 ✉Neðstakaupstað ☎456 44 19 ⊕www.facebook.com/Tjoruhusid ❷im Sommer tägl. 12–14 und 18–22 Uhr

PATREKSFJÖRÐUR

Stúkuhúsið €/€€
Italienischer Kaffee und hausgemachter Kuchen, das alles mit Blick auf den Fjord. Wer abends kommt, wird mit großen Portionen verwöhnt – mit Kerzen auf dem Tisch und

Das Arctic Fox Center ist zugleich ein Forschungszentrum und ein einfaches Lokal.

ruhiger Hintergrundmusik. Sehr gemütliche Atmosphäre und freundliche Bedienung!
✛ 220 B2 ✉ Aðalstræti 50 ☎ 456 14 04
⊕ www.stukuhusid.is ❶ tägl. 11–23 Uhr

SÚÐAVÍK

The Arctic Fox Center €
Das Polarfuchszentrum ist im historischen Haus Evardalur untergebracht; hier gibt es Kaffee, Kuchen und Suppe mit selbst gebackenem Brot. Bei schönem Wetter kann man draußen sitzen und den Blick auf Fjord und Berge genießen. Das Arctic Fox Center ist ein nichtkommerzielles Forschungs- und Ausstellungszentrum, das über den Polarfuchs, das einzige ursprüngliche Landsäugetier Islands, informiert (im Sommer tägl. 10 bis 22 Uhr, 1200 ISK, bis 14 Jahre frei).
✛ 220 C4 ☎ 456 49 22
⊕ www.melrakki.is
❶ Juni-Aug. tägl. 9–18, Mai, Sept. und Okt. tägl. 9–16 Uhr

ÞINGEYRI

Café Simbahöllin €
Mit viel Engagement hat ein dänisch-belgisches Paar aus einem rund 100 Jahre alten Laden ein nostalgisches Café geschaffen. Ein Stopp lohnt sich, hier gibt es weit und breit die besten Waffeln, selbst gebackenen Kuchen oder auch ein kräftiges Mittagessen.
✛ 220 B3 ✉ Fjarðargötu 5
☎ 899 66 59
⊕ www.simbahollin.is
❶ Juni-Ende Aug tägl. 10–17 Uhr

Wohin zum … Ausgehen?

Nightlife existiert so gut wie gar nicht in den Westfjorden, was eigentlich nicht verwundert, denn die meisten Orte haben nur einige Hundert Einwohner, einige sogar weniger als 100. Kneipen sind überall Mangelware. Hin und wieder verwandelt sich ein Restaurant am Abend in eine Bar, die größten Erfolgsaussichten haben Sie noch in einem der Hotels. Wenn Sie Einheimische treffen wollen, sind die Hot Pots die beste Gelegenheit. Groß hingegen ist das Angebot an Freiluftaktivitäten.

Borea Adventures
Borea Adventures hat alle Outdoor-Aktivitäten, auch Wintertouren, im Programm. Im Sommer vermitteln sie zudem tägliche Bootsverbindungen nach Hornstrandir.
✉ Aðalstræti 17, Ísafjörður
☎ 456 33 22
⊕ https://boreaadventures.com

Fosshestar
Seit 2014 gibt es den Reittouren-Veranstalter Fosshestar, der Ausritte in Ísafjörður und Umgebung für Anfänger und Fortgeschrittene anbietet. Die Pferde sind im Engidalur, fünf Autominuten von Ísafjörður.
☎ 842 69 69
⊕ https://fosshestar.is

Westfjords Adventures
Der Veranstalter Westfjords Adventures hat eine Vielzahl von Touren in den Westfjorden im Angebot. Dazu gehören Radtouren und Fjordwanderungen, Jeepsafaris und Angelausflüge sowie Trekkingtouren im Gebiet von Hornstrandir.
✉ Þórsgata 8a, Patreksfjörður
☎ 456 50 06
⊕ http://westfjordsadventures.com

West Tours
Auf einer vierstündigen Walbeobachtungstour im Festrumpfschlauchboot erleben Gäste von Ísafjörður aus Wale, Seehunde und Vögel in ihrer natürlichen Umgebung. Zudem werden Kajaktouren, Wanderungen, Angelausflüge und Radtouren angeboten. In Suðureyri, nur 20 Autominuten von Ísafjörður, können Sie auf dem Fishing Village Food Trail miterleben, was die Einheimischen aus frischem Fisch zaubern. Außerdem Verkauf von Tickets für die Boote ins Naturreservat Hornstrandir.
✉ Aðalstræti 7, Ísafjörður
☎ 456 5111
⊕ https://westtours.is

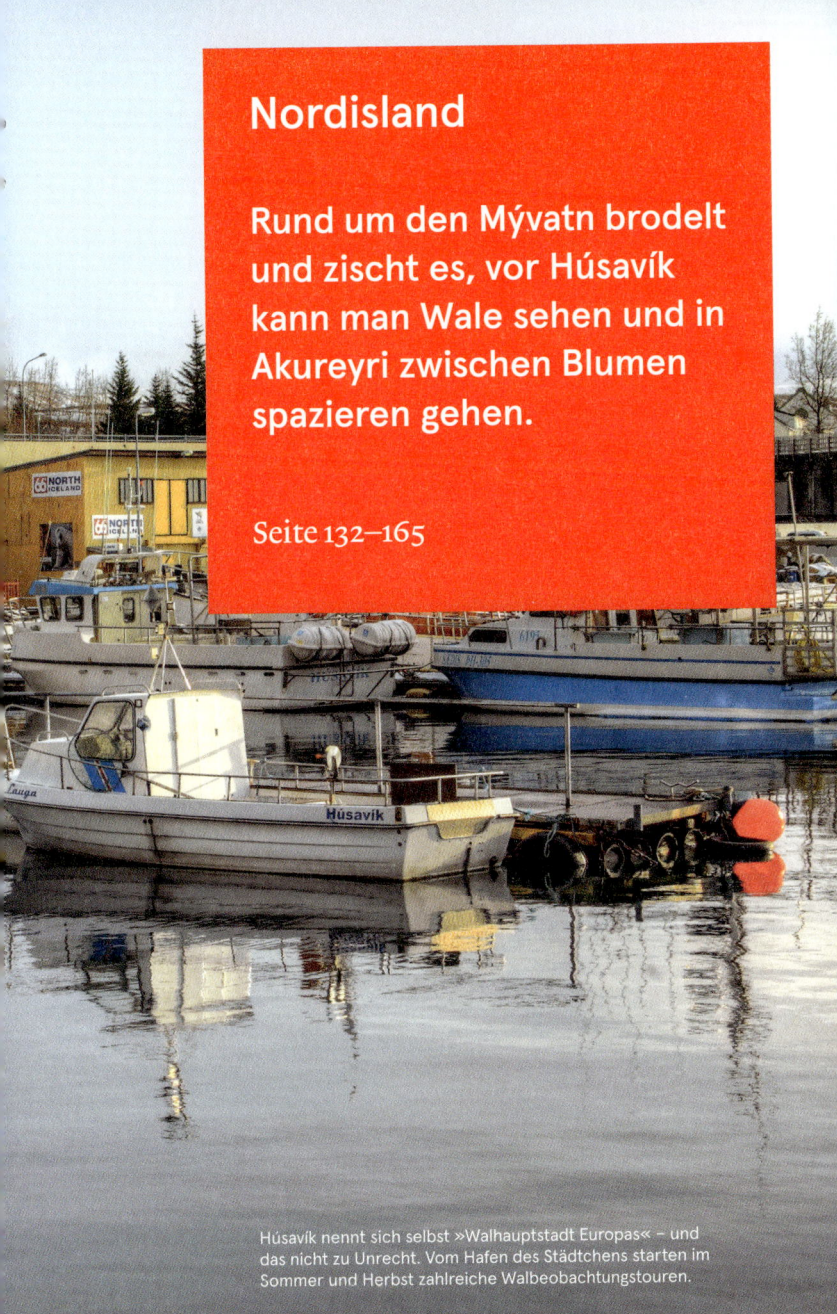

Nordisland

Rund um den Mývatn brodelt und zischt es, vor Húsavík kann man Wale sehen und in Akureyri zwischen Blumen spazieren gehen.

Seite 132–165

Húsavík nennt sich selbst »Walhauptstadt Europas« – und das nicht zu Unrecht. Vom Hafen des Städtchens starten im Sommer und Herbst zahlreiche Walbeobachtungstouren.

Erste Orientierung

An der Nordküste dringen mehrere Fjorde zwischen großen Halbinseln weit ins Landesinnere vor. Die südliche Grenze bildet das Hochland, das in den Gletschern Langjökull, Hofsjökull und Vatnajökull kulminiert. Viele wichtige Sehenswürdigkeiten liegen in unmittelbarer Nähe der Ringstraße, doch es lohnen auch Abstecher auf die Halbinseln.

Im westlichen Teil Islands war der aktive Vulkanismus schon vor der letzten Eiszeit erloschen, deshalb haben Gletscher die Landschaft maßgeblich geformt und ließen bei ihrem Rückzug weite Täler zurück. Weiter östlich dampft und zischt es vielerorts, Schlammtöpfe köcheln vor sich hin und ganze Berge leuchten in Gelb- und Orangetönen. Vor allem rund um den Mývatn-See sind sämtliche vulkanischen Phänomene anschaulich zu erleben. Dagegen wirkt der See selbst mit seinen grünen Inseln und Buchten und seinem Vogelreichtum wie ein liebliches Paradies.

Nordwestisland ist bekannt für seine guten Lachsflüsse, die vom Hochland in Richtung Küste fließen; zusammen mit den zahlreichen Seen entsteht so eine wasserreiche Region. Das vorherrschende Gestein ist von eiszeitlichen Gletschern bearbeiteter dunkler Basalt. In Richtung Osten tauchen immer mehr Vulkane und Lavafelder auf, und Tuff löst den Basalt als vorherrschende Gesteinsart ab.

Im Innern der Fjorde ist das Klima trotz der Nähe des Polarkreises oft erstaunlich mild und trocken. Deshalb zeigt sich Islands drittgrößte Stadt Akureyri gerne sommerlich freundlich. Viel härter sind die Lebensbedingungen dagegen an den Spitzen der großen Halbinseln, hier ist der Boden überwiegend karg und steinig und es pfeift ein eisiger Wind vom Meer.

TOP 10
❸ ★★ Mývatn
❺ ★★ Húsavík – Whale Watching

Nicht verpassen!
㊹ Glaumbær & Víðimýri
㊺ Akureyri
㊻ Námafjall, Krafla, Viti & Leirhnjúkur
㊼ Jökulsárgljúfur, Ásbyrgi & Dettifoss

Nach Lust und Laune!
㊽ Hvammstangi
㊾ Blönduós
㊿ Siglufjörður
51 Laufás
52 Grímsey
53 Goðafoss
54 Melrakkaslétta
55 Bustarfell

Mein Tag
Ausflug in die Geschichte

Island steckt nicht nur geologisch in den Kinderschuhen, auch die Besiedlungsgeschichte ist relativ kurz. Dieser Tagesausflug von Siglufjörður zum Goðafoss beleuchtet einige Ereignisse von den Anfängen bis in die jüngere Vergangenheit.

9 Uhr: Erinnerungen an den Heringsboom

50 Siglufjörður liegt zwischen zwei Bergen und ist nur durch Tunnel zu erreichen. Als es die noch nicht gab, kam man in die nördlichste Stadt Islands nur mit dem Boot. Der nächste Ort: weit weg. Die Landschaft: karg und steinig, bietet selbst Schafen kaum Nahrung. Die Winter: kalt, schneereich und stürmisch. Der Polarkreis ist nur rund 40 km entfernt. Warum haben sich hier überhaupt Menschen angesiedelt? Weil es Heringsschwärme vor der Küste gab.

Um 1900 begann ein regelrechter Heringsboom, der Siglufjörður reich machte und bis zu 3000 Menschen hierher lockte, heute sind es nur noch rund 1000. Schauen Sie sich im Heringsmuseum (S. 159) die alten Schwarzweißfotos an, auf denen die Heringsfässer haushoch gestapelt am Hafen liegen. Bis zu 30 000 Heringsfässer gingen von hier jährlich auf die Reise, in einem Dutzend Siedereien wurde Tran gekocht. Es war Goldgräberstimmung, als Heringsspekulant konnte man reich werden – oder auch alles verlieren. Von dieser

9 Uhr: Erinnerungen an den Heringsboom

17 Uhr: Der Götterfall

11 Uhr: Der Landnehmer Helgi

19 Uhr: Blühende Blumen

MEIN TAG

Das Heringsmuseum in Siglufjörður berichtet über den Heringsboom, der um 1900 begann und in den 1960er-Jahren abrupt endete. (oben)

Wen die Akureyrarkirkja in Akureyri an die Halgrímskirkja in Reykjavík erinnert, liegt richtig. Beide wurden von Guðjón Samúelsson entworfen. (links)

aufregenden Zeit erzählt das preisgekrönte Heringsmuseum, aber auch vom jähen Ende. Denn in den 1960er-Jahren gab es – vermutlich durch Überfischung – plötzlich keine Heringsschwärme mehr vor der Küste, und Siglufjörður musste sich gesund schrumpfen. Heute wird wieder in bescheidenem Maß gefischt, und die bunten Häuser lassen den Ort freundlich wirken.

Wollen Sie hautnah erleben, wie es früher in Siglufjörður zuging? Dann kommen Sie am ersten Wochenende im August, denn dann findet das Festival »Heringsabenteuer« statt.

11 Uhr: Der Landnehmer Helgi

Fahren Sie etwas mehr als eine Stunde am Eyjafjörður entlang über Ólafsfjörður und Dalvík bis nach ㊸ Akureyri. Diese Stadt ist die größte außerhalb der Hauptstadtregion Reykjavík und eine junge Stadt mit alten Wurzeln. Im Landnahmebuch steht Helgi der Magere von den Orkney-Inseln, der um 890 als erster Siedler in der Gegend von Akureyri ankam. Im Buch vermerkt ist auch, dass er wegen seiner irisch-nordischen Vorfahren schon zum Christentum bekehrt war, aber auch immer noch an die heidnischen Götter Skandinaviens

Im Museumshof Laufás bekommen die Besucher einen guten Eindruck davon, wie man früher in Island lebte.

glaubte. Im modernen Akureyri trifft man gleich mehrfach auf den ersten Siedler. Nach ihm ist eine Straße benannt, und am Ende der Brekkugata blicken er und seine Frau als Bronzestatue über ihr Land. Der kurze Spaziergang zu seiner Statue lohnt auch, weil man von hier eine schöne Aussicht genießt. In der modernen Stadtkirche Akureyrarkirkja (S. 152), die auf einem Hügel thront und sehr an die Hallgrimskirche in Reykjavík erinnert, schmückt er – wieder mit seiner Frau – eines der Bleiglasfenster. Im Hintergrund ist ein Wikingerschiff zu sehen. In der Kirche können Sie gleich noch nach einem weiteren Fenstermotiv suchen, das den Goden Þorgeir vor dem Goðafoss zeigt, denn der Wasserfall wird später noch eine Station dieses Ausflugs in die Geschichte Islands sein.

15 Uhr: Leben in einem Grassodenhaus

Zunächst geht es aber zu einem anderen Ziel: Auf der Ringstraße wechseln Sie jetzt auf das Ostufer des Eyjafjörður. Keine 20 km hinter Akureyri verlassen Sie die Ringstraße wieder und fahren am Ufer des Eyjafjörður weiter bis zum 51 Museumshof Laufás, einem der typischen Grassodenhöfe. Da man früher auf Island keine Ziegel brennen konnte und es auch praktisch keine Bäume gab, kam als Baumaterial nur Treibholz infrage. Mit diesem kostbaren Gut musste man sparsam umgehen, also fertigte man nur den Rahmen aus Holz

Auch wenn die Fallhöhe des Goðafoss mit anderen Wasserfällen Islands nicht konkurrieren kann, lohnt der Besuch dieses schönen bogenförmigen Naturwunders unbedingt.

und bedeckte diesen mit Grassoden. Große Häuser konnte man so nicht bauen, also wurden mehrere kleine nebeneinander errichtet und durch einen Gang verbunden.

Laufás war ein reicher Hof, man sieht es an der mit Brettern verkleideten Front. Im Innern der Häuser, die noch bis 1936 bewohnt waren, werden Sie feststellen, wie eng, dunkel und feucht es ist, denn nur die Küche konnte beheizt werden. Können Sie sich vorstellen, in solch einem Haus einen langen, kalten Winter zu verbringen?

17 Uhr: Der Götterfall

Vom Museumsdorf fahren Sie nun zurück bis zur der Ringstraße und biegen anschließend auf ihr Richtung Osten ab. Nach etwas mehr als 30 km erreichen Sie den 53 Goðafoss. Mit rund 10 m Fallhöhe gehört dieser Wasserfall eher zu den Winzlingen in Island, doch immerhin stürzt das Wasser hier in einem weiten Bogen über die Felsstufe. Berühmt wurde der Goðafoss aber durch eine Begebenheit, die sich hier um das Jahr 1000 zugetragen haben soll. Der Gode und Gesetzessprecher Þorgeir, soll, nachdem auf dem Alþingi in Þingvellir das Christentum als Staatsreligion beschlossen worden war, seine heidnischen Götterbilder hier am Goðafoss, dem Götterfall, versenkt haben.

Eng, dunkel und feucht – das Leben in den isländischen Grassodenhäusern war nicht besonders angenehm (Museumshof Laufás).

Das bemerkenswert milde Klima in Akureyri ermöglichte die Anlage eines Botanischen Gartens im eher kalten Norden Islands.

19 Uhr: Blühende Blumen

Zurück in Akureyri sollten Sie auf keinen Fall den Besuch im Botanischen Garten (S. 152) versäumen – vor allem, weil diese grüne Oase mit bunt blühenden Beeten überrascht, aber auch weil das Café Lyst (S. 153) mit seinen Panoramafenstern und seiner sonnigen Terrasse zu einem ruhigen Tagesausklang einlädt.

Wenn Sie dann noch Lust auf das echte Akureyri-Nightlife haben, müssen Sie ins Zentrum, in die Götubarinn. Von Donnerstag bis Samstag treffen sich hier die Einheimischen zum Feiern.

Götubarinn
✉ Hafnarstræti 96, 600 Akureyri
☎ 462 47 47
⊕ www.facebook.com/gotubarinn
🕐 tägl. 19–1, Fr, Sa bis 3/3.30 Uhr

❸ ★★ Mývatn

Was?	Ein See mit grünen Ufern und Inseln inmitten einer Vulkanlandschaft
Warum?	Mehr Abwechslung geht nicht: von lieblichem Grün zu vulkanischen Phänomenen in wenigen Minuten.
Wann?	Jederzeit
Wie lange?	Mindestens ein Tag, gern aber auch drei
Resümee	Der Besuch lohnt, obwohl der Name »Mückensee« zutrifft.

Am »Mückensee« gibt es für isländische Verhältnisse überraschend viele sonnige Tage.

Im Mývatn-Gebiet sind auf kleinstem Raum sehr gegensätzliche Landschaften sowie alle Formen vulkanischer Aktivitäten zu finden. Der See ist durch unzählige Inseln, Buchten und Landzungen gegliedert, die Uferbereiche sind mit einem grünen Teppich überzogen. Viele Bauernhöfe und frisch gemähte Wiesen entlang der Ufer zeugen von dem für isländische Verhältnisse fruchtbaren Boden. Auf dem Wasser tummeln sich Singschwäne und verschiedene Entenarten.

Recht unangenehm können die Mücken werden, die dem See den Namen gaben. Für Fische und Vögel sind sie Nahrungsquelle, für Menschen einfach nur lästig. Einziger Trost ist, dass sie ihr Revier nur direkt am See haben, dass sie auch im Sommer nur zeitweise auftauchen und ein Teil der Plagegeister harmlose Zuckmücken sind, die nicht stechen, sich aber gern in Augen, Ohren und Mund verirren.

Der mit 37 km² viertgrößte See Islands, der maximal 4 m tief ist, entstand durch Vulkanausbrüche vor etwa 4000 bzw.

2000 Jahren durch einen Lavastrom, der einen Fluss im Laxárdalur blockierte. Heute hat der Mývatn nur wenige Oberflächenzuflüsse, doch viele Quellen am Seeboden. Der einzige größere Abfluss, die Laxá, gilt als guter Lachsfluss.

Sonniges Vogelparadies

Das Mývatn-Gebiet wird von der Sonne verwöhnt, denn ein Großteil der Niederschläge regnet sich am Vatnajökull ab. Zudem halten die umliegenden Berge auch noch die kalten Nordwinde ab; so gedeiht an seinen Ufern die Vegetation erstaunlich üppig. Auch wenn die sommerlichen Sonnenscheinstunden durchaus erfreuliche Werte erreichen, sind die Winter doch lang und kalt.

Ornithologen kennen den Mývatn wegen seiner vielfältigen Entenpopulation. Die Vögel finden in den flachen Uferbereichen ein reiches Nahrungsangebot und ideale Voraussetzungen zum Brüten. Auch sonst sind, außer Seevögeln, fast alle Vogelarten Islands am Mývatn anzutreffen.

Kieselgur und Erosion

Seit 1974 steht der See unter Naturschutz, deshalb sind freies Zelten und Übernachten, das Fahren abseits der Straßen, Bootsverkehr auf dem See und das Betreten der Brutplätze am Nordwestufer von Mitte Mai bis Mitte Juli verboten.

Lange Zeit wurde im nördlichen Teil des Sees bei der Ortschaft Reykjahlíð Diatomeen-Schlamm abgebaut und zu Kieselgur veredelt, was umweltpolitisch sehr umstritten war. Der Schlamm wurde vom Boden des Sees abgesaugt, was zu einer größeren Wassertiefe führte und die Fauna am Seegrund beeinflusste, wovon schließlich auch die Vögel um den See betroffen waren. Mittlerweile ist das Kieselgurwerk stillgelegt und abgetragen worden. Heute bildet die Erosion die größte Gefahr für den See, vor allem für das Ostufer. Noch vor einigen Jahren drohte Dimmuborgir zu versanden.

Reykjahlíð – Touristenzentrum am See

Die folgende Runde um den See kann man mit dem Auto oder mit dem Fahrrad machen. Start ist in Reykjahlíð, von hier werden die Sehenswürdigkeiten im Uhrzeigersinn beschrieben.

Nicht weit vom Mývatn kann man auch Geysire bewundern (ganz oben); die geheimnisvollen »dunklen Burgen« (oben).

Reykjahlíð am Nordostufer ist eines der größten Touristenzentren am Mývatn mit Hotels, Gästehäusern und Campingplätzen. In der Nähe des Ortes befindet sich ein gewaltiger Lavastrom, ein Relikt des »Mývatnfeuers«. Dieses begann mit einem Ausbruch 1724, bei dem sich der Víti-Krater bildete, und setzte sich mit Erdbeben und Ausbrüchen an der Krafla (S. 154) fort. 1729 floss die Lava bis zum Mývatn und zerstörte Teile von Reykjahlíð. Im Südosten von Reykjahlíð gibt es zwei Heißwassergrotten – Stóragjá und Grjótagjá.

Während der Krafla-Ausbrüche von 1975–1984 erwärmte sich das Wasser in der Grjótagjá-Höhle bis auf 60 °C, sodass ein Baden nicht mehr möglich war. Mittlerweile hat es sich wieder abgekühlt. Der Besitzer hat nichts gegen eine Besichtigung, verbietet aber das Baden.

Stóragjá, südlich von Reykjahlíð, erreicht man von der Ringstraße über einen Pfad. Ihr Wasserbecken, das um die 30 °C hat, ist über eine Leiter und ein Seil zu erreichen. Die Wasserqualität ist nicht gut, daher sollte man nicht baden.

Hverfjall – Explosive Geburt

Der Tuffring gehört zum Vulkansystem der Krafla, er bildete sich vor ca. 2500 Jahren durch eine Wasserdampfexplosion, als heißes Magma auf Grundwasser traf. Der Ringwall mit etwa einem Kilometer Durchmesser und 90–150 m Höhe kann auf zwei Wanderwegen bestiegen werden. Diese dürfen aber nicht verlassen werden, um die Tuffformationen nicht zu zerstören.

Dimmuborgir – die dunklen Burgen der Elfen und Trolle
Am Ostufer des Mývatn bedecken die »Dunklen Burgen« oder »Dunklen Städte« ein Areal von rund 1 km². Es ist ein Labyrinth aus schwarzen Lavatürmen, die mit etwas Fantasie an Fabelwesen erinnern. In der isländischen Mythologie gelten sie deshalb auch als Behausung von Elfen und Trollen. Entstanden ist Dimmuborgir vor ca. 2000 Jahren durch einen aufgestauten Lavasee. Teile der Lava kühlten ab und erstarrten. Als der Damm brach, konnte der Rest der noch flüssigen Lava abfließen, zurück blieben die »Dunklen Burgen«.

Um 1940 war Dimmuborgir fast ganz von Flugsand bedeckt, erst die Errichtung eines Steinwalls und das Anpflanzen von Lymegras und Birken dämmten die Versandung ein. Wegen der leuchtend gelben Herbstfärbung der Birken ist ein Besuch zu dieser Jahreszeit besonders lohnend. Durch das Gebiet führen verschiedene Wanderwege.

Kalfaströnd – Halbinsel mit Rundweg
Die Halbinsel Kalfaströnd im Süden des Mývatn ist wegen ihrer Lavaformationen und ihres Vogellebens bemerkenswert. Nachdem man den Wagen auf einem Parkplatz abgestellt hat, kann man zu einer ca. 2 km langen Rundwanderung starten, bei der man immer wieder schöne Blicke auf den See und die Lavatürme hat.

Skútustaðir – Riesige Pseudokrater
Neben Reykjahlíð ist Skútustaðir das wichtigste touristische Zentrum am Mývatn. Interessant sind die vielen sogenannten Pseudokrater, die durch Lavaströme entstanden, die über feuchte Moorgebiete geflossen sind. Die Hitze ließ das Wasser unter der Lava explosionsartig verdampfen, dies sprengte Krater mit bis zu 300 m Durchmesser in die Landschaft. Beim Campingplatz in Skútustaðir beginnt ein Wanderweg durch die Kraterlandschaft.

KLEINE PAUSE
Im **Cowshed Café** in Vogafjós (Ostufer) können Sie direkt in den Kuhstall schauen und dabei leckere Kleinigkeiten essen.

Vogafjós Cowshed Café: Vogar 660 Myvatn, Tel. 464 38 00, www.vogafjos farmresort.is, tägl. 12–22 Uhr

❺ ★★ Húsavík – Whale Watching

Was?	Walsafari zu den Riesen der Meere
Warum?	Es ist fast sicher, dass man einen Wal sieht.
Wann?	Im Sommer, rechtzeitig buchen
Wie lange?	3 Stunden ohne, 4 Stunden mit Museumsbesuch
Was noch?	Auf zum Gipfel des Hausberges Húsavikurfjall!
Resümee	Hier bewährt sich ein Teleobjektiv.

Húsavík liegt an einer sanft geschwungenen Bucht, die Teil der großen Skjálfandi-Bucht ist. Nirgendwo sonst in Island bieten sich so gute Möglichkeiten zur Walbeobachtung, stolz nennt sich der Ort deshalb »Walhauptstadt Europas«.

Schon zur Zeit der ersten Besiedlung Islands war Húsavík ein wichtiger Hafen und Handelsort. Um 870 soll der schwedische Wikinger Garðar Svavarsson Island umsegelt und dabei erkannt haben, dass es sich um eine Insel handelt, die er Garðarshólmi nannte. Bei Húsavík (»Hausbucht«) errichtete er ein Haus und verbrachte den Winter hier.

Nach der Walsafari entspannt man am Hafen Húsavík.

Heute leben in Húsavík etwa 2500 Einwohner. Sehenswert sind der Hafen, das Húsavík Museum mit Dauerausstellungen zur maritimen Geschichte und zur Natur der Region, außerdem gibt es eine Kunstgalerie. Das Könnunarsögusafnið informiert über bedeutende Entdeckungsreisen, ein Schwerpunkt ist das Training der Apollo-Astronauten in den 1960er-Jahren in der Nähe von Húsavík. Die Húsavikurkirkja, eine 1907 eingeweihte Holzkirche, unterscheidet sich vor allem wegen ihrer Größe von den traditionellen kleinen isländischen Kirchen.

Magischer Moment

Auge in Auge mit Moby Dick

Als erstes verrät der Pottwal sich durch den Blas, die beim Ausatmen ausgestoßene Atemluft, die eine meterhohe Nebelfontäne bildet. Ein paar Atemzüge hat der Kapitän jetzt Zeit, das Boot möglichst nahe an den Wal zu manövrieren, denn schon bald wird dieser zum nächsten Tauchgang starten. Mit etwas Glück kommt das Boot so dicht heran, dass man dem Tier ins Auge schauen kann. Doch der magische Moment kommt erst noch: Denn wenn ein Pottwal abtaucht, reckt er für einige wenige Sekunden seine mächtige Schwanzflosse in die Luft und man empfindet nur noch Ehrfurcht vor den Riesen der Meere.

Auf Walsafari in der Skjálfandi-Bucht

Doch die meisten der 100 000 jährlichen Besucher kommen, um Wale zu beobachten, denn nirgendwo in Island sind die riesigen Meeressäuger in ihrer natürlichen Umgebung so einfach zu sichten und zu fotografieren. 1995 gründete eine einheimische Familie das erste Unternehmen zur Walbeobachtung, zwei Jahre später wurde dann das Walmuseum eröffnet, das Besuchern fundierte wissenschaftliche Erkenntnisse über Wale in anschaulicher Form präsentiert.

99 % der Besucher, die an einer Walsafari teilnehmen, bekommen mindestens eines der Tiere zu sehen. Denn im Sommer finden die Meeressäuger in der Skjálfandi-Bucht ideale Bedingungen vor. Zwölf verschiedene Walarten konnten schon vor Húsavík gesichtet werden, z. B. Zwergwale, Buckelwale, Pottwale, Schweinswale, Finnwale und sogar Blauwale.

Unterwegs in der Umgebung

In der Umgebung von Húsavík gibt es viele markierte Wanderwege. Richtung Norden liegt der 417 m hohe Húsavikurfjall. Vom Gipfel bietet sich eine schöne Aussicht auf die Bucht. Auch die mittlerweile unbewohnte Halbinsel Látraströnd eignet sich hervorragend für Wanderungen.

Gamli Baukur: Hafnarstett 9, Húsavík, Tel. 464 24 42, https://gamli baukur.is, tägl. 11.30–21 Uhr

KLEINE PAUSE

Maritimes Ambiente oder auf der Terrasse den Blick auf den Hafen bietet das **Gamli Baukur.**

 ✚ 223 F5

Húsavík Museum
✉ Stórigarður 17 ⊕ www.husmus.is
❶ Mitte Mai–Ende Aug. tägl. 11–17, sonst Di–Fr 11–16, Sa 11–16 Uhr
✦ 2200 ISK, bis 16 Jahre frei

Hvalasafnið á Húsavík (Walmuseum) und Touristeninformation
✉ Hafnarstétt 1 ☎ 414 28 00
⊕ www.hvalasafn.is
☎ 464 43 00 ⊕ www.visithusavik.com (Touristeninformation)
❶ Mai–Okt. tägl. 9–18, sonst 10–16 Uhr
✦ 2500 ISK, bis 16 Jahre frei

Walbeobachtung
Ticketbüros am Hafen, Reservierung erforderlich
North Sailing: ☎ 464 72 72 ⊕ www.northsailing.is ✦ 3-Std.-Tour: 12 990 ISK, 7–15 Jahre 6500 ISK
Gentle Giants: Fahrten: März–Mitte Dez. ☎ 464 15 00; www.gentlegiants.is
✦ 3-Std.-Tour: 11 490 ISK, 7–15 Jahre 5990 ISK ❶ Mitte März–Ende Nov.
Weitere Anbieter:
Húsavík Adventures
⊕ https://husavikadventures.is
Salka Whalewatching
⊕ https://salkawhalewatching.is

㊹ Glaumbær & Víðimýri

Was?	Ein Museumshof in traditioneller Torfbauweise
Warum?	Man lernt das Leben vieler Isländer vor 100 Jahren kennen.
Wann?	Im Sommer
Wie lange?	1–2 Stunden
Was noch?	Die winzige Víðimýri-Kirche besuchen
Resümee	Nicht nur der Kuchen im Museumscafé bleibt in Erinnerung.

Etwa 17 km südlich des Städtchens Sauðárkrókur liegt der Museumshof Glaumbær, einer der am besten erhaltenen Höfe in der für Island früher typischen Torfbauweise.

Ein sehr einfaches Leben

Die ältesten Teile des heutigen Museumshofes <u>Glaumbær</u> in typischer Torfbauweise stammen vom Ende des 18. Jahrhunderts. Aus statischen Gründen durften die Häuser nicht sehr groß sein, deshalb wurden mehrere Gebäude dicht nebeneinander errichtet und mit einem Gang verbunden.

Mitarbeiter des Museumshofs präsentieren sich in traditioneller Tracht.

Wegen der Größe des Glaumbær-Gehöfts sowie der mit Holz verkleideten Vorderfront muss es sich um einen wohlhabenden Hof gehandelt haben.

Im Eingangsbereich befinden sich die Gästezimmer, die nie richtig warm wurden; so war man sicher, dass die Gastfreundschaft nicht überstrapaziert wurde. Geht man weiter durch den Gang, gelangt man zu Küche und Vorratskammer und dann zur <u>Baðstofa</u>. Sie diente als Wohn-, Ess-, Arbeits- und Schlafraum. Tagsüber saßen alle auf den Betten und arbeiteten und aßen auch dort. Auf einem Regal über dem Bett hatte jeder sein hölzernes, oft kunstvoll verziertes Gefäß mit Deckel, in dem das Essen aus dem Vorratsraum geholt wurde. Die elf Betten boten Platz für maximal 22 Bewohner, denn damals teilte man sich in der Regel ein Bett zu zweit. Die

Frauen schliefen unter den Fenstern, die Männer auf der anderen Seite des Ganges. Privates wurde unter dem Kopfkissen aufbewahrt, ein Blick darunter war tabu.

Kirche unter Gras – Víðimýri

Seit der Einführung des Christentums errichteten die Isländer überwiegend winzige Kirchen. Als Baustoffe standen für das Fundament und die Grundmauern Bruchsteine, für die tragende Konstruktion Treibholz und für die Wände und das Dach Torf- und Grassoden zur Verfügung. Die Víðimýri-Kirche wurde 1834 errichtet und ist eines der schönsten Beispiele dieser alten Baukunst. Auch die Inneneinrichtung ist noch original, die Altartafel entstand 1616 und stammt aus Dänemark.

Die kleine Víðimýri-Kirche von 1834

Unterwegs in der Umgebung

Ein Abstecher zum Fjord, ins nördlich gelegene Fischerei- und Dienstleistungszentrum Sauðárkrókur, lohnt wegen der älteren Häuser in der Aðalgata. In der multimedialen Ausstellung 1238 – The Battle of Iceland wandern die Besucher interaktiv durch über 700 Jahre isländischer Geschichte. Ein weiterer Abstecher führt ins grüne Hjaltadalur, das von Bergen flankiert wird. Der unscheinbare Ort Hólar war früher die Hauptstadt Nordislands sowie Bischofssitz. Drei Dutzend Bischöfe residierten hier, woran nur noch die 1763 geweihte Domkirche aus rotem Sandstein erinnert. In der Nähe liegt das Grassodengebäude Nýibær von 1854.

Áskaffi: Glaumbær, Tel. 699 61 02, https://askaffi.is, 20. Mai–31. Aug. tägl. 10–18, sonst tägl. 11–16 Uhr

KLEINE PAUSE

Guten Kuchen serviert das **Áskaffi** neben dem Museumshof.

 ✠ 222 C3

Glaumbær
☎ 453 6173 ⊕ www.glaumbaer.is
❶ Mitte Mai–Mitte Sept. tägl. 10–18,
Apr.–Mitte Mai, Mitte Sept.–Mitte Okt.
Mo–Fr 10–16 Uhr, sonst nach Vereinbarung ✦ 2000 ISK, bis 18 Jahre frei

Víðimýrarkirkja
❶ Di–So 12–18 Uhr ✦ 1000 ISK, bis 18 Jahre frei, Kombiticket mit Glaumbær 2300 ISK

1238 The Battle of Iceland
✉ Aðalgata 21, Sauðárkrókur ☎ 588 12 38
⊕ https://1238.is ✦ 3400, 6–13 J. 2400 ISK

㊺ Akureyri

Was?	Die größte Stadt im Norden Islands
Warum?	Mindestens wegen der modernen Kirche, dem Botanischen Garten und dem Kunstmuseum
Wann?	Jederzeit
Wie lange?	Ein Tag (oder auch zwei)
Resümee	Eine schöne Stadt mit mildem Klima und viel Sehenswertem

Das hübsche Zentrum von Akureyri mit dem Bláa Kannan, dem Blauen Café (rechts)

Die mit knapp 20 000 Einwohnern viertgrößte Stadt Islands ist das Zentrum des Nordens. Die beiden größten Reedereien und die größte Konservenfabrik des Landes haben hier ihren Sitz, im Hafen liegt eine der größten Fischereiflotten, es gibt eine Brauerei und viele fischverarbeitende Betriebe. Seit 1987 ist Akureyri Universitätsstadt. Wegen der geschützten Lage am Ende des Eyjafjörður überrascht die Stadt mit einem milden und regenarmen Klima. Helgi der Magere von den Orkney-Inseln ließ sich im 9. Jh. in der Nähe der heutigen Stadt nieder und nannte seine Siedlung Kristnes. Den heutigen Namen Akureyri erhielt die Stadt wegen der sandigen Landzunge, die sich weit in den Fjord schiebt.

Anfang des 17. Jh.s kamen dänische Kaufleute aus Helsingør, um mit Agrarprodukten Handel zu treiben. 1787 wurde das Handelsmonopol in Island aufgehoben und Akureyri erhielt als einer von nur sechs Orten das Stadtrecht – obwohl die Ansiedlung nur zwölf Einwohner zählte. Der

Ob Nonnahús, ein Jón Sveinsson gewidmetes Museum, oder Kunstmuseum – Akureyri hat auch kulturell einiges zu bieten.

Handel wurde in der Folgezeit weiter von den Dänen beherrscht, die für den wirtschaftlichen Aufschwung verantwortlich waren. Aus dieser Zeit stammt das älteste Haus der Stadt, das unscheinbare Laxdalshús in der Hafnarstræti. Um 1840 wuchs die Stadt dann durch den Zuzug von Arbeitern und Handwerkern, die sich vor allem nördlich des Zentrums im Stadtteil Oddeyri niederließen, während die Kaufleute im südlichen Teil der Stadt lebten. In Oddeyri wurde 1872 die erste isländische Handelsgesellschaft »Gránufélag« gegründet. Den größten Aufschwung als Handelszentrum erlebte die Stadt durch die Gründung der Konsumgenossenschaft KEA 1886.

Hoch über der Stadt und im alten Ortskern

Auf einem Hügel in der Stadt erhebt sich die moderne Akureyrarkirkja. Wie die Hallgrimskirche in Reykjavík hat den schlichten Betonbau der Staatsarchitekt Guðjón Samúelsson entworfen. Die Ähnlichkeiten sind unverkennbar.

Ebenfalls auf einer Anhöhe über dem Fjord befindet sich der Botanische Garten, der Lystigarður Akureyrar. 1912 von der Frauenvereinigung als Vergnügungspark angelegt, ist er auch heute noch ein öffentlicher Park und Lustgarten. Auf dem gepflegten Gelände wachsen 400 endemische und mehrere Hundert ausländische Pflanzenarten.

Ein Spaziergang durch den kleinen, alten Ortskern mit einigen schmucken, liebevoll gepflegten Holzhäusern, die neben modernen Nachkriegsbauten stehen, führt zu den wichtigsten Museen.

Das örtliche Zentrum für bildende Kunst (Listasafnið á Akureyri), ein Zusammenschluss von Kunstmuseum, »Ketilhús« (Kesselhaus) und »Deiglan« (Schmelztigel), hat sich in den letzten Jahren durch einige Ausstellungen einen über die Stadtgrenzen hinaus reichenden Ruf erworben.

Dem berühmtesten Bürger Akureyris, Jón Sveinsson, ist das Nonnahús gewidmet. Bekannt wurde er vor allem durch seine »Nonni«-Bücher. Das 1957 zum 100. Geburtstag von Sveinsson eröffnete Museum informiert über seine Werke. Am 16. November 1857 in Möðruvellir (s. unten) geboren, führte er ein facettenreiches Leben als Weltreisender, Missionar, Vortragsredner und Schriftsteller. Er starb am 16. Oktober 1944 in Köln und ist auch dort begraben.

Möðruvellir
Nordwestlich vom Stadtkern liegt der Hof Möðruvellir, einer der historisch bedeutendsten Orte Nordislands. Von 1296 bis zur Reformation existierte hier ein Augustinerkloster, danach war der Ort Sitz des Provinzgouverneurs. Möðruvellir ist der Geburtsort von Jón Sveinsson sowie von Hannes Hafstein, Islands erstem Ministerpräsidenten.

Forest Lagoon
Wenige Minuten vom Stadtzentrum ist zwischen Waldrand und Fjord ein neues Geothermalbad entstanden. In der sehr schön in die Natur eingepassten Forest Lagoon kann man in zwei Infinitypools entspannen und zwischen den Bäumen auf den Fjord schauen, zwischen (ausnahmsweise) Cold Pot und Sauna pendeln oder sich im Bistro erholen.

Café Lyst: Eyrarlandsvegur 30, Akureyri, Tel. 869 13 69, https://lyst.is, Mo–Do 11–19, Fr 11–23, Sa 10–23, So 10–17 Uhr

KLEINE PAUSE
Auf der Terrasse des **Café Lyst** im Botanischen Garten können Sie mit Blick auf blühende Blumen speisen.

✥ 223 E4

Akureyrarkirkja
✉ Eyrarlandsvegur ⓞ So–Do 10–19, Fr 10–16, Sa 17–19 Uhr

Lystigarður Akureyrar
✉ Spítalavegur ⊕ www.lystigardur.akureyri.is ⓞ Juni–Sept. tägl. 9–22 Uhr
🎫 frei

Listasafnið á Akureyri (Kunstmuseum)
✉ Kaupvangsstræti 8 ☎ 461 26 10 ⊕ www.listak.is/en ⓞ Juni–Aug. tägl. 10–17, sonst 12–17 Uhr 🎫 2200 ISK

Nonnahús
✉ Aðalstræti 58 ☎ 462 41 62 ⊕ www.minjasafnid.is ⓞ Juni–Sept. tägl. 11–17, sonst 13–16 Uhr 🎫 2500 ISK (Ticket gültig für 7 Museen)

Forest Lagoon
✉ Vaðlaskógur ☎ 585 00 90 ⊕ www.forestlagoon.is ⓞ tägl. 9–24 Uhr 🎫 6900 ISK

㊻ Námafjall, Krafla, Víti & Leirhnjúkur

Was?	Vulkanismus hautnah
Warum?	Man lernt das wilde Island richtig kennen.
Wann?	Jederzeit
Wie lange?	Ein Tag
Resümee	Überall zischt, dampft und brodelt es.

Hier bekommt man einen Eindruck davon, welche Urgewalten unter der Erde wüten. Es riecht, dampft und zischt, und die von Schwefel überzogenen Berge erstrahlen in leuchtenden Farben. An diesem Hot Spot können Besucher besonders spektakuläre vulkanische Phänomene hautnah erleben.

Am Nordende des Mývatn (S. 142) knickt die Ringstraße nach Osten ab und führt über eine kleine Passhöhe. Kurz dahinter liegt am Fuß des Berges Námafjall mit Námaskarð, auch Hverarönd genannt, das wohl schönste Solfatarenfeld Islands. Die Ebene und die Bergflanke leuchten in intensiven Gelb-, Orange- und Brauntönen. Dampfsäulen steigen zischend in den Himmel, in den Schlammtöpfen brodelt und blubbert eine kochend heiße, grau-blaue Tonmasse vor sich hin, und über allem liegt der Geruch von faulen Eiern, der vom austretenden Schwefelwasserstoff stammt. Wer nur ein Stück dem Pfad auf den Berg Námafjall folgt, genießt einen fantastischen Blick auf das bunte Solfatarenfeld.

Unruhestifter Krafla

Der gut 800 m hohe Zentralvulkan Krafla mit seiner beeindruckenden Einbruchscaldera gehört zu einem ca. 100 km langen Vulkansystem in der Mývatn-Region. Nach langer Ruhe sorgte er im 18. Jh. mit einer Ausbruchsserie, dem Mývatn-Feuer, für Schrecken und Zerstörung. Dabei entstanden der Víti-Krater und die Leirhnjúkur-Spalte, aus der große Magmamassen flossen. Die bisher letzte aktive Phase des Vulkans, das Krafla-Feuer, dauerte von 1975 bis 1984. Mitten in diesem Gebiet liegt das Geothermalkraftwerk Kröfluvirkjun.

Feuer und Eis – zwei Wanderer unterwegs zur Leirhnjúkur-Spalte

Unterwegs an der »großen Hölle«

Kurz nach dem Solfatarenfeld Námaskarð führt eine Straße zum Víti-Krater, zum Krafla-Kraftwerk und zum Lavafeld Leirhnjúkur. Der Víti-Krater mit einem Durchmesser von 300 m entstand durch eine gewaltige Dampfexplosion im Jahr 1724 zu Beginn des Mývatn-Feuers. Wegen dieser gewaltigen Explosion glaubten die Isländer, hier müsse sich die Hölle geöffnet haben, deshalb gaben sie dem Krater den Namen »Stóra Víti«: »große Hölle«. Mittlerweile hat sich die »Hölle« beruhigt und den Kratergrund bedeckt ein See mit schwefelhaltigem Wasser. Seine Temperatur schwankt zwischen 20 °C und 60 °C. Ein Bad im Kratersee ist aus Sicherheitsgründen nicht ratsam. Man kann aber den Kraterrand erklimmen und die Aussicht genießen.

Nachdem sich der Víti-Krater gebildet hatte, öffnete sich westlich von ihm die Leirhnjúkur-Spalte, aus der große Magmamengen austraten. Am Parkplatz beginnt eine rund einstündige Wanderung über das Lavafeld. Hier ist der Boden noch warm und hier und da steigen Schwefeldämpfe auf.

KLEINE PAUSE
Für einen Imbiss müssen Sie bis nach Reykjahlíð fahren, dort bekommen Sie im **Supermarkt** geräucherten Lachs.

㊼ Jökulsárgljúfur, Ásbyrgi & Dettifoss

Was?	Eine sagenhafte Schlucht und ein Wasserfall der Superlative
Warum?	1500 m³ Wasser pro Sekunde stürzen hier in die Tiefe.
Wann?	Im Sommer
Wie lange?	Ein Tag, wer wandern möchte, gerne auch drei
Was noch?	Den Wald in der Ásbyrgi-Schlucht erkunden
Resümee	Völlig unterschiedliche, überwältigende Naturwunder

Auch aus der Luft bieten der Dettifoss und die Schlucht Jökulsárgljúfur einen dramatischen Anblick.

Jökulsárgljúfur bedeutet Schlucht des Flusses Jökulsá á Fjöllum. In den Südteil der Schlucht stürzen mehrere Wasserfälle, darunter der Dettifoss, weiter nördlich liegt die hufeisenförmige Ásbyrgi-Schlucht. Seit den 1970er-Jahren ein eigenständiger Nationalpark, gehört das Gebiet seit 2008 zum erweiterten Vatnajökull-Nationalpark.

Die Jökulsá entspringt in zwei Armen am Gletscher Vatnajökull, die sich südlich von Herðubreiðarlindir vereinigen. Die ersten 150 von insgesamt 206 km fließt sie eher gemächlich dahin. Doch dann wird es dramatisch: Die eigentliche Schlucht erstreckt sich über 25 km, ist 500 m breit und bis zu 120 m tief, damit ist sie die größte Erosionsschlucht Islands. Von Sedimenten graubraun gefärbte Fluten stürzen über mehrere Wasserfälle in die Tiefe. Den Anfang macht der nur 12 m hohe Selfoss, dann folgt der 44 m hohe und 100 m breite Dettifoss. Unterhalb von ihm liegt mit dem 27 m hohen Hafragilsfoss ein weiterer Wasserfall.

Ein Wanderweg verbindet alle Fälle. Zumindest das Erlebnis, direkt an der Fallstufe des Dettifoss zu stehen, sollte man sich nicht entgehen lassen, denn nur so bekommt man eine Vorstellung davon, was 1500 m³ Wasser, die pro Sekunde herabstürzen, für eine Urgewalt darstellen. Steine und Schwebepartikel, die mitgerissen werden, sorgen dafür, dass die Schlucht tiefer wird und die Fallkante stetig weiter zurückweicht.

Der Wald im Hufabdruck des Pferdes Sleipnir

Nördlich vom Dettifoss liegt die 3,5 km lange, 1 km breite und 100 m tiefe Ásbyrgi-Schlucht, die durch den von Norden in die Schlucht ragenden Felskeil Eyjan die Form eines Hufeisens erhält. Glaubt man der nordischen Mythologie, entstand Ásbyrgi durch einen Hufabdruck von Odins achtbeinigem Pferd Sleipnir. Geologen glauben, dass drei extreme Gletscherläufe im Abstand einiger Tausend Jahre für diese ungewöhnliche Landschaftsform verantwortlich sind. Bis vor rund 2000 Jahren stürzte noch ein gewaltiger Wasserfall über die Südkante der Schlucht, doch dann verlagerte der Fluss sein Bett nach Osten und die Schlucht fiel trocken. Heute ist sie wegen ihrer geschützten Lage dicht bewaldet. Immerhin erreichen hier die Bäume eine Höhe von mehr als 4 m, was für Island etwas Besonderes ist.

In der Schlucht gibt es einen schön gelegenen Campingplatz, von dem aus man auf mehreren Wanderwegen die Umgebung erkunden kann. Wegen des Ausblicks besonders lohnend ist der Spaziergang vom Campingplatz in Richtung Süden zur Basaltinsel Eyjan, und auch die rund einstündige, relativ einfache Rundwanderung zu den Echofelsen Hljóðaklettar ist empfehlenswert.

Gefällt auch Regisseuren: Am Dettifoss wurden Szenen des Films »Prometheus« gedreht.

KLEINE PAUSE
Am Info-Zentrum und bei der Tankstelle an der Straße 85 gibt es einen kleinen Laden und ein einfaches **Restaurant.**

✠ 224 B3/4

Nationalpark-/Touristeninformation
✉ Gljufrastofa, Ásbyrgi

☎ 470 7100
⊕ www.vatnajokulsthjodgardur.is
🕐 Mitte Juni–Ende Aug. tägl. 9–18 Uhr, sonst kürzer.

Nach Lust und Laune!

48 Hvammstangi

Der ruhige Ort etwas abseits der Ringstraße am Ostufer des Miðfjörður fungiert als Dienstleistungszentrum, lebt aber auch vom Fang und der Verarbeitung von Garnelen. Wer einen Blick von oben auf den Ort werfen möchte, kann in rund zwei Stunden den knapp 500 m hohen Berg Káraborg erklimmen.

Hvammstangi bietet eine gute touristische Infrastruktur und eine vielfältige Auswahl an Kunsthandwerk. Im Ort befindet sich Islands größte Wollfabrik mit einem Laden. Einen Besuch lohnt auch das Robbenzentrum Selasetur. Eine Chance, Robben in ihrer natürlichen Umgebung zu sehen, bietet sich bei einer Umrundung der Halbinsel Vatsnes: An der Nordspitze liegen die Tiere in Strandnähe gern in der Sonne.

✈ 222 A3

Selasetur
✉ Strandgata 1 ☎ 45 123 45
⊕ https://selasetur.is ⏱ Mitte Mai bis Sept. tägl. 10-18, sonst Mo-Fr 12-16 Uhr 💰 1400 ISK, bis 15 Jahre frei

Touristeninformation
✉ Im Robbenzentrum
⊕ www.visithunathing.is/en

49 Blönduós

Der moderne Ort breitet sich am Ostufer der weiten Bucht Húnaflói zu beiden Seiten des Gletscherflusses Blanda aus, der als einer der besten Lachsflüsse gilt. In Blönduós lohnt das Textilmuseum Heimilisiðnaðarsafnið einen Besuch, in dem neben Trachten, Textilien und Woll-

Der Hafen von Siglufjörður, Islands nördlichster Stadt

waren auch zahlreiche Sonderausstellungen zu sehen sind.

Die alte Ortskirche stammt von 1894; die neue, ein Betonbau, von 1993. Wegen ihrer sehr guten Akustik wird sie oft für Konzerte genutzt.

Südwestlich liegt Þingeyrar, wo 1133 das erste Benediktinerkloster Islands, das bis zur Reformation bestand, gegründet wurde. Heute erinnert nur noch die zwischen 1864 und 1877 im romanischen Stil erbaute Steinkirche an den einst bedeutenden Pfarrsitz.

Einige Kilometer südlich von Blönduós beginnt das fruchtbare Tal Vatnsdalur, das sich zwischen rund 1000 m hohen Bergen 25 km landeinwärts zieht. Der Fluss Vatnsdalsá hat einen guten Lachsbestand.

✞ 222 B4

Heimilisiðnaðarsafnið
✉ Árbraut 29 ☎ 452 40 67 ⊕ http://textile.is ⏱ Juni-Aug. tägl. 10-17 Uhr
💰 1900 ISK, bis 16 Jahre frei

Touristeninformation
✉ Aðalgata 8, 540 Blönduós
☎ 837 13 00 ⊕ www.northiceland.is

---

50 Siglufjörður

Schneereiche Winter, eisiger Wind aus Norden und karge Böden haben hier den Menschen schon immer zugesetzt. Doch die Heringsfischerei machte vor gut 100 Jahren aus dem winzigen Dorf Siglufjörður eine schnell wachsende Stadt. In mehr als 20 Fangstationen wurde Hering gesalzen und in Fässern eingelegt. Was sich nicht zum Salzen eignete, wurde zu Tran und Mehl verarbeitet. In seiner Blütezeit erwirtschaftete der Ort rund 20 % aller isländischen Exporte. Doch gegen Ende der 1960er-Jahre waren die Bestände ruiniert, Fabriken mussten schließen und viele Menschen zogen weg. Heute ist die Fischerei zwar wieder der Hauptwerbszweig von Islands nördlichster Stadt, doch alles läuft nun viel ruhiger ab. In der größten Fischsiederei des Landes werden aus Lodde und Hering Fischmehl und Tran gewonnen, außerdem gibt es zwei Betriebe, die Krabben verarbeiten.

An die Zeit der Heringsfischerei erinnert noch das jährliche »Heringsabenteuer«, ein großes Stadtfest am ersten Augustwochenende mit Theater, Tanz, Musik und Wettbewerben im Heringsalzen.

Im mehrfach ausgezeichneten Heringsmuseum Síldarminjasafnið erhält man einen Einblick in die Zeit des Heringsbooms. Die Roaldsbaracke, einst eine der größten Heringsstationen, in der noch bis 1968 jedes Jahr 30 000 Heringsfässer gefüllt wurden, bildet den passenden Rahmen für das Museum.

✞ 223 D5

Síldarminjasafnið
✉ Snorragata 10 ☎ 467 16 04 ⊕ www.sild.is ⏱ Juni-Aug. tägl. 10-18, Mai, Sept. 13-17 Uhr 💰 2400 ISK (hier ist auch die Touristinformation untergebracht ☎ 467 16 04)

51 Laufás

Schon in vorchristlicher Zeit gab es am Ostufer vom Eyjafjörður bei Laufás eine Ansiedlung, seit der Christianisierung war der Ort dann Pfarrsitz, die heutige Kirche ist von 1865. Die ältesten Teile des benachbarten Gehöftes, das noch bis 1936 bewohnt war, stammen vermutlich aus dem 16. und 17. Jahrhundert. Dieser Grassodenhof liegt wunderschön zwischen Fjord und Gebirge und ist viel größer als die meisten zu dieser Zeit errichteten Höfe. Die mit weißen Brettern verkleidete Vorderfront, die gegen Ende des 19. Jh.s entstand, zeigt, dass Laufás damals ein reicher Hof war. Der Pfarrhof war nicht nur von fruchtbarem Land umgeben, auch durch Fischfang und den Verkauf von Eiderdaunen verdienten die Bewohner Geld. Wahrscheinlich wohnten in den Räumen des Grassodenhofes 20–30 Menschen. Heute dient Laufás als Regionalmuseum, die Räume spiegeln die Zeit um 1900 wider.

⚓ 223 E4 ☎ 463 3196 ⊕ www.minjasafnid.is ⏱ Juni– Mitte Sept. tägl. 11–17 Uhr 💰 2500 ISK (Kombiticket für 7 Museen)

52 Grímsey

Über die kleine Insel Grímsey, die 40 km vor der Küste liegt, verläuft der Polarkreis; damit ist sie Islands nördlichster Punkt. Die rund 100 Einwohner leben vor allem vom Fischfang, doch im Sommer erhalten sie auch ziemlich regelmäßig Besuch von Touristen. Zu sehen bekommen diese unzählige Seevögel, die in den bis zu gut 100 m hohen Klippen brüten, doch die meisten kommen wegen der »echten« Mitternachtssonne, die sie nur hier – und nicht auf der Hauptinsel, die noch südlich des Polarkreises liegt – beobachten können.

2017 wurde die 8 t schwere und 3 m große Betonkugel »Orbis et Globus« auf dem Polarkreis platziert. Jedes Jahr soll die Kugel einige Meter in Richtung Norden verschoben werden, denn auch der Polarkreis wandert allmählich nach Norden. Um 2050 wird deshalb das Kunstwerk im Meer versinken.

⚓ 223 nördl. D5 ⊕ www.vegagerdin.is ⏱ Das ganze Jahr über fährt die Fähre »Sæfari« 4-mal wöchentlich, im Sommer 5-mal wöchentlich, von Dalvík nach Grímsey. Die Fahrt dauert ca. 3 Std.

53 Goðafoss

Zwischen Akureyri (S. 151) und dem Mývatn (S. 142) lohnt ein Abstecher von der Ringstraße zum Goðafoss. Breit gefächert stürzt das Wasser des Flusses Skjálfandafljót in eine Schlucht. Trotz der bescheidenen Fallhöhe von 10 m bietet der Goðafoss einen faszinierenden Anblick. Seinen Namen soll der »Götterwasserfall« um 1000 erhalten haben, als in Island das Christentum als Staatsreligion eingeführt wurde. Nach der Überlieferung hatte der

Gode Þorgeir auf der Allþingiversammlung als Gesetzessprecher für das Christentum gestimmt und danach symbolträchtig seine Götterbilder in den Wasserfall geworfen.

Direkt am Wasserfall beginnt die Sprengisandur-Piste, eine auch für Allradfahrzeuge recht schwierige Hochlanddurchquerung.

 223 F4

54 Melrakkaslétta
Der nördlichste Punkt Islands – mit Ausnahme der Insel Grímsey – liegt auf der Halbinsel Melrakkaslétta. Fast menschenleer präsentiert sich die »Ebene der Polarfüchse«, so die Übersetzung des isländischen Namens. Im Westen der Halbinsel wechseln sich spärliches Grün und staubige Geröllfelder ab, der Osten wirkt mit seinen kleinen Seen und Mooren etwas freundlicher.

Kopasker hat nur etwas mehr als 100 Einwohner und zählt trotzdem zu den größten Orten der Halbinsel. Eine Kirche und ein Heimatmuseum mit einer stattlichen Büchersammlung sind die Sehenswürdigkeiten. Im äußersten Nordwesten lohnt ein Spaziergang zum Vogelfelsen Raudinúpur.

Der Hauptort Raufarhöfn liegt an der Ostküste; einst war er ein blühender Fischerort, doch heute verfallen die meisten Fabriken.

Auf einem Hügel in der Nähe befindet sich der »Arktische Steinkreis«, ein Kunstwerk, das an Stonehenge erinnert. Nach einer langen Bauphase besteht es aus vier großen Steinbögen, einer zentralen Säule und 72 kreisförmig angeordneten Steinen. Am 21. Juni scheint die Mitternachtssonne durch den südlichen Bogen. Der Steinkreis soll an den altnordischen Glauben erinnern.

 224 B5

55 Bustarfell
Viele Generationen lang, bis 1966, wurde der Grassodenhof südwestlich von Vopnafjörður von der gleichen, reichen Familie bewohnt. Doch bereits 1943 hatte Methúsalem Methúsalemsson die Gebäude, von denen einige bis ins Jahr 1770 zurückgehen, dem Staat geschenkt – mit der Auflage, das Gehöft mit 27 Räumen als Museum zu erhalten. Methúsalemssons große Sammlung alter Gebrauchsgegenstände bildete den Grundstock des Museums.

Imposant trotz geringer Fallhöhe: Goðafoss

 223 D2 ☎ 868 56 53 ⊕ www.facebook.com/bustarfell ⏺ Juni-Mitte Sept. tägl. 10–17 Uhr, sonst nach Vereinbarung ⬛ 1500, 9–12 J. 500 ISK

Wohin zum... Übernachten?

Preise für ein Doppelzimmer mit Frühstück:
€   unter 20 000 ISK
€€ 20 000–40 000 ISK
€€€ über 40 000 ISK

AKUREYRI

Hótel Edda Akureyri €€
Modernes Sommerhotel in einer Schule, geöffnet von Mitte Juni bis Mitte August. Helle, einfach ausgestattete Zimmer, davon gut die Hälfte mit eigenem Bad, TV und Telefon, sonst überwiegend Gemeinschaftsbäder. Frühstücks- und Abendbüfett; Swimmingpool und Whirlpool befinden sich im Freien.
⌖ 223 E4 ✉ Thorunnarstræti ☎ 444 40 00
🌐 www.icelandhotelcollectionbyberjaya.com

Farfuglaheimili Akureyri €
Familiengeführte Jugendherberge in Zentrumsnähe; 49 Betten, vom Einzelzimmer bis zum Schlafsaal, außerdem 19 Hütten. Günstige Familienangebote.
⌖ 223 E4 ✉ Stórholt 1 ☎ 894 42 99
🌐 https://akureyrihostel.com

Hótel Kea €€/€€€
Beliebtes Business-Hotel mit 4-Sterne-Komfort. Am schönsten sind die Zimmer im obersten Stock mit Blick zum Fjord. Helles und freundlich gestaltetes Bistro; die Speisekarte ist italienisch, französisch und dänisch beeinflusst.
⌖ 223 E4 ✉ Hafnarstræti 87–89 ☎ 460 20 80
🌐 www.hotelkea.is

BLÖNDUÓS

Glaðheimar €€
20 komfortable Holzhütten, die meisten mit Hot Pot und Sauna, bieten Platz für 3 bis 8 Personen; ganzjährig geöffnet. Angeschlossen ist ein Campingplatz mit einer Touristeninformation.
⌖ 222 B4 ✉ Brautarhvammur ☎ 820 13 00
🌐 https://gladheimar.is

DALVÍK

Klængshóll (Raven Hill Lodge) €€€
Wenn Sie als Familie oder Gruppe reisen, finden Sie in der jahrhundertealten ehemaligen Schaffarm, die aus Haupthaus, Scheune und drei neuen Hütten besteht, eine sehr komfortable Unterkunft; Spa und Hot Pot, Aktivitäten, ausgezeichnetes Essen inklusive.
⌖ 222 D5 ✉ Dalvík ☎ 858 30 00
🌐 www.ravenhilllodge.com

HÚSAVÍK

Kaldbaks Kot €€
Die 18 Holzhütten liegen nur wenige Autominuten außerhalb von Húsavík und sind komfortabel eingerichtet. Bis zum Wasser sind es nur ein paar Schritte. Von der eigenen Terrasse bietet sich ein großartiger Ausblick. Angeboten werden auch eine preisgünstige, einfache Hütte ohne Sanitäreinrichtung und eine Villa mit Platz für bis zu zehn Personen. Frühstück kann bestellt werden.
⌖ 223 F5 ☎ 892 17 44
🌐 www.kaldbakskot.com

MELRAKKASLETTA

Hotel Norðurljós €€
Das Hotel, einst Unterkunft der Heringsarbeiterinnen, überzeugt durch helle, modern eingerichtete Zimmer. Vom Restaurant und der Terrasse genießt man einen herrlichen Blick über Hafen und Meer.
⌖ 224 C5 ✉ Aðalbraut 2, Raufarhöfn
☎ 465 12 33 🌐 https://hotelnordurljos.is

MÝVATN

Vogafjós €€€
Je zehn komfortable Zimmer gibt es in den beiden langen Holzhäusern am Ostufer des Mývatn. In einem weiteren Haus kommen Familien unter. Warme Holztöne sorgen im Innern für Behaglichkeit. Zum Frühstück im urigen, sehenswerten Kuhstall-Café sind es nur wenige Schritte.
⌖ 224 A2 ✉ Vogafjós Vegur ☎ 464 38 00
🌐 www.vogafjosfarmresort.is

Wohin zum ... Essen und Trinken?

Preise für ein Hauptgericht ohne Getränke:
€   unter 3500 ISK
€€   3500–6000 ISK
€€€   über 6000 ISK

AKUREYRI

Bautinn €/€€
Das rot-weiße Holzhaus mit Türmchen, Gauben und Wintergarten im Stadtzentrum fällt sofort auf. Es gibt kleine Gerichte wie Chicken Wings, Gegrilltes, aber auch Vegetarisches zu sehr moderaten Preisen.
✣ 223 E4 ✉ Hafnarstræti 92 ☎ 462 22 23
⊕ www.bautinn.is ❶ Mo–Do 11.30–21, Fr 11.30 bis 22, Sa 12–22, So 12–21 Uhr, Winter kürzer

Bláa Kannan €
Das blaue Haus mit den Türmchen ist nicht zu verfehlen. Hier gibt's günstige Tagesgerichte, guten Kuchen und viele leckere Kleinigkeiten, entweder gemütlich drinnen oder auf der Terrasse in der Haupteinkaufsstraße.
✣ 223 E4 ✉ Hafnarstræti 96 ☎ 461 46 00
❶ Mo–Fr 9–22, Sa & So 10–22 Uhr

Strikið €€/€€€
Auf der Terrasse mit Fjordblick kann man die kunstvoll zubereiteten Speisen des Gourmetrestaurants am besten genießen.
✣ 223 E4 ✉ Skipagata 14 ☎ 462 71 00
⊕ https://strikid.is
❶ tägl. 12–15 und ab 18.30 Uhr

BLÖNDUÓS

Teni €
Dass es in dem bescheidenen Restaurant Pizza und Burger gibt, ist erwartbar. Aber äthiopische Küche im hohen Norden? Das ist schon etwas Besonderes – lassen Sie sich darauf ein.
✣ 222 B4 ✉ Húnabraut 4 ☎ 452 40 40
❶ tägl. 12–21 Uhr

HÚSAVÍK

Salka €€
In dem historischen Holzhaus vom Ende des 19. Jh.s direkt am Hafen wird vor allem Fisch serviert, für den kleineren Hunger gibt es aber auch Pasta, Burger und Salate.
✣ 223 F5 ✉ Garðarsbraut 6
☎ 464 25 51
❶ Im Sommer tägl. 11.30–20.30 Uhr

Unverkennbar: Im Bláa Kannan, dem blauen Haus, werden viele leckere Kleinigkeiten serviert.

The Viking
Wie der Name schon vermuten lässt, gibt es hier alles, was der moderne Wikinger so braucht, viel Kitsch, aber auch schönen Schmuck. Außer Wikingerutensilien ist noch die gesamte Souvenirpalette im Angebot.
✛223 E4 ✉Hafnarstræti 104
☎540 23 91 ⊕https://theviking.is
❶tägl. geöffnet

HVAMMSTANGI

Gallerí Bardúsa
Angeboten wird hochwertiges Kunsthandwerk aus der Region. Ein Teil des Gebäudes dient als Museum, das den einstigen Kramladen von Sigurður Davíðsson zeigt.
✛222 A3 ✉Brekkugata 4
☎845 05 86

Kidka
Islands größte Wollwarenfabrik Kidka produziert in Hvammstangi und verkauft im Fabrikladen ihr großes Sortiment an traditionellen Pullovern und Accessoires, alles zu relativ günstigen Preisen. Auch kostenlose Fabrikführungen werden angeboten.
✛222 A3 ✉Höfðabraut 34 ☎451 00 60
⊕https://kidka.com ❶Mo–Fr 8–18, Sa, So 10–18 Uhr

Langafit Handverkshús
Verkauf von Kunstgewerbe aus der Region, außerdem gibt's ein kleines Café und ein Gästehaus.
✛222 A3 ✉Laugarbakki ☎451 29 87

SAUÐÁRKRÓKUR

Iceland Craft
Lammfelle und Holz: Aus diesen Materialien produziert der Familienbetrieb Kunstvolles und Praktisches: Bei den Lammfellen gleicht kein Stück dem anderen; man sitzt unvergleichlich warm und bequem, es gibt auch Babytragen mit Lammfell. Aus edlen Hölzern werden unter anderem Schneidbretter oder Salzfässer hergestellt.
✛222 C4 ✉Hólmagrund 15
☎860 54 50
⊕https://icelandcraft.is

SIGLUFJÖRÐUR

Hannes Boy Café und Kaffi Rauðka €/€€
Am Hafen von Siglufjörður fallen drei farbenfrohe Gebäude auf: Das gelbe Restaurant Torgið, das rote Kaffi Rauðka, sowie ein blaues Haus, in dem sich ein Veranstaltungssaal und eine Galerie befinden. Vor der Rauðka sitzt man mit Blick auf den Hafen in der Sonne und kann sich die leckeren Kleinigkeiten schmecken lassen. Das Torgið, bietet wochentags ein Lunch-Buffet und jeden Abend Dinner mit Burger, Pizza, Fisch, Lamm, aber auch Vegetarischem.
✛223 D5 ✉Gránugata ☎461 77 33
⊕https://raudka.is (Rauðka) ☎ 467 23 23
⊕https://torgid.net (Torgið)

Wohin zum … Einkaufen?

AKUREYRI

Pakkhúsid
Ob Sie Decken oder Thermoskannen mit isländischen Motiven suchen oder Ihren Pferden daheim etwas mitbringen wollen: Im Pakkhúsid bekommen Sie alles, das meiste auch im Onlineshop.
✛223 E4 ✉Strandgata 43
☎896 43 41 ⊕www.islensk.is
❶Mo–Fr 12–16 Uhr

Wohin zum... Ausgehen?

AKUREYRI

Busausflüge
SBA-Norðurleið bedient im Sommer meist täglich Ziele in ganz Island, darunter Goðafoss, Mývatn, Reykjavík über die Kjölur-Route, Dettifoss, Ásbyrgi, Vatnajökull, Kverkfjöll, Askja und Húsavík. Mit den hochbeinigen Allradbussen sind Fahrten durch das Hochland möglich. Neben dem Linienbetrieb werden auch Sightseeingtouren angeboten. (Ein weiterer Anbieter ist Bus Travel Iceland in Reykjavik, https://bustravel.is.)
✛223 E4 ✉Hjallahraun 2 ☎550 07 00 ⊕www.sba.is

Golf
Akureyri rühmt sich des nördlichsten Golfplatzes der Welt, Ende Juni werden hier die Arctic Open im Licht der Mitternachtssonne ausgetragen.
✛223 E4 ✉Golfklúbbar Akureyrar ☎462 29 74 ⊕www.gagolf.is

Iceland Fishing Guide
Angelausflüge für Anfänger und Profis.
✛223 E4 ☎660 16 42 ⊕https://icelandfishingguide.com

Pólar Hestar
Auf der Farm Grýtubakki, nahe dem Fischerdorf Grenivik, werden Reittouren angeboten.
✛223 E4 ☎896 18 79 ⊕www.polarhestar.is

Walbeobachtung
Das ehemalige deutsche Polizeischiff »Ambassador« und drei weitere Schiffe starten von Juni bis August täglich zu mehreren Walsafaris.
✛223 E4 ☎462 68 00 ⊕https://ambassador.is ♥3-Std.-Tour 13 990 ISK

MÝVATN

Rundflüge
Im Sommer startet Mýflug Air entweder vom Flugplatz in Reykjahlíð oder in Akureyri täglich zu Rundflügen, die bei guter Sicht unvergesslich sind. Dabei werden verschieden lange Flüge angeboten, die alle zu absoluten Highlights der isländischen Landschaft führen: Mývatn, Dettifoss, Jökulsá Canyon, Askja, Kverkfjöll und die Insel Grímsey.
✛224 A2 ☎464 44 00 ⊕www.myflug.is

VARMAHLÍÐ

Hestasport
Reitsportfreunde können bei Hestasport kurze oder mehrtägige Touren buchen.
✛222 C3 ✉Varmahlíð ☎453 83 83 ⊕https://riding.is/riding

Viking Rafting
Die Gletscherflüsse Jökulsá Vestari und Jökulsá Austari, die südlich von Sauðárkrókur entspringen, eignen sich hervorragend für Raftingtouren (29 990).
✛222 C3 ✉Hafgrímsstaðir ☎823 83 00 ⊕http://vikingrafting.is

Winzig zwischen Felsen – Rafting auf dem Jökulsá Vestari

Durch den Wasserschleier betrachtet wirkt die Landschaft um den Seljalandsfoss wie eine andere Welt.

Südisland

Das Eis von Vatnajökull und Mýrdalsjökull reicht fast bis an die Küste. Fährt man weiter nach Osten, schließen sich zahlreiche Fjorde an.

Seite 166–193

Erste Orientierung

Die Südhälfte Islands bietet viel Abwechslung. Das Spektrum reicht von den Fjorden im Osten über die großen Gletscher Vatnajökull und Mýrdalsjökull im Süden bis zur größten zusammenhängenden Flachlandfläche der Insel.

Die Landschaft im Osten der Insel ist von der Eiszeit und nicht vom aktiven Vulkanismus geprägt und ähnelt jener in den Westfjorden, denn die Küste wird durch rund ein Dutzend Fjorde stark gegliedert. Dahinter ragen oft steile Berge auf, es gibt aber auch einige grüne Ebenen und um den See Lagarfljót den größten Wald Islands. Autofahren ist hier auch heute noch schwierig, denn die Straßen führen um jeden Fjord herum.

Die gesamte Südküste steht unter dem Einfluss der Gletscher Vatnajökull und Mýrdalsjökull, die fast bis ans Meer vorrücken und riesige Schwemmlandebenen bilden. Vom Vatnajökull gespeist, mäandern die Flüsse Skeiðará und Núpsvötn durch die Ebene und spalten sich dabei in unzählige Arme auf, die fortwährend ihren Verlauf ändern. Die Skeiðará war das letzte Hindernis beim Bau der Ringstraße, das erst 1974 durch eine fast 1 km lange Brücke beseitigt werden konnte. Größere Ansiedlungen entstanden

TOP 10
(10) ★★ Vestmannaeyjar (Westmännerinseln)

Nicht verpassen!
(56) Vík í Myrdal & Dyrhólaey
(57) Landmannalaugar
(58) Jökulsárlón

Nach Lust und Laune!
(59) Hveragerði
(60) Hveravellir
(61) Hekla & Leirubakki
(62) Eyjafjallajökull
(63) Skógar
(64) Kirkjubæjarklaustur
(65) Lakagígar (Laki-Krater)
(66) Núpsstaður
(67) Skaftafell
(68) Höfn
(69) Stöðvarfjörður
(70) Fáskrúðsfjörður
(71) Egilsstaðir
(72) Seyðisfjörður
(73) Bakkagerði

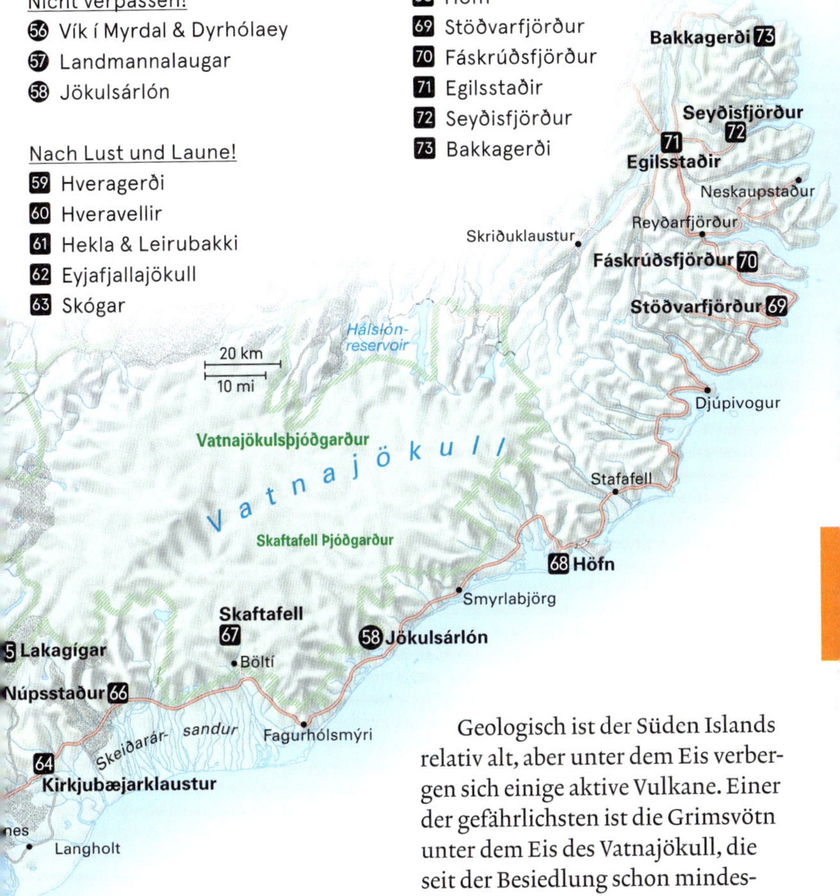

hier nicht, weil es keine sicheren Häfen gab und bis heute nicht gibt.

Westlich breitet sich Grasland aus, das landwirtschaftlich genutzt wird. Der flache Küstenstreifen geht sehr schroff ins Hochland über.

Geologisch ist der Süden Islands relativ alt, aber unter dem Eis verbergen sich einige aktive Vulkane. Einer der gefährlichsten ist die Grimsvötn unter dem Eis des Vatnajökull, die seit der Besiedlung schon mindestens 60-mal ausgebrochen ist.

Über weite Strecken ist die Ringstraße die einzige Verkehrsverbindung; die wenigen Pisten ins Hochland sind oft nur mit Allradfahrzeugen zu befahren.

Mein Tag
zwischen heißen Quellen und Schlamm

Hveragerði liegt über einem Hot Spot, der viele Thermalquellen speist, mit denen man nicht nur Gewächshäuser beheizen, sondern auch kochen kann.

🕙 10 Uhr: Warmes Frühstück

Wenn Sie beim Frühstück im Hotel Frost og Funi (Frost and Fire; S. 190) in 59 Hveragerði Ihren Blick schweifen lassen, sehen Sie draußen an den Berghängen weiße Dampfwolken aufsteigen. Nehmen Sie Ihr Frühstücksei, packen Sie es in einen kleinen Korb, an dem ein Stock befestigt ist, und gehen Sie ein paar Schritte vor die Tür. Aus einer Spalte entweicht heißer Dampf, der das Frühstücksei gart!

🕚 11 Uhr: Wanderung ins Hengill-Geothermalgebiet

Nach dieser Stärkung schnüren Sie die Wanderschuhe und packen die Badesachen ein. Da die Wanderung rund drei Stunden dauert, lohnt sich auch ein wenig Verpflegung im Rucksack. Vom Hotel ist es nicht weit bis zum Ortsende von Hveragerði und dem Beginn des rot markierten Pfades, der leicht ansteigend ins Reykjadalur führt. Hier gibt es die ersten heißen Quellen. Das nächste Stück geht es etwas steiler hinauf, immer mit Blick auf die Schlucht des Flüsschens Reykjadalsá. Tief unten sehen Sie einen schönen Wasserfall. Steigen Sie nun zum Fluss ab, und überqueren Sie ihn an einer Furt. Halten Sie eine Hand hinein – das Wasser ist warm! Nach wenigen Minuten dampfen heiße Quellen und brodeln Schlammtöpfe direkt neben dem

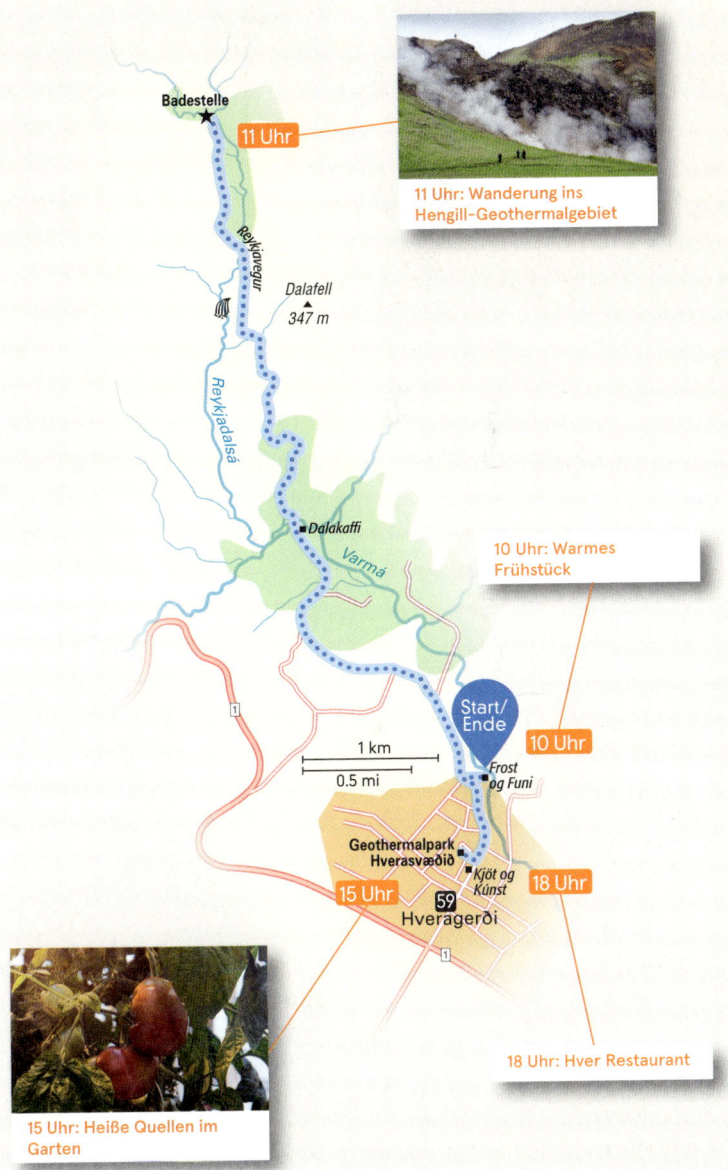

An manchen Stellen wirkt der Fluss Reykjadalsá fast »normal«, wenn man von ungewöhnlich starken Ablagerungen absieht (oben links), andernorts aber dampft er und lockt Wasserratten an (oben). Auch im Geothermalpark Hverasvæðið traut man den Augen kaum, gedeihen da doch Bananen (rechte Seite oben)!

Weg inmitten grüner Wiesen. Nun sind auch Wanderer zu sehen, die im Fluss baden. Leisten Sie ihnen Gesellschaft, und suchen Sie sich einen Platz, an dem der Bach die richtige Badetemperatur hat! Danach kehren Sie auf dem bekannten Weg nach Hveragerði zurück.

15 Uhr: Heiße Quellen im Garten

In wenigen Minuten sind Sie wieder im Zentrum Hveragerðis und beim Geothermalpark Hverasvæðið. Bei einem Bummel über das Gelände kommen Sie an Schlammtümpeln und heißen Quellen vorbei; manche jagen Wasserdampfsäulen zischend in den Himmel. Ihre Füße werden das Schlammbad genießen; wieder aufwärmen können Sie sie danach in warmem Wasser. In einem geothermalen Ofen – eigentlich nur ein Loch im Boden – wird leckeres, dunkles Brot gebacken.

Es gibt nur wenige Städte auf der Welt, in denen so viele Menschen ihre eigene Thermalquelle im Garten haben. Dies war einst einer der Hauptgründe für die Gründung Hveragerðis, denn mit der Hitze aus dem Erdinnern konnte man heizen, kochen und Wäsche waschen. In den 1930er-Jahren wurden dann die

15 Uhr

ersten Gewächshäuser gebaut, die heute eine der wichtigsten Einnahmequellen sind. Seit 2008 ein starkes Erdbeben den Süden Islands erschüttert hat, dessen Epizentrum nur 2 km von Hveragerði entfernt lag, ist die Anzahl der heißen Quellen nochmals gewachsen.

18 Uhr: Hver Restaurant

Vom Geothermalpark sind es zu Fuß nur etwa zehn Minuten bis zum Hver Restaurant. Immer eine gute Empfehlung ist natürlich der Fang des Tages. Aber auch leckere Burger und andere kleine Gerichte gibt es in dem Hotelrestaurant.

20 Uhr: Hot Pot statt Nightlife

Opulentes Nachtleben bietet Hveragerði nicht, doch im Frost og Funi warten Hot Pots auf Sie, von denen aus sie den grandiosen Ausblick ganz relaxt im Hier und Jetzt genießen können.

Geothermalpark Hveragarðurinn
✉ Hveramörk, 810 Hveragerði
☎ 483 46 01 ⊕ www.facebook.com/Geothermalpark
🕐 Mo–Sa 9–18, So 10–16 Uhr (Saison)

Hver Restaurant €€/€€€
✉ Breiðamörk 1C, 810 Hveragerði
☎ 483 47 00
⊕ https://hverrestaurant.is
🕐 tägl. 16–21, Fr & Sa 12–22 Uhr

❿ ★★ Vestmannaeyjar
(Westmännerinseln)

Was?	Ein junger, vulkanischer Archipel mit einer dramatischen Geschichte
Warum?	Die Spuren des Vulkanausbruchs von 1973 sind noch allgegenwärtig.
Wann?	Jederzeit
Wie lange?	Mindestens einen Tag, gern aber auch auch zwei oder drei
Was noch?	Islands einzige Stabkirche steht auf Heimaey – anschauen!
Resümee	Schläft der Feuerberg Eldfell, oder sammelt er nur Kraft für einen erneuten Ausbruch?

Nur wenige Kilometer vor der Südküste erheben sich die Westmännerinseln aus dem Meer, ein junger, vulkanischer Archipel aus 15 Inseln und mehreren Dutzend Felszacken und Schären. Entstanden sind sie erst vor rund 10 000 Jahren durch einen submarinen Vulkanausbruch.

Die Besiedlung der Inseln beginnt im 9. Jh. blutig. Auslöser war der Mord an einem gewissen Hjörleifur, dem Stiefbruder des ersten Islandsiedlers Ingólfur Arnarson. Fünf seiner irischen Sklaven erschlugen Hjörleifur und flohen von Vík auf die Inselgruppe vor der Küste. Lange blieb der Mord nicht ungesühnt, denn Arnarson spürte sie auf und brachte sie ebenfalls um. Dieser kurzen Episode mit Mord und Totschlag verdanken die Inseln ihren Namen, denn damals wurde die Bevölkerung Irlands »Westmänner« genannt.

Höchstwahrscheinlich waren sie aber gar nicht die ersten, die hier siedelten, denn Archäologen haben mittlerweile rund 100 Jahre ältere Siedlungsreste gefunden.

Vom »Türkenraub« zu Keiko

Erst im 17. Jh. machten die Westmännerinseln wieder von sich reden, als algerische Seeräuber sie plünderten und zahlreiche Bewohner töteten oder verschleppten. 242 Westmänner wurden schließlich als Sklaven verkauft. Dieses Ereignis ging als »Türkenraub« in die Geschichtsbücher ein.

Willkommen auf Heimaey, der Hauptinsel der Westmännerinseln. Von der Südküste Islands aus dauert die Fahrt nur eine halbe Stunde.

Auch danach war das Leben auf den Westmännerinseln hart. Der Ausbruch der Laki-Spalte 1783 etwa führte zu einem Fischsterben, das den Insulanern die Lebensgrundlage entzog.

In jüngerer Vergangenheit haben die Westmännerinseln dreimal Schlagzeilen produziert: Als 1963 durch einen Vulkanausbruch die neue Insel Surtsey entstand, 1973, als ebenfalls durch einen Vulkanausbruch die Hauptinsel Heimaey beinahe unbewohnbar wurde, und als 1998 der Star aus dem Film »Free Willy«, der Schwertwal »Keiko«, hier ankam und auf ein Leben in Freiheit vorbereitet werden sollte. Keikos Geschichte ist kurz erzählt: ein sehr teures Experiment, das mit einem Misserfolg und dem unerwarteten Tod des Protagonisten endete. Viele Einheimische hatten übrigens von Anfang an wenig Verständnis für das Projekt.

Geburt einer Insel

Zwischen 1963 und 1967 entstand südwestlich der Hauptinsel Heimaey durch einen submarinen Vulkanausbruch eine neue Insel, die nach dem nordischen Feuerriesen »Surtur« Surtsey genannt wurde. Die jüngste Insel des Westmänner-Archipels wuchs bis zum Ende der Eruptionen auf knapp 3 km². Seitdem nutzen Biologen, die Surtsey als Einzige betreten dürfen, die Insel als Freiluftlabor, um zu studieren, wie welche Pflanzen einen vegetationslosen Felsen mitten im Meer besiedeln. Die Ergebnisse überraschten, denn es dauerte nicht lange, bis auf Surtsey das erste Grün wuchs. Als blinde Passagiere waren Samen mit Seevögeln auf die Insel gekommen, die auch gleich den Dünger in Form von Guano lieferten. Heute ist Surtsey wegen der Erosion nur noch etwa halb so groß wie nach Ende der Eruptionen.

Für Touristen wird Surtsey auch weiterhin nicht zugänglich sein, allerdings informiert im Besucherzentrum Eldheimar (S. 177) eine Ausstellung über die Insel.

Der Feuerberg Eldfell

Das Auftauchen von Surtsey aus dem Meer hatte niemanden beunruhigt, auch nicht die Menschen auf Heimaey. Verhängnisvoll, denn am Morgen des 23. Januar 1973 öffnete sich eine 2 km lange Spalte am Helgafell. Aus ihr schossen gewaltige Mengen glühender Lava, und bald wälzte sich der Lavastrom auf die nahe Inselhauptstadt zu. Rasant wurden alle Bewohner aufs Festland gebracht. Ein Drittel der Stadt wurde unter Asche und Lava begraben. Erst im Juli beruhigte sich der Feuerberg Eldfell wieder.

Aufstieg auf den Feuerberg Eldfell, der sich ohne Vorwarnung 1973 gebildet hat.

Rund die Hälfte der Bewohner kehrte nach dem Ende des Ausbruchs nach Heimaey zurück, das völlig anders aussah, ein Stück größer geworden war und dessen Hafen durch die Lava jetzt einen besseren Schutz gegen Stürme besaß. Von vielen Häusern konnte die Asche geschaufelt werden, doch rund 40 hatte die Lava unbewohnbar gemacht.

Erst 2005 hat man begonnen, zehn der damals verschütteten Häuser auszugraben und sie zum Mittelpunkt eines Besucherzentrums zu machen. Jahrelang als »Pompeji des Nordens« angekündigt, sind die Ausgrabungen zwar bis heute nicht abgeschlossen, doch das Besucherzentrum Eldheimar gibt es mittlerweile. Besucher können sich das Haus Gerðisbraut 10 anschauen.

Sehenswertes auf Heimaey

Heute hat Heimaey 4300 Einwohner, die überwiegend vom Fischfang und der Fischverarbeitung leben. Bei einem Spaziergang sieht man, wie dicht und bedrohlich sich die Lavawand direkt hinter den Häusern auftürmt. Viele Wege führen durch die Lava, wobei es sich wegen des Ausblicks lohnt, den Eldfell oder – noch besser – den Vulkan Helgafell zu erklimmen. Von oben sieht man auch die Landakirkja aus dem Jahr 1778, eine der ältesten Steinkirchen Islands.

Nahe dem Hafen befinden sich die recht unauffälligen Reste der dänischen Festung Skansinn aus dem 16. Jahrhundert. In ihrer Nähe erhebt sich Islands einzige Stabkirche, ein Geschenk Norwegens zum 1000-jährigen Jahrestag der Einführung des Christentums in Island. Sie ist eine exakte Kopie der Stabkirche im norwegischen Haltdalen.

Im Rathaus wartet das liebevoll gestaltete Heimatmuseum Sagnheimar, das interaktiv über die Geschichte der Insel von der Besiedlung bis 1973 informiert.

Heimaey ist so klein, dass man es bequem an einem Tag zu Fuß umrunden kann. Häufig verläuft ein Weg entlang der Küste, wo Papageitaucher brüten. Auf dem Südkap Stórhöfði, dem südlichsten bewohnten Punkt Islands, befinden sich eine Wetterstation und ein Leuchtturm.

KLEINE PAUSE
Im Slippurinn wird saisonal und regional gekocht, gespeist wird in einem hellen, freundlichen Ambiente.

Slippurinn: Strandvegur 76, Mai–Mitte Sept. Mi–So 17–23 Uhr

✣ 228 B1

Auskunft
✉ Die Touristeninformation wechselt jedes Jahr den Ort, sie bietet aber nur wenig Infomaterial.
⊕ https://visitwestmanislands.com

Fährverbindung
☎ 481 28 00 ⊕ https://herjolfur.is
❶ Die Fähre »Herjólfur« verkehrt mehrmals täglich zwischen Landeyahöfn und Heimaey (Fahrzeit ca. 35 Min.), im Winter gelegentlich von/bis Þorlákshöfn (Fahrzeit 2 Std. 45 Min.).

Eldheimar
✉ Suðurvegur/Gerðisbraut 10 ☎ 488 27 00 ⊕ http://eldheimar.is
❶ Mai–Sept. tägl. 11–17, sonst 13–16.30 Uhr ✦ 3200 ISK, 10–18 Jahre 1700 ISK

Stabkirche
❶ Sommer tägl. 11–17 Uhr

Sagnheimar (Heimatmuseum)
✉ Ráðhúströð ☎ 488 20 45
⊕ www.sagnheimar.is
❶ Mai–Okt. tägl. 10–17 Uhr
✦ 1300 ISK, bis 18 Jahre frei

🔵56 Vík í Myrdal & Dyrhólaey

Was?	Ein schwarzer Sandstrand und eine 120 m hohe Klippe
Warum?	Trolle lassen sich einfach am besten anschauen, wenn sie versteinert sind…
Wann?	Im Sommer
Wie lange?	Mindestens einen halben Tag
Resümee	Kleiner Ort – großartige Natur

Da der südlichste Ort Islands keinen Hafen besitzt, sind Handel und Tourismus die wichtigsten Einnahmequellen. Der kilometerlange schwarze Sandstrand zählt zu den schönsten des Landes. Wenn die Wellen schäumend auf den schwarzen Sand rollen, bietet sich ein grandioser Anblick.

Doch seien Sie vorsichtig, denn im Sommer brütet auf den Wiesen hinter dem Strand eine große Kolonie Küstenseeschwalben, die ihr Revier lautstark gegen jeden Eindringling verteidigen! Meistens sind ihre akrobatischen Flugmanöver nur Scheinangriffe, doch hat schon so mancher spitze Schnabel zu einer blutenden Wunde geführt.

Flankiert wird dieser Traumstrand von erodierten, mit dichter, grüner Vegetation überzogenen Vulkanhügeln. Die markanteste Erhebung ist der Reynisfjall, an dessen Fuß mehrere markante Felszinnen, die Reynisdrangar, aus dem Wasser ragen. Im Volksglauben soll es sich um einen Dreimaster, ein Trollweib und ihren Begleiter handeln. Die ein wenig einfältigen Trolle sollen versucht haben, das Schiff an Land zu ziehen, doch sie wurden vom Sonnenaufgang überrascht und erstarrten zu Stein.

Architektonisch hat der kleine Ort wenig zu bieten, bis auf die moderne Kirche, die fotogen auf einem Hügel gebaut wurde. Einen Besuch lohnt das in einem historischen Handelshaus untergebrachte Museum Brydebud, das über die lokale Geschichte und die vielen vor der Küste gesunkenen Schiffe informiert. Auch das Haus hat eine interessante Geschichte, denn ursprünglich wurde es 1831 auf den Westmännerinseln erbaut, bevor es 1895 abgebaut und nach Vík verschifft wurde.

Magischer Moment

Hinein ins Märchental

Ein bisschen fühlt es sich an, als wäre man in eine Modelleisenbahnlandschaft eingedrungen, so bizarr sind die in leuchtendem Gelb und Grün bewachsenen Berge und Spitzen im Þakgil-Tal geformt. Fahren Sie von der Ringstraße ab und rund 14 km durch die Vulkanlandschaft, bis Sie am Ende der Straße inmitten dieser Märchenwelt auf einen der ungewöhnlichsten Campingplätze Islands stoßen. Quartieren Sie sich in einer der Hütten ein! Wanderrouten führen u. a. zum Rand des Mýrdalsjökull.
Abzweigung der Str. 214, ca. 5 km östlich von Vík, Campingplatz Tel. 893 48 89, www.thakgil.is

Unheilbringende Katla

Wenige Kilometer hinter Vík í Myrdal erhebt sich der 700 km² große Mýrdalsjökull. Seine Eiskappe bietet einen spektakulären Anblick, doch darunter liegt die Katla, ein Vulkan, dessen Ausbrüche gefürchtet sind. Denn sie schmelzen riesige Mengen Gletschereis, wodurch sich gigantische Wassermassen über die gesamte Küste südlich des Gletschers ergießen. In der Regel erwacht die Katla alle 40 bis 80 Jahre zum Leben, letztmalig 1918. Wissenschaftler beobachten den Vulkan argwöhnisch und haben ihn regelrecht verkabelt, um auf jede Aktivität rechtzeitig reagieren zu können.

Ritt über den schwarzen Strand beim Kap Dyrhólaey

Kap Dyrhólaey

Die Halbinsel Dyrhólaey, einige Kilometer westlich von Vík í Myrdal, endet spektakulär in einer 120 m hohen Klippe. Als ob das noch nicht genug wäre, haben die Wellen ein Tor in das schwarze Lavagestein gefressen – groß genug, dass kleinere Boote hindurchfahren können. Wer das Kap erklimmt, erblickt im Westen einen kilometerlangen schwarzen menschenleeren Traumstrand, im Osten reicht der Blick bis zur Felsformation der Reynisdrangar vor Vík í Myrdal. Im Sommer brüten viele Papageitaucher auf den mit Gras bewachsenen Vorsprüngen des Kaps.

KLEINE PAUSE

Im gemütlichen Halldórskaffi (S. 192) des Museums Bryðebuð in Vík í Myrdal werden leckere Kleinigkeiten angeboten. Das Café dient auch als Galerie für wechselnde Ausstellungen.

✛ 228 C1

Bryðebuð
✉ Víkurbraut 28 ☎ 487 13 95
🕐 Juni-Aug. tägl. 11–20,
sonst Mo–Fr 11–17 Uhr 💰 600 ISK, bis 18 Jahre frei

Touristeninformation
✉ Im Museum Bryðebuð

57 Landmannalaugar

Was?	Oase inmitten eines vielfarbigen Rhyolithgebirges
Warum?	Weil es nirgends buntere Berge gibt.
Wann?	Im Sommer
Wie lange?	Ein Tag reicht, es sei denn, Sie möchten wandern.
Was noch?	Abstecher zur teils 150 m tiefen, 600 m breiten Eldgiá
Resümee	Wer hier war, weiß, warum die Massen herströmen.

Landmannalaugar liegt nördlich des Gletschers Mýrdalsjökull inmitten eines Rhyolithgebirges. Die rote Färbung der Berge entsteht durch einen hohen Eisengehalt, die gelbe durch Schwefel und die türkisfarbene durch Kieselsäure. Im Sommer ist die Gegend wegen dieses spektakulären Farbenspiels überlaufen – ein Besuch lohnt sich dennoch. Sie erreichen Landmannalaugar sogar mit einem normalen Pkw, wenn auch über eine längere Strecke als mit dem Geländewagen.

Nahe dem Zeltplatz verläuft der bis zu 40 m mächtige und 2,5 km lange Obsidianstrom Laugahraun. Das schwarze vulkanische Glas ist zu bizarren Skulpturen erstarrt, die mit den sattgrünen Wiesen kontrastieren. Der Strom entstand wohl um 1480. Den Bummel zum Laugahraun kann man durch die Schlucht Grænagil zur Wanderung ausdehnen.

Ein einmaliges Farbspiel: Landmannalaugar ist was fürs Auge!

LANDMANNALAUGAR

Auch ein Abstecher mit dem Geländewagen nach Eldgiá lohnt sich. An der Feuerspalte beeindrucken die roten Wände am Nordostende und die Wasserfälle Ófærufossar.

Warme Quellen und Fumarolen

In den warmen Quellen von Landmannalaugar badeten früher schon die Hirten aus dem Bezirk Land – daher der Name Landmannalaugar, der »Die warmen Quellen der Leute aus Land« bedeutet. Brennisteinsalda, ein 885 m hoher Vulkan, der zum System des Torfajökull gehört, liegt nur 3 km von Landmannalaugar entfernt. Den Namen »Schwefelwelle« trägt er zu Recht – an seinen Hängen gibt es mehrere geruchsintensive Fumarolen und Schwefelablagerungen. Am Fuß des Brennisteinsalda liegt ein Hochtemperaturgebiet.

Genussvolles Bad in den »warmen Quellen der Leute aus Land«

Trekking auf dem Laugavegur

Der Trekkingpfad Laugavegur führt von Landmannalaugar ins rund 50 km entfernte Þórsmörk. Bei durchschnittlicher Kondition und Tagesetappen von vier bis sechs Stunden benötigt man vier Tage. Am Ende jeder Etappe wartet eine einfache Hütte des Isländischen Wandervereins, die Schlafplätze sind in der Hochsaison allerdings knapp. Rechtzeitig reservieren! Verpflegung muss man selbst mitbringen.

Schon der erste Tag ist ein Höhepunkt: Von Landmannalaugar steigt man zur Hütte in Hrafntinnusker auf und passiert dabei bunte Rhyolithberge, Obsidianlava, Schwefelquellen und die Heißwasserquelle Stórihver. An den Folgetagen geht es über Álftavatn und Emstrur nach Þórsmörk.

Hinweis: Das Parkplatzproblem in Landmannalaugar ist mittlerweile so groß, dass man sich 2024 erstmals vom 20.6. bis 15.9. im Voraus online ein Parkticket unter https://ust.is besorgen musste.

KLEINE PAUSE
Am Campingplatz von Landmannalaugar dient ein Schulbus als **Mountain Mall.** Hier gibt es im Sommer (Juni–Sept.) alles für einen Snack.

✝228 C3

58 Jökulsárlón

Was?	Gletscherlagune mit Eisbergen
Warum?	Weil die Farben faszinieren – und schon James Bond hier war.
Wann?	Jederzeit – die Lagune sieht immer anders aus.
Wie lange?	Für zwei Stunden, am besten morgens oder abends
Was noch?	Eine Fahrt mit dem Amphibienboot über die Lagune
Resümee	Spektakuläre Eiswelt

Der Breiðamerkurjökull ist eine Gletscherzunge am Südostrand des Vatnajökull. Einst reichte sie fast bis ans Meer, mittlerweile hat sie sich stark zurückgezogen. Dadurch haben sich die Gletscherseen Jökulsárlón und Breiðárlón gebildet. Von der Gletscherzunge bricht immer wieder Eis ab, stürzt in den Jökulsárlón und treibt über einen kurzen Fluss zum Meer. Im Fluss staut sich das Eis und bedeckt oft die gesamte Oberfläche der Gletscherlagune, die dann vielfarbig leuchtet.

Szenen mehrerer Filme wurden hier gedreht: zwei »James Bond«-Streifen, »Tomb Raider«, »Batman Begins« und »Beowulf & Grendel«. So viel Schönheit lockt zahlreiche Besucher an, zumal die Ringstraße nah vorbeiführt. Wem der Trubel zu viel wird, der macht einen Abstecher zum nahen Strand, wo oft große Eisbrocken liegen. Wenn die Sonne scheint, weiß man, warum der Strand »Diamond Beach« genannt wird.

Faszinierend ist eine Erkundungsfahrt im Amphibienfahrzeug auf dem Jökulsárlón.

KLEINE PAUSE
Ein **Kiosk** am Ufer bietet Snacks und Getränke.

✈ 226 C2

❶ Mit **Amphibienfahrzeugen** können Sie mehrmals täglich Ausflüge auf dem See unternehmen.

Nach Lust und Laune!

59 Hveragerði

»Garten der heißen Quellen« bedeutet der Ortsname Hveragerði, durchaus zu Recht, denn hier ist es besonders heiß unter den Füßen. Die ganze Stadt liegt über einem Hochtemperaturgebiet, das praktisch unbegrenzt heißen Dampf liefert. Deshalb entstanden mit den ersten Wohnhäusern auch gleich die ersten Gewächshäuser. Heute wird auf mehr als 50 000 km² überdachter Fläche angebaut. Vor allem heimische Supermärkte werden mit Tomaten, Gurken, Salat, Erdbeeren, Zimmerpflanzen und Schnittblumen aus Hveragerði beliefert. Hin und wieder sieht man unter Glas auch Exotischeres gedeihen, z. B. Bananen, Feigen oder Orangen.

Hveravellir, die »Ebene der heißen Quellen«

✢ 219 E2

Touristeninformation
✉ Breiðamörk 21 ☎ 483 46 01
🌐 www.hveragerdi.is
🕐 Mo–Fr 8.30–16 Uhr

60 Hveravellir

Etwa auf halber Strecke der Kjölur-Route liegt Hveravellir, eines der größten und schönsten Geothermalgebiete Islands. Mittlerweile sind alle Flüsse entlang der Kjölur überbrückt, sodass man Hveravellir auch mit einem normalen Pkw auf der Straße 35 von Norden aus erreicht. In Hveravellir kann man ein Bad in einer heißen Quelle nehmen und das Thermalgebiet erkunden. Aus kleinen, vom Schwefel gelb gefärbten Kegeln zischt der Dampf, leuchtend blaue Quellen sind von Sinterterrassen umgeben, und dann gibt es noch die »Brüllhügelquelle«, die früher so laut war, dass sie noch in einigen Hundert Metern Entfernung zu hören war.

✢ 222 C1

61 Hekla & Leirubakki

Die 1491 m hohe Hekla (»Haube«) trägt eine Schneekappe und ist als Teil eines 40 km langen Spaltensystems der aktivste und gefürchtetste Vulkan Islands. Ab der Mitte des 20. Jh.s brach die Hekla relativ regelmäßig aus: 1947, 1970, 1980/1981, 1991 sowie 2000. Obwohl die letzte Eruption nicht allzu heftig war, öffnete sich im Gipfelbereich eine 6 km lange Spalte. Dem anfänglichen explosiven Stadium folgten Feuerfontänen, Aschewolken und Lavaströme. Seit dem Ende der Ausbrüche von 2000 beobachten Wissenschaftler den Vulkan, da er schon längst überfällig ist.

Bei der Farm Leirubakki gibt es ein Hotel, ein Gästehaus mit Schlafsackunterkunft, einen Hot Pot, ein Restaurant und einen Campingplatz sowie Möglichkeiten zum Reiten und Angeln. Das architektonisch interessante Heklazentrum ist zurzeit geschlossen.

✣ 228 B/C3

Leirubakki
☎ 487 87 00
⊕ www.leirubakki.is

62 Eyjafjallajökull

Schon von der Ringstraße aus ist der sechstgrößte Gletscher Islands zu sehen. Unter dem Eis verbirgt sich ein Vulkan, der seit der Besiedlung Islands erst viermal ausgebrochen ist, zuletzt 2010. Die Asche, die er bei seinem letzten Ausbruch in den Himmel schleuderte, hatte tagelang den Flugverkehr in großen Teilen Europas lahmgelegt.

Die Þorvaldseyri-Farm liegt am Fuß des Eyjafjallajökull. Als der Vulkan begann, Lava zu spucken, wurde die Familie für einige Tage evakuiert, als sie wiederkam, lag die ganze Gegend unter einer dicken, klebrigen Ascheschicht. Doch schon nach vier Wochen Haus- und Hofputz war alles wieder sauber.

✣ 228 C2

63 Skógar

Zwischen Eyjafjallajökull und Mýrdalsjökull stürzt der 25 m breite Skógafoss 60 m in die Tiefe. Vom Fuß des Wasserfalls führt auf seiner Ostseite ein Pfad bis zur Kante hinauf. Wer weiter flussaufwärts wandert, kommt zu fast zwei Dutzend weiteren – allerdings nicht so spektakulären – Wasserfällen. Auch die Trekkingroute Laugavegur, die bis nach Landmannalaugar (S. 181) führt, beginnt hier. Nicht weit vom Wasserfall informiert das Regionalmuseum Skógasafn über die Region.

✣ 228 C1

Skógasafn
☎ 487 88 45 ⊕ www.skogasafn.is
🕐 Juni–Aug. tägl. 9–18, sonst 10–17 Uhr 🎟 2750 ISK, 12–17 Jahre 1500 ISK

Aschewolke über dem Eyjafjallajökull

NACH LUST UND LAUNE!

64 Kirkjubæjarklaustur

Der winzige Ort an der Ringstraße liegt inmitten einer spektakulären Vulkanlandschaft, die zum Großteil während der Laki-Katastrophe 1783/84 entstanden ist (s. rechts). Die moderne Kirche erinnert an die berühmte »Feuerpredigt« von Pfarrer Jón Steingrímsson während des Ausbruchs. Als er vor der Gemeinde wortgewaltig predigte, änderte der Lavastrom seine Richtung und verschonte den Ort. Anstelle eines Altarbildes ermöglicht ein Fenster den Blick auf den erstarrten Strom. Nicht weit entfernt lohnt die eindrucksvolle Fjaðrárgljúfur-Schlucht, durch die sich ein Flüsschen schlängelt, einen Besuch.

☩ 229 E2
⊕ www.klaustur.is

65 Lakagígar (Laki-Krater)

Einer der verheerendsten Vulkanausbrüche war die sogenannte Laki-Katastrophe, die 1783 begann. Aus einer 25 km langen Spalte im Süden der Insel loderten zahlreiche Feuer, ein Lavastrom begrub fruchtbares Land, Asche bedeckte den Boden, und die Luft roch nach Schwefel. Rund 140 Krater schleuderten Lava in die Luft; in der Folgezeit verendeten zwei Drittel des Viehs, der resultierenden Hungersnot fiel ein Fünftel der Bevölkerung zum Opfer.

Südlich von Kirkjubæjarklaustur beginnt eine Piste zu den Laki-Kratern. Heute sind die Krater zum Großteil mit einem grün-gelben Moosteppich überzogen und wirken harmlos, wer jedoch den Gipfel des 818 m hohen Berges Laki erklimmt, sieht die gesamte Kraterreihe und kann sich das ganze Ausmaß der Katastrophe vorstellen.

☩ 229 E3

66 Núpsstaður

Mehr als 50 Jahre lang hat der legendäre Postreiter Hannes

Kirkjubæjarklausturs Kirche erinnert an die »Feuerpredigt« von Steingrímsson.

Jónsson (1880–1968) vom Hof Núpsstaður Reisende sicher durch das gefährliche Flusslabyrinth des Skeidarársandur geführt. Sein Grab befindet sich hinter der Grassodenkirche von Núpsstaður. Nach Fertigstellung der Ringstraße im Jahr 1974 hat die rund 1000 km² große Skeidarársandur ihren Schrecken verloren, die karge Landschaft ist aber noch immer faszinierend.

✢ 229 F3

67 Skaftafell

Seit 2008 ist der Nationalpark Skaftafell Teil des Vatnajökull-Nationalparks. Benannt wurde die Gegend nach dem Berg Skaftafell, einem erloschenen und erodierten Vulkan. Am Südwestrand des Vatnajökull gelegen, wird er von den drei Gletscherzungen Skaftafellsjökull, Skeiðarárjökull und Öræfajökull eingerahmt. An vielen Stellen wirkt Skaftafell wie eine eisumschlossene grüne Oase. Schon lange dürfen hier keine Schafe mehr weiden, deshalb konnten Laubwälder wachsen. Wegen der Nähe der Ringstraße, des guten Besucherzentrums, der hervorragenden Infrastruktur und des sonnigen Mikroklimas herrscht hier im Sommer großer Andrang. Beliebt sind der Spaziergang zum Wasserfall Svartifoss, der in ein von Basaltsäulen umrahmtes Becken stürzt, zum Aussichtspunkt Sjonarsker mit Blick auf den Vatnajökull sowie organisierte Ausflüge auf die Gletscherzungen.

✢ 226 A2

Skaftafell Visitor Centre
☎ 470 83 00 ⊕ www.vatnajokulsthjodgardur.is
🕒 Juni–Aug. tägl. 9-19, Sept., Okt. 9-18, sonst 9/10-17 Uhr

68 Höfn

Höfn í Hornafirði – Hafen im Hornfjord – lautet der vollständige Name des kleinen Ortes auf einer Landzunge im Fjord. Der beste Hafen weit und breit war auch der Grund seiner Entstehung. Heute spielen neben der Fischerei auch Dienstleistungen und Tourismus eine wichtige Rolle. Landesweit geschätzt sind die Hummer aus Höfn. Sehenswert ist das Museum Listasafn Hornafjarðar – Svavarssafn, das vor allem Werke von Svavar Guðnason (1909 bis 1988) zeigt. Letztlich gibt es noch das Höfn Visitor Centre im Holzhaus Gamlabúð, das über den Vatnajökull-Nationalpark informiert.

✢ 227 D3

Kunstmuseum Svavarssafn
✉ Hafnarbraut 27 ☎ 470 80 50
⊕ www.visitvatnajokull.is 🕒 Juni–Aug. Mo–Fr 9-18, Sa, So 13-17, sonst Mo–Fr 9-17 Uhr 🎫 frei

Höfn Visitor Centre
✉ Heppuvegur 1 ☎ 470 83 30
⊕ https://visitvatnajokull.is, www.vatnajokulsthjodgardur.is
🕒 Juni–Aug. tägl. 9-19, Mai, Sept. 9-18, sonst 9-17 Uhr

NACH LUST UND LAUNE!

69 Stöðvarfjörður

Petra Sveinsdóttir begann schon als Jugendliche mit dem Sammeln von Steinen. Das ist der Grund, warum jährlich Tausende in Stöðvarfjörður einen Stopp einlegen. Denn Haus und Garten der 2012 verstorbenen Sammlerin bergen eine außergewöhnlich umfangreiche Stein- und Mineraliensammlung. Die meisten Ausstellungsstücke stammen aus der Umgebung ihres Heimatorts.

Blick auf den Hafen von Stöðvarfjörður

✛ 227 F5

Steinasafn Petru
✉ Fjarðarbraut 21
☎ 475 88 34 ⊕ www.steinapetra.is
🕐 Mai-Mitte Okt. tägl. 9–17 Uhr
🎫 2000 ISK, bis 14 Jahre frei

---

70 Fáskrúðsfjörður

Am Eingang von Fáskrúðsfjörður weht die französische Flagge, und alle Straßennamen sind zweisprachig auf Isländisch und Französisch. Damit soll an die bis zu 5000 französischen Fischer erinnert werden, die jedes Jahr von der Mitte des 19. Jh.s bis 1914 zum Fischen nach Fáskrúðsfjörður kamen. Das ehemalige Krankenhaus, heute das Fosshótel Eastfjords, zeigt eine Ausstellung über die französischen Fischer.

✛ 227 F5

Touristeninformation
✉ Im Fosshótel Eastfjords,
Hafnargata 11–14 ☎ 470 40 70
🕐 Ausstellung tägl. 10–18 Uhr

---

71 Egilsstaðir

Der Ort liegt in einem landwirtschaftlich genutzten Tal und dient in erster Linie als Verkehrsknotenpunkt und Dienstleistungszentrum. Einen Besuch lohnt das Ostisländische Heimatmuseum, das in zwei Dauerausstellungen über die Rentiere in Ostisland sowie das bäuerliche Leben bis zum 20. Jh. informiert.

Südwestlich von Egilsstaðir erstreckt sich über rund 25 km der See Lagarfljót (Lögurinn). In seinem trüben Wasser soll ein Seeungeheuer leben. Am Ostufer wächst Islands größter und ältester Wald: der Hallormsstaður. Auch der Hengifoss, mit 118 m Islands vierthöchster Wasserfall, lohnt einen Stopp (S. 199). Am Südende des Sees steht die Kirche von Valþjófsstaður, die wegen ihrer Tür aus dem 13. Jh. bekannt ist. Skriðuklaustur ist ein Haus im böhmischen Stil, das der Dichter Gunnar Gunnarsson (1889–1975) sich bauen ließ. In der Nähe zweigt eine Straße ab, die zum Kárahnjúkar-Damm im Hochland und zu den Ausläufern des Vatnajökull führt.

✣ 225 E1

Minjasafn Austurlands (Ostisländisches Heimatmuseum)
✉ Laufskógar 1 ☎ 471 14 12
⊕ www.minjasafn.is ◷ Mo–Sa 10–18 Uhr ✦ 1500 ISK, bis 18 Jahre frei

Touristeninformation
✉ Kaupvangur 17 (auf dem Campingplatz) ☎ 470 07 50 ⊕ https://visitegilsstadir.is/en/things-to-see/egilsstadastofa-visitor-center
◷ Juni–Aug. tägl. 7–23, Sept. Mo–Fr 8.30–15, sonst Mo–Fr 8.30–12.30 Uhr

72 Seyðisfjörður

Wer mit dem Schiff ankommt, fährt durch einen der schönsten Fjorde Islands, mit grünen Hängen und nach oben hin gestuften Basalt- und Schlackeschichten. Auch der Ort selbst zählt wegen seiner bunten Holzhäuser zu den schönsten Islands. Viele stammen noch vom Anfang des 20. Jh.s, als norwegische und dänische Kaufleute hier vom Herings-Boom profitierten. Sie brachten die bunten Holzhäuser ebenso wie die blaue Kirche als Bausatz aus der Heimat mit. Zu Beginn des 20. Jh.s war Seyðisfjörður Technik-Vorreiter, die erste Untersee-Telefonleitung ins Ausland und die erste Telefonzentrale Islands gab es hier. Auch das erste Wechselstromkraftwerk ging in dem Ort in Betrieb. Das Technikmuseum Ostislands, das diese Zeit illustrierte, wurde 2020 bei einem Erdrutsch zerstört. Die Sammlungen konnten teilweise gerettet werden. Bis zur Fertigstellung eines neuen Museumsgebäudes gibt es eine provisorische Ausstellung. Zeitgenössische Kunst aus dem In- und Ausland präsentiert das preisgekrönte Kulturzentrum Skaftfell, in dem es auch ein nettes Bistro gibt.

✣ 225 F1

Skaftfell
✉ Austurvegur 42 ☎ 472 16 32 ⊕ www.skaftfell.is ◷ Juni–Aug. Di–Fr 11–15, Sa 12–16 Uhr, sonst kürzer ✦ frei

Touristeninformation
✉ Ferjuleira 1 ☎ 472 15 51 ⊕ https://visitseydisfjordur.com ◷ Mai–Sept. Mo–Fr 9–16 Uhr sowie während der Liegezeiten der Kreuzfahrtschiffe. Die Fähre »Norröna« der Smyril Line (S. 207) fährt wöchentlich die Strecke von Hirtshals nach Seyðisfjörður mit Stopp auf den Färöer-Inseln.

73 Bakkagerði

Auf teils unbefestigten Straßen fährt man durch menschenleere Landschaft, bevor man nach Bakkagerði mit rund 100 Einwohnern kommt. Der Ort besitzt einen Hafen und eine Kirche mit einem Schatz – ein Altarbild des Malers Jóhannes Sveinsson Kjarval (S. 59), der hier aufgewachsen ist. Das Bild zeigt Jesus bei der Bergpredigt auf der Álfaborg, einem Hügel, in dem die isländische Elfenkönigin leben soll. Wanderkarten für Wanderfexe gibt es im Ort bei Álfasteinn oder im Touristenbüro in Egilsstaðir.

✣ 225 F3

Wohin zum ... Übernachten?

Preise für ein Doppelzimmer mit Frühstück:
€ unter 20 000 ISK
€€ 20 000–40 000 ISK
€€€ über 40 000 ISK

BAKKAGERÐI

Álfheimar Guesthouse €€
In dem lang gestreckten roten Haus in Solitärlage gibt es 32 Zimmer, außerdem ein Restaurant. Arngrímur Viðar Ásgeirsson und seine Frau Þórey Sigurðardóttir sorgen für eine äußerst herzliche Atmosphäre. Das Haus ist ein ideales Quartier als Ausgangspunkt für Wanderungen.
✝225 F2 ☎861 36 77 ⊕www.alfheimar.com

EGILSSTAÐIR

Gistihusið Egilsstöðum €€€
In der Nähe des Ortes, aber ruhig am Seeufer gelegen. 50 moderne Zimmer mit Bad warten im Gutshaus vom Anfang des 20. Jh.s auf Gäste. Im Restaurant bekommt man hervorragende Steaks von Tieren der eigenen Farm.
✝225 E1 ☎471 11 14
⊕www.lakehotel.is

Hallormsstaðaskógur Camping €
Der Campingplatz liegt in Atlavík direkt am Seeufer. Bei Isländern ist der Platz sehr beliebt, denn hier kann man Zelt und Wohnwagen mitten im Wald aufstellen. Wegen des kalten Wassers nutzen nur die Wenigsten den Kiesstrand zum Baden, alternativ kann man Boote ausleihen.
✝225 E1 ☎470 20 70 oder 849 14 61

Móðir Jörð Organic B&B €€
Wer Wert auf allerbeste Bio-Qualität beim Essen legt, ist auf der mehrfach ausgezeichneten Biofarm gut aufgehoben. Im »Milchhaus« mit eigener kleiner Küche können 3-4, im Cottage 2 Personen schlafen. Und zum Frühstück gibt es selbstgemachte Marmelade und Brot.

✝225 E1 ✉Vallanes, 16 km südlich von Egilsstaðir ☎471 17 47 ⊕https://modirjord.com
🕒 April–Oktober

FÁSKRÚÐSFJÖRÐUR

Fosshótel Eastfjords €€/€€€
Aus Alt mach Neu – das ist hier besonders gut gelungen, denn das Gebäude ist schon mehr als 100 Jahre alt und diente früher als Hospital für französische Seeleute. Die Pluspunkte sind helle Räume und die Lage direkt am Wasser mit eigenem Steg – fantastische Ausblicke inbegriffen. Das hervorragende Restaurant L'Abri bietet französisch-skandinavische Küche.
✝227 F5 ✉Hafnargata 11–14 ☎470 40 70
⊕www.islandshotel.is

HVERAGERÐI

Frost og Funi €€€
Hveragerði liegt mitten in einem Hochtemperaturgebiet, das merkt man auch in diesem Hotel. Beim Blick aus dem Fenster und von den heißen Pötten aus sieht man die dampfenden Berghänge. Direkt vor der Tür entweicht kochend heißer Dampf aus einer Erdspalte; in die hält man für einige Minuten sein Frühstücksei. Reichhaltiges Frühstücksbüfett und ein Restaurant mit guter isländischer Küche.
✝219 E2 ✉Hverhamar ☎483 49 59 ⊕www.frostogfuni.is, www.frostandfire.is

HVERAVELLIR

Hveravellir €/€€
In unmittelbarer Nähe des Thermalgebiets und des Naturpools gibt es einen einfachen Campingplatz sowie eine schlichte Unterkunft mit Schlafsälen für jeweils acht bis zwölf Personen. Im neuen Gebäude gibt es Zimmer mit bis zu drei Betten und Gemeinschaftsdusche/WC. Bettzeug und Frühstück können bestellt werden, eine Reservierung ist notwendig, da das Haus immer gut gebucht ist. 38 km nördlich von Hveravellir liegt die Áfangi-Berghütte, die auch einfache Zimmer anbietet.
✝222 C1 ☎452 42 00 ⊕http://hveravellir.is

Zelten inmitten spektakulärer Natur auf dem Campingplatz Skaftafell

KIRKJUBÆJARKLAUSTUR

Hörgsland á Siðu €€€
13 neue, großzügige, sehr gut ausgestattete Ferienhäuser 5 km östlich von Klaustur in schöner Lage am grünen Berghang. Platz ist für jeweils sechs Personen (zwei Räume und Balkon), Hot Pots gibt es auf dem Gelände. Frühstück und Abendessen können dazugebucht werden.
✚ 229 E2 ☎ 487 66 55
🌐 http://horgsland.is

LANDMANNALAUGAR

Berghütte €
Die Hütte des Isländischen Wandervereins bietet neben einem Proviantverkauf Schlafsackunterkünfte für bis zu 78 Personen. Unbedingt reservieren! Außerdem gibt es noch einen Campingplatz.
✚ 228 C3 ☎ 860 33 35
🌐 www.fi.is
🕐 Mai–Ende Okt.

SEYDISFJÖRÐUR

Hafaldan Hostel €/€€
Relativ einfach und rustikal kommen Reisende in der etwas außerhalb des Ortes am Fjord gelegenen Jugendherberge unter, die in der Vergangenheit als Heringsstation diente. Die Rezeption ist im zweiten Hostel in der Suðurgata 8 (€€) untergebracht.
✚ 225 F1 ✉ Ránargata 9 ☎ 611 44 10 🌐 www.hostel.is 🕐 April–Ende Okt.

Hótel Aldan €€€
Hier übernachten Sie in komfortablen Doppelzimmern in perfekt sanierten historischen Holzhäusern. Insgesamt eine sehenswerte Mischung aus Komfort und nostalgischem Charme.
✚ 225 F1 ✉ Norðurgata 2
☎ 472 12 77 🌐 https://hotelaldan.is

SKAFTAFELL

Campingplatz Skaftafell €
Direkt am Besucherzentrum liegt der große und stets gut besuchte Campingplatz. Er ist ideal gelegen für Wanderungen und Gletschertouren.
✚ 226 A2 ☎ 470 83 00 🕐 ganzjährig geöffnet

VESTMANNAEYJAR

Hótel Vestmannaeyjar €€/€€€
Von den 43 komfortablen Zimmern des mitten in Heimaey gelegenen Hotels befinden

sich 24 in einem Neubau. Hier sind die Räume größer, aber auch der Rest des Hauses wurde saniert. Spezialität des Hotelrestaurants sind Meeresfrüchte.
✛228 B1 ✉Vestmannabraut 28 ☎481 29 00
⊕www.hotelvestmannaeyjar.is

VÍK Í MYRDAL

Hotel Dyrhólaey €€/€€€
Seit 1993 ist das 9 km westlich von Vík gelegene, ganzjährig geöffnete Gästehaus ständig gewachsen, mittlerweile umfasst es 150 Zimmer, alle mit Bad, in drei Flügeln. Es gibt ein hauseigenes Restaurant.
✛229 D1 ✉Ás ☎487 13 33 ⊕www.dyrholaey.is

Wohin zum ... Essen und Trinken?

Preise für ein Hauptgericht ohne Getränke:
€   unter 3500 ISK
€€   3500–6000 ISK
€€€ über 6000 ISK

FÁSKRÚÐSFJÖRÐUR

Café Sumarlína €
Von der Sonnenterrasse genießt man den Blick über den Hafen. Neben Lamm und Fischsuppe gibt es Pizzas und Burger.
✛227 F5 ✉Búðavegur 59 ☎475 15 75
⊕https://sumarlina.is ⏱Sommer Mo–Fr 11–20, Sa, So 14–20 Uhr

HÖFN

Otto Matur & Drykkur €€
Isländische Küche mit französischem Touch in einem urigen, gemütlichen Restaurant.
✛227 D3 ✉Hafnarbraut 2 ☎478 18 18
⏱im Sommer tägl. 17–21 Uhr

HVERAGERDI

Hver Restaurant €€/€€€
Burger und andere kleine Gerichte oder auch den Fang des Tages gibt es in diesem Hotelrestaurant zu moderaten Preisen.
✛219 E2 ✉Breiðamörk 1C ☎483 47 00
⊕https://hverrestaurant.is ⏱tägl. 12–22 Uhr

KIRKJUBÆRJAKLAUSTUR

Systrakaffi €/€€
Konkurrenzlos am Ort und deshalb immer gut besucht. Es gibt Pizza, Burger, Fisch, Fleisch.
✛229 E2 ✉Klausturvegur 13 ☎487 48 48
⊕www.systrakaffi.is ⏱tägl. 12–21 Uhr

SEYDISFJÖRÐUR

Norð Austur Sushi & Bar €/€€€
Sushi in Perfektion! Das Beste aus dem Meer um Island, in japanischer Tradition zubereitet.
✛225 F1 ✉Norðurgata 2 ☎787 40 00 ⊕www.nordaustur.is ⏱Mi bis So 17–22 Uhr. Die Bar ist meist länger offen, laut Betreiber richten sich die Zeiten »nach der Stimmung und der Windrichtung«.

VÍK Í MYRDAL

Halldórskaffi €
Nach dem Besuch des Brydebúð kehren viele im Café nebenan ein und lassen sich Pizza, Burger oder Kaffee und Kuchen schmecken.
✛229 D1 ✉Víkurbraut 28 ☎487 12 02
⊕www.halldorskaffi.is ⏱tägl. 12–21 Uhr

Wohin zum ... Einkaufen?

EGILSSTAÐIR

Hús Handanna Icelandic Art & Design Shop
Souvenir- und Kunsthandwerkladen, der mehr als den üblichen Kitsch anbietet.
✛225 E1 ✉Miðvangi 1-3 ☎471 24 33
⏱Mo–Fr 11–18, Sa 12–15 Uhr

STÖÐVARFJÖRÐUR

Gallerí Snærós
Einheimische Künstler betreiben die alteingesessene Galerie. Sie stellen hier ihre

Ein ruhiges Plätzchen für Künstler und Wissenschaftler: Skálanes

Bilder und Grafiken, ihre Keramik sowie Schmuck und Textilien aus.
✆ 227 F5 ✉ Suðurfjarðavegur ☎ 849 86 30
🕐 Juni–Sept. Mo–Sa 11–17 Uhr

VÍK Í MYRDAL

Icewear
Großer Shop für Outdoor-Bekleidung, Wollwaren und Souvenirs.
✆ 229 D1 ✉ Austurvegi 20 ☎ 555 74 00
🌐 www.icewear.is 🕐 tägl. 9–21 Uhr

Wohin zum … Ausgehen?

HÖFN

Jöklajeppar
Fahrten mit Jeeps und Schneemobilen auf den Vatnajökull.
✆ 227 D3 ✉ Vagnsstaðir (westl. von Höfn)
☎ 478 10 00 🌐 www.glacierjeeps.is

SEYDISFJÖRÐUR

Skálanes
Am Ostufer des Seyðisfjörður, rund 18 km vom Ort entfernt, befindet sich das Natur- und Kulturzentrum Skálanes. Etwa die Hälfte der Strecke kann man mit einem Pkw fahren, für den Rest braucht man ein Allradfahrzeug. Alternativ kann man auf dem Küstenweg wandern gehen. Rund um Skálanes gibt es eine vielfältige Vogelwelt. Das Farmhaus bietet Wissenschaftlern und Künstlern Unterkunft für Aufenthalte und Studien.
✆ 225 F1 ☎ 779 70 08 🌐 http://skalanes.com

SKAFTAFELL

Gletschertouren
Diverse Veranstalter bieten von Mitte Mai bis Mitte September kurze und längere Gletschertouren an. Die Büros befinden sich direkt neben dem Nationalparkzentrum, in der Regel muss man nicht im Voraus buchen.
✆ 226 A2 ☎ 587 99 99 🌐 www.mountainguides.is 🕐 tägl. ab 9 Uhr 💰 ab 10 500 ISK

Island ist ein Eldorado für Wanderer. Vielerorts kann man auf leichten oder auch anspruchsvollen Wegen die Schönheit des Landes bestaunen.

Wanderungen & Touren

Im Selárdalur kann man ein Märchenschloss besuchen, zum Hengifoss führt ein leichter Wanderweg.

Seite 194–201

Ausflug ins Selárdalur

Was?	Autotour an der menschenleeren Küste entlang
Wann?	Im Sommer
Länge	90 km (Hin- und Rückweg)
Dauer	2–4 Std. (je nach Anzahl der Zwischenstopps)
Start/Ziel	Tálknafjörður A220 B3

Von dem winzigen Ort Bíldudalur, der mit zwei Museen aufwarten kann, geht die Fahrt am Ufer des Arnarfjörður in Richtung Norden, fast bis zur Spitze der menschenleeren Halbinsel. Grüne Wiesen, einsame Strände, beeindruckende Basaltberge und ein sonderbarer Skulpturengarten warten auf Sie.

1–2

Samúel Jónssons »Märchenschloss« mit Skupturenpark in Selárdalur

Von Tálknafjörður auf der Straße 63 kommend, biegen Sie beim Erreichen des Arnarfjörður links ab und erreichen nach wenigen Hundert Metern Bíldudalur. Der heute winzige Ort mit knapp 200 Einwohnern war früher einer der wichtigsten

Standorte der Fischerei. Garnelenfang und -verarbeitung sowie ein wenig Tourismus sind heute die Haupteinnahmequellen. Der Abstecher lohnt sich, denn Bíldudalur ist der Schönwetterort der Westfjorde und leistet sich den Luxus von zwei ziemlich skurrilen Museen.

Jon Kristian Olafsson, in den 1960er-Jahren Sänger der isländischen Gruppe Facon, betreibt seit 2000 das wahrscheinlich kleinste Musikmuseum der Welt. Sein ganzer Stolz ist seine Schallplattensammlung, die mittlerweile jeden Winkel seines Hauses ausfüllt, das gleichzeitig als Museum dient. Nur rund 300 Besucher verirren sich pro Jahr in sein Musikmuseum der Erinnerungen (Melódíur minninganna) und jeder wird von Jon Kristian herzlich empfangen.

Gleich gegenüber vom Musikmuseum befindet sich das Skrímslasetur, das Museum der Seemonster. In der Vergangenheit sollen in den Westfjorden immer wieder Seemonster gesichtet worden sein. Þorvaldur Friðriksson hat die schaurigen Geschichten gesammelt und sie multimedial für das Museum in der ehemaligen Konservenfabrik aufbereitet.

2-3

Fahren Sie vom Museum der Seemonster weiter in nördlicher Richtung. Nach den letzten Häusern wird die Straße 619 zur holprigen, unbefestigten Piste, die aber mit normalen Wagen problemlos zu befahren ist. Bis Selárdalur führt die Straße aussichtsreich am Ufer des Arnarfjörður entlang. Schon nach wenigen Kilometern kommen Sie zur ersten Bucht mit strahlend weißem Sand, im weiteren Verlauf folgen noch weitere sandige Küstenabschnitte, die aber kleiner sind. Auf der Landseite liegen grüne Wiesen, dunkle Basaltberge und tiefe Täler. Bis auf ganz wenige Bauernhöfe ist praktisch die gesamte Halbinsel verlassen.

Auch Selárdalur ist einer dieser fast entvölkerten Orte in den Westfjorden. Überraschend adrett wirkt dennoch die kleine Kirche von 1861. Doch Besucher kommen vor allem, um das Vermächtnis des Künstlers Samúel Jónsson (1884 bis 1969) zu sehen. Kauzig und eigenwillig muss er gewesen sein, denn als niemand sein selbst gemaltes Altarbild in der Kirche aufhängen wollte, baute er sich einfach eine eigene und hängte es dort auf. Sein kleines Wohnhaus nebenan ist

verspielt wie ein Märchenschloss, ebenso die Betonskulpturen ringsherum: Pferde, Löwen, Robben und Seepferdchen bilden einen kleinen Skulpturenpark. Nach seinem Tod verwitterten die Kunstwerke, doch mittlerweile scheinen sie – auch dank des deutschen Bildhauers Gerhard König – vor dem Verfall gerettet zu sein.

3–1
Zurück geht's auf demselben Weg.

KLEINE PAUSE

Café Vegamót: Tjarnarbraut 2, Bíldudalur, Tel. 456 22 32, tägl. 10–21, Fr bis 22 Uhr

Das **Café Vegamót** in Bíldudalur serviert neben Kaffee, Kuchen und Waffeln auch Burger, Fish & Chips oder Lammbraten. Angeschlossen ist ein kleiner Laden für den täglichen Bedarf, ein netter Treffpunkt der Einheimischen.

Musikmuseum
✉ Tjarnarbraut 5, Bíldudalur
☎ 847 25 45
🕑 Juni-Aug. Mo–Fr 14–18 Uhr, sonst nur nach Voranmeldung

Skrímslasetur (Museum der Seemonster)
✉ Tjarnarbraut 7, Bíldudalur
☎ 456 66 66 ⊕ www.skrimsli.is 🕑 Mitte Mai bis Mitte Sept. tägl. 10–18 Uhr
🎫 1500 ISK, bis 10 Jahre frei

Aufstieg zum Hengifoss

Was?	Wanderung zum dritthöchsten Wasserfall Islands
Wann?	Im Sommer
Länge	5 km (Hin- und Rückweg)
Dauer	2 Std. (für Hin- und Rückweg)
Start/Ziel	Parkplatz an der Str. 933 rund 30 km südwestlich von Egilsstaðir ✢227 D5

Die kurze Wanderung zum dritthöchsten Wasserfall Islands bietet Säulenbasalt wie aus dem Lehrbuch und schöne Ausblicke auf den lang gestreckten See Lagarfljót.

1–2
In der Nähe der Brücke über den See Lagarfljót befindet sich ein Parkplatz mit Informationstafel, hier starten Sie die Wanderung zum Hengifoss, der mit 118 m immerhin Islands fünfthöchster Wasserfall ist. Anfangs gehen Sie über Stufen bergauf, danach weiter auf einem breiten, ständig ansteigenden Weg, den Bach zur Rechten. Auch im weiteren Verlauf der Wanderung gibt es keine Orientierungsprobleme, die zahlreichen Wanderer haben einen ausgetretenen Pfad hinterlassen. Wenn Sie im Sommer unterwegs sind, blühen auf den angrenzenden Wiesen Blumen wie das Stängellose Leimkraut oder Glockenblumen. Nach rund einer halben Stunde bergan haben Sie einen guten Blick auf den Litlanesfoss, und auch das Ziel, der Hengifoss, ist schon zu sehen. Weiträumig um den Litlanesfoss gruppiert sich perfekter Säulenbasalt. Diese Säulen entstehen, wenn Basaltlava langsam abkühlt. Dabei schrumpft das Gestein, und durch Spannungen entstehen Risse senkrecht zur Oberfläche. Diese Risse sind fast alle sechseckig und führen zu der im Anschnitt wabenartigen Struktur des Säulenbasalt. Wenn Sie trittsicher sind, können Sie über loses Geröll in die Schlucht am Fuß des Litlanesfoss absteigen.
    Wieder auf dem Hauptweg, können Sie nach einer weiteren halben Stunde bergauf direkt in den hufeisenförmigen Kessel sehen, in den der Hengifoss stürzt. Die Fallkante be-

steht aus hartem Basalt, die farbigen Bänder weiter unten sind aus Sandstein, der durch Einlagerungen von Eisenoxid eine rote Färbung aufweist. Am Hengifoss endet der Pfad, doch auch hier ist es möglich, meistens querfeldein und über Felsen, bis zum Fuß des Wasserfalls zu gelangen.

2–1

Der Rückweg ist wie der Hinweg, wobei sich schöne Blicke auf den lang gestreckten See Lagarfljót bieten, der von Gletschern gespeist wird und dessen Wasser deshalb eiskalt und milchig-trüb ist. Beim Abstieg sollten Sie sich viel Zeit lassen und sehr genau die Wasseroberfläche des Sees beobachten.

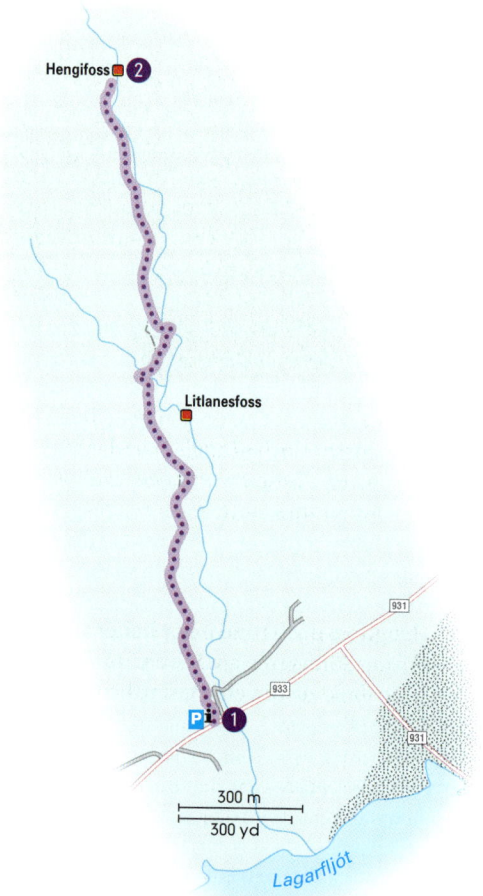

Dann gehören auch Sie vielleicht zu denjenigen, die den »Lagarfljótwurm«, sichten. Doch »Laggi«, wie das sagenumwobene Wesen von den Einheimischen liebevoll genannt wird, ist scheu wie »Nessi« im schottischen Loch Ness und zeigt sich nur sehr selten.

Der Hengifoss bietet ein beeindruckendes Panorama, das einen auf dieser Wanderung lange begleitet.

KLEINE PAUSE
Fahren Sie vom Hengifoss noch rund 6 km weiter auf der Straße 933 in Richtung Südwesten am See entlang, dann kommen sie nach Skriðuklaustur, einem stattlichen Haus im böhmischen Stil, das sich der in Island bekannte Dichter Gunnar Gunnarsson (1889–1975) bauen ließ. Im Café des Kulturzentrums, dem **Klausturkaffi,** bekommen Sie typische lokale Gerichte, aber auch Kaffee und Kuchen.

Klausturkaffi: Skriduklaustur, Egilsstadir, Tel. 471 29 90, www.skriduklaustur.is, April-Okt. tägl. 11-17, Juni & Aug. 10-18 Uhr

Dank der vielen warmen Quellen gibt es auf Island viele Möglichkeiten, in warmem Wasser zu entspannen. Hier z. B. im Thermalbad Fontana in Laugarvatn.

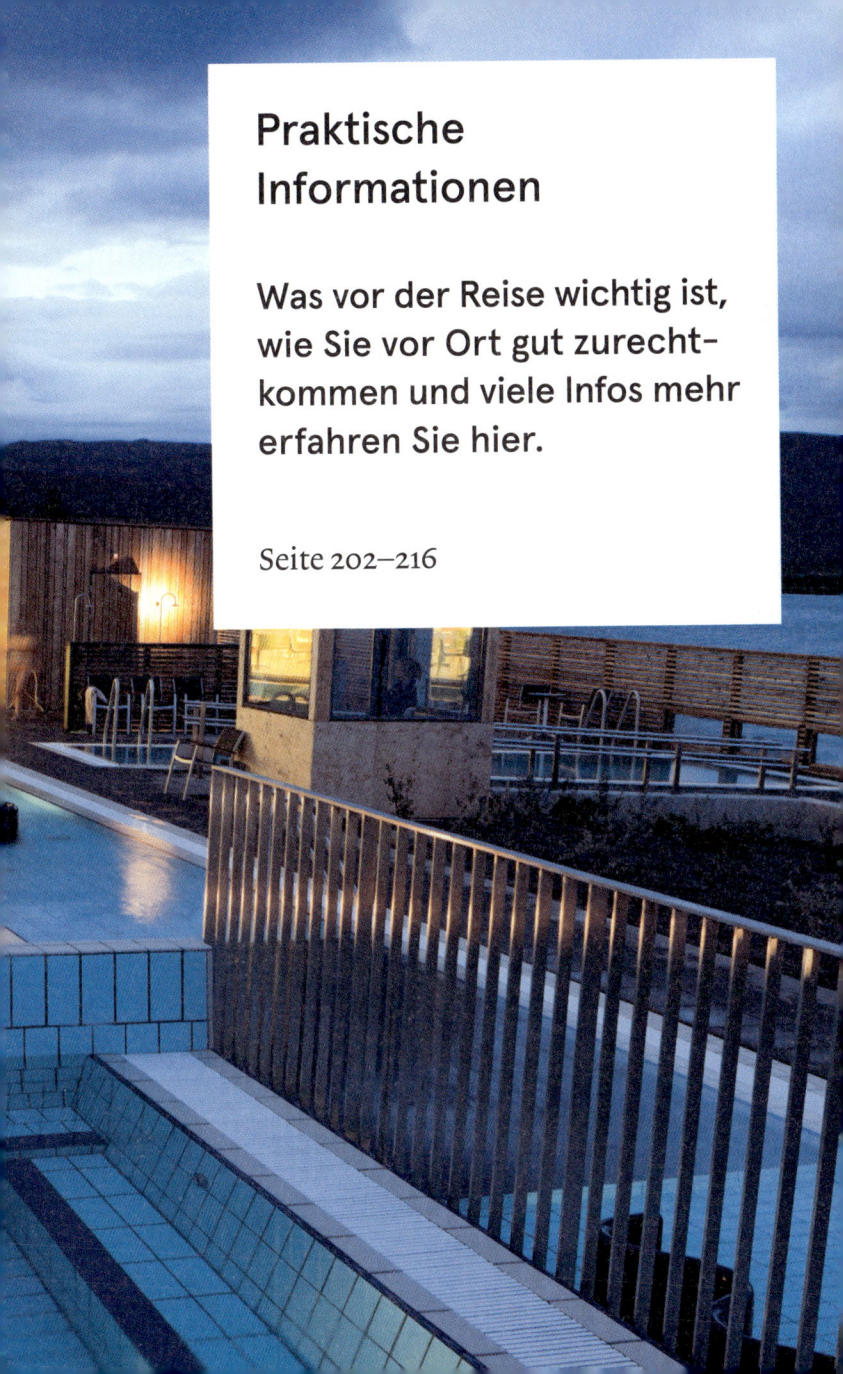

Praktische Informationen

Was vor der Reise wichtig ist, wie Sie vor Ort gut zurechtkommen und viele Infos mehr erfahren Sie hier.

Seite 202–216

VOR DER REISE

Auskunft
Eine **erste Orientierung** sowie **vielfältige Inspiration** für Reiseplanung und Aufenthalt vor Ort bieten die Reisebüros und die offiziellen Webseiten de.visiticeland.com und www.inspiredbyiceland.com. Wer sich speziell für **Touren in Island** interessiert, findet auf www.re.is und https://visitreykjavik.is umfangreiches Material dazu.

Info-Webseiten
www.government.is: Hintergrundinfos, auch über Studieren und Arbeiten in Island
www.iceland.de: Landeskunde, Reisevorschläge, Kochrezepte und mehr auf Deutsch
icelandreview.com: Informatives Allround-Magazin, auch auf Deutsch

Touristeninformation
In Reykjavík: ✉ Hverfisgata 105
☎ 454 20 00 ⊕ www.reykjaviktouristinfo.is
❶ Mo-Fr 9–16 Uhr

Botschaften bzw. Konsulate
Deutsche Botschaft Reykjavík (Þýska sendiráðið): ✉ Laufásvegur 31, 101 Reykjavík ☎ 530 11 00 ⊕ https://reykjavik.diplo.de
Österreichisches Honorargeneralkonsulat (Ræðismaður Austurríkis): ✉ Orrahólar 5, 111 Reykjavík ☎ 557 54 64
⊕ arni-siemsen@simnet.is
Schweizerisches Generalkonsulat (Ræðismaður Sviss): ✉ Laugavegi 13, 101 Reykjavík ☎ 551 71 72 ⊕ reykjavik@honrep.ch
Isländische Botschaft Berlin: ✉ Rauchstr. 1, D-10787 Berlin ☎ 030 50 50 40 00
⊕ www.government.is/diplomatic-missions/embassy-of-iceland-in-berlin
Isländische Botschaft Wien: ✉ Naglergasse 2/3/8, A-1010 Wien ☎ 01 533 27 71
⊕ www.iceland.org/at
Isländisches Konsulat Zürich: ✉ Bahnhofstrasse 70, CH-8001 Zürich ☎ 05 82 58 10 30
⊕ www.government.is/ministries/ministry-for-foreign-affairs

Elektrizität
Spannung und Stecker entsprechen europäischen Standards (50 Hz, 240 Volt); Sie können alle Ihre Geräte ohne Adapter benutzen.

Ermäßigungen und freier Eintritt
In der kurzen Hauptsaison im Juli und August sind die Preise naturgemäß am höchsten, in der Nebensaison reisen Sie deutlich günstiger. Hotels, Flüge und Mietwagen bucht man oft im Internet günstiger. Kinder erhalten grundsätzlich Ermäßigungen, in fast allen Museen und Sehenswürdigkeiten haben Kinder und Jugendliche bis 18 Jahre freien Eintritt.

Feiertage

1. Januar:	Neujahr (Nýársdagur)
Gründonnerstag	(Skírdagur)
Karfreitag	(Föstudagurinn langi)
Ostersonntag	(Páskadagur)
Ostermontag	(Annar í páskum)
3. Donnerstag im April:	Sommeranfang (Sumardagurinn fyrsti)
1. Mai:	Tag der Arbeit (Hátíðisdagur Verkamanna)
Christi Himmelfahrt	(Uppstigningardagur)
Pfingstsonntag	(Hvítasunnudagur)
Pfingstmontag	(Annar í hvítasunnu)
17. Juni:	Nationalfeiertag (Íslenski þjóðhátíðardagurinn)
1. Montag im August:	Handelsfeiertag (Verslunarmannahelgi)
24. Dezember:	Heiligabend (Aðfangadagur)
25./26. Dezember:	1./2. Weihnachtstag (Jóladagur/ Annar í jólum)
31. Dezember:	Silvester ab Mittag (Gamlárskvöld)

Geld
Währung: Landeswährung ist die Isländische Krone (Króna; ISK). Es gibt Münzen im Wert von 1, 5, 10, 50 und 100, Banknoten im Wert von 500, 1000, 2000, 5000 und 10 000 Kronen.
Wechselkurs: 1 € = ca. 150 ISK; 100 ISK = ca. 0,66 €, 1 CHF = ca. 154 ISK; 100 ISK =

ca. 0,65 CHF (aktuelle Wechselkurse im Internet: www.oanda.com/lang/de/currency/converter)

Geldautomaten: Geldautomaten heißen in Island Hraðbanki.

Kreditkarten: Kreditkarten sind das übliche Zahlungsmittel in Island, auch kleinste Beträge werden oft mit der Karte bezahlt. Alle gängigen Kreditkarten werden akzeptiert.

Sperrnummern: Unter Tel. 0049 11 61 16 kann man in Deutschland Bank- und Kreditkarten, Online-Banking-Zugänge, Handykarten und die elektronische Identitätsfunktion des neuen Personalausweises bei Verlust sperren lassen. Für Österreich gilt die Telefonnummer: 0043 1 204 88 00. Die Schweiz hat keine einheitliche Notfallnummer. Die wichtigsten sind: 0041 44 659 69 00 (Swisscard); 0041 848 88 86 01 (UBS); 0041 58 9 58 83 83 (VISECA); 0041 44 8 28 32 81 (PostFinance).

Gesundheit

Versorgung: Gesundheitszentren und Krankenhäuser gibt es in allen größeren Ortschaften. In Reykjavík gibt es bei den vielen Ärzten und Gesundheitszentren in der Regel keine langen Anmeldefristen. Informationen erhalten Sie unter Tel. 585 13 00.

Krankenversicherung: Die Europäische Krankenversicherungskarte (EHIC) sollten Sie immer dabeihaben; bei in Deutschland gesetzlich Versicherten ist sie auf der Rückseite der Chipkarte bereits enthalten. Zusätzlich ist der Abschluss einer privaten Reisekrankenversicherung empfehlenswert.

Medikamente: Apotheken (Apótek) haben während der normalen Geschäftszeiten geöffnet; viele sind auch nachts dienstbereit.

Trinkwasser: Überall in Island ist das Wasser sauber und trinkbar, auch aus Flüssen und Seen. Geruch und Geschmack nach Schwefel sind gewöhnungsbedürftig, aber gesundheitlich unbedenklich.

Sonnenbrand: Island ist nicht die Karibik, aber die klare Luft und lange Sonnenscheindauer können auch hier zu Sonnenbrand führen. Sonnenschutzmittel sollte man also immer dabeihaben.

Mückenschutz: Im Gegensatz zu Skandinavien oder anderen nördlichen Regionen gibt es in Island erfreulicherweise fast keine Mücken. Der Mývatn (Mückensee) im Norden ist eine Ausnahme: Schon der Name verrät, dass hier die Plagegeister häufiger sind.

In Kontakt bleiben

Post: Postämter (Pósthús) gibt es in allen größeren Orten; im ganzen Land sind es rund 60, erkennbar an dem roten Schild mit der Aufschrift Pósturinn.

Postkarten und Briefe bis 50 g, die man in einen der roten Briefkästen einwerfen kann, kosten in alle europäischen Länder 330 ISK (https://posturinn.is).

Telefonieren: Alle Teilnehmernummern in Island sind siebenstellig, ohne Ortsnetzkennzahl, und werden vom Ausland direkt nach der Landesvorwahl gewählt.

Telefonzellen sind im Mobilfunk-Zeitalter selten geworden, so gut wie alle Isländer benutzen Mobiltelefone (Farsími).

Das **Mobilfunknetz** ist in den Orten und entlang der Ringstraße sehr gut ausgebaut, im Hochland muss man mit größeren Funklöchern rechnen.

Internationale Vorwahlen:
Island ☎ 00354
Deutschland ☎ 0049
Österreich ☎ 0043
Schweiz ☎ 0041

Internet: Nur in großen Orten gibt es noch Internetcafés. **WLAN** bieten praktisch alle Hotels, Gästehäuser, Touristeninformationen und Bibliotheken auf Island; auch in den isländischen Restaurants und Cafés gibt es meist WLAN.

Notrufe

Die landesweite Notrufnummer:
Polizei: ☎ 112
Krankenwagen: ☎ 112
Feuerwehr: ☎ 112

Reisedokumente

Deutsche, Schweizer und Österreicher benötigen einen Pass bzw. Personalausweis, der noch mindestens drei Monate über den

Aufenthalt hinaus gültig sein muss. Bis zu drei Monate darf man im Land bleiben, danach wird eine Aufenthaltserlaubnis fällig.

Reisezeit

In Island darf man keine Temperaturen wie am Mittelmeer erwarten. Die durchschnittliche sommerliche Tagestemperatur liegt bei etwa 13 °C. Im Winter sorgt der Golfstrom dafür, dass es nicht eisig kalt wird. Im Norden fällt mehr Schnee als in Reykjavík; dagegen kann im Landesinnern selbst im Sommer Schnee fallen und ein eisiger Wind wehen. Regenbekleidung und ein effektiver Windschutz sollten nie im Gepäck fehlen, da es laut Statistik an jedem zweiten Tag regnet (im Norden seltener als im Süden). Wenn das Wetter im Norden schlecht ist, scheint im Süden meist die Sonne; das gilt auch umgekehrt.

So warm wird es in Reykjavík (durchschnittlicher Tageshöchstwert):

Januar: 1 °C
Februar: 3 °C
März: 4 °C
April: 6 °C
Mai: 10 °C
Juni: 12 °C
Juli: 13 °C
August: 13 °C
September: 11 °C
Oktober: 7 °C
November: 4 °C
Dezember: 2 °C

Sicherheit

Island gehört zu den sichersten Reisezielen weltweit. Allenfalls in der Hauptstadt Reykjavík sollte man vorsichtig sein; hier ist die Kriminalitätsrate höher als auf dem Land, aber im Vergleich zu anderen europäischen Ländern immer noch äußerst gering. Viele Isländer schließen auf dem Land ihre Häuser und Autos nicht ab. Für Touristen, die mit vollgepacktem Auto oder Wohnmobil unterwegs sind, versteht es sich aber von selbst, eine gewisse Vorsicht zu walten lassen. Alleinreisende Frauen haben in Island keine Probleme.

Zeit

In Island gilt ganzjährig die Greenwich Time, es gibt keine Sommerzeit. Im Winter ist es deshalb auf der Insel eine Stunde früher, im Sommer zwei Stunden früher als in Deutschland.

Zollbestimmungen und Haustiere

Wer beim Island-Urlaub mit dem Wohnmobil angesichts der dortigen hohen Lebensmittel- und Alkoholpreise einen Vorrat mitnehmen will, sollte die Zollbestimmungen beachten. Für Alkoholika gilt bei der **Einfuhr**: 1 l Spirituosen plus 0,75 l Wein plus 3 l Bier oder 1 l Spirituosen plus 6 l Bier oder 3 l Wein plus 6 l Bier oder 18 l Bier sind zollfrei. Für Tabakwaren gilt: Zollfrei sind 200 Zigaretten oder 250 g andere Tabakwaren. Die Altersgrenze für Alkohol liegt bei 20 Jahren, für Tabakwaren bei 18 Jahren. Pro Person dürfen 10 kg Lebensmittel nach Island gebracht werden, verboten ist die Einfuhr von Eiern und Milchprodukten; Fleisch, Geflügel und Wurstwaren sind nur als Konserven erlaubt.

Für die **Ausfuhr** gelten folgende Bestimmungen: Reiseandenken bis zu einem Gesamtwert von 430 € (Erwachsene) bzw. 175 € (bis 15 Jahre); 1 l Spirituosen mit mehr als 22 Vol.-% Alkohol oder 2 l Spirituosen mit weniger als 22 Vol.-% Alkohol (ab 17 Jahre); 200 Zigaretten – für andere Alkoholika und Tabakwaren gelten andere Mengen. Etwas abweichende Bestimmungen gelten für die Schweiz.

Informieren Sie sich genau über die einzelnen Zollbestimmungen; bei Nichteinhaltung sind empfindliche Strafen fällig: de.visiticeland.com; www.skatturinn.is

Ihre **Haustiere** sollten Sie zu Hause lassen. Die Bestimmungen für die Mitnahme sind extrem streng, eine mehrmonatige Quarantäne ist die Regel. Auch für Reit- und Angelausrüstung gibt es strenge Regeln.

ANREISE

Mit dem Flugzeug

Internationale Flüge kommen auf dem südwestlich von Reykjavík gelegenen internationalen Leifur-Eiríksson-Flughafen in Keflavík an. Flüge von Deutschland nach Island dauern drei bis vier Stunden. Keflavík erreicht man direkt und oft nonstop von Frankfurt/M., Berlin, Düsseldorf, München, Stuttgart, Hamburg und Köln/Bonn und vielen anderen deutschen Flughäfen; auch Zürich, Genf, Wien und Salzburg sind angebunden. Für alle Fluglinien – Lufthansa (www.lufthansa.com), Icelandair (www.icelandair.com), Eurowings (www.eurowings.com) oder Play (www.flyplay.com) – gilt: In der Regel werden im Sommer wesentlich mehr Flüge als im Winter angeboten. Ein vergleichender Blick ins Internet lohnt sich; vor allem die Billigfluglinien ändern häufig ihre Konditionen. Weiterflüge innerhalb Islands erfolgen vom Inlandsflughafen in Reykjavík.

Vom Flughafen in die Stadt
Zwischen dem Flughafen (www.isavia.is) und der rund 45 km entfernten Hauptstadt Reykjavík verkehrt der Flughafenbus; die Fahrt dauert rund 45 Minuten. Angefahren wird Skógarhlíð 10, 105, Reykjavík; es besteht aber auch die Möglichkeit der direkten Verbindung zu zahlreichen Hotels. Eine Fahrt kostet 3900 ISK, mit Hotelanbindung ca. 4950 ISK; Kinder bis 11 Jahre fahren gratis, 12- bis 15-Jährige für die Hälfte (https://bustravel.is). Die Busse von Keflavík nach Reykjavík fahren nach Bedarf, in der Regel etwa 45 Minuten nach der Landung.

Eine weitere Möglichkeit bietet der Airportexpress von Grayline, der auch die Hotels anfährt. Einfache Fahrt 3750 ISK, mit Hotel 4350 ISK (https://grayline.is).

Mehrere Taxiunternehmen bieten Fahrten zwischen Flughafen und Stadt; die Preise beginnen bei etwa 120 Euro.

Die Touristeninformation in der Ankunftshalle im Flughafen Keflavík bietet Infomaterial und kostenlosen Buchungsservice für Übernachtungen, Touren und Transporte.

Mit dem Schiff
Die »MS Norröna« der Reederei Smyril Line fährt wöchentlich vom dänischen Hirtshals mit einem Stopp auf den Färöer-Inseln nach Seyðisfjörður an der Ostküste Islands. In der Hauptsaison (Mitte Juni–Ende Aug.) dauert die Überfahrt rund 48 Stunden, in der Nebensaison verlängert sich der Aufenthalt auf den Färöern. (Smyril Line Deutschland: Sell Speicher Wall 55, 24103 Kiel, Tel. 0431 20 08 86; www.smyrilline.de)

Vom Hafen Seyðisfjörður fahren Linienbusse in fast alle Teile des Landes. Die Fahrt von Seyðisfjörður nach Reykjavík dauert ca. 8–9 Stunden, von Seyðisfjörður nach Akureyri ca. 5–6 Stunden.

Ausführliche Infos sind an der Touristeninformation im Hafen erhältlich (Ferjuleiru 1, Tel. 472 15 51; www.visitseydisfjordur.com; im Sommer in der Regel Mo–Fr 8–16 Uhr und während der Liegezeiten der Kreuzfahrtschiffe, sonst nur telefonisch oder per E-Mail, info@sfk.is, zu erreichen).

UNTERWEGS IN ISLAND

Mit dem Flugzeug
Die wichtigsten Orte auf Island werden von der isländischen Fluglinie Eagle Air (www.ernir.is) angeflogen, die auch Charter- und Rundflüge anbietet. Auch Iceland Air (www.icelandair.com) hat ein dichtes Netz. Drehkreuz ist der innerstädtische Flughafen von Reykjavík.

Mit dem Bus
Das Busnetz in Island ist sehr gut ausgebaut, praktisch jeder Ort ist mit dem Bus erreichbar – zumindest im Sommer. Tickets löst man an der Busstation oder direkt beim Fahrer. Wer viele Busreisen plant, sollte sich einen der diversen Buspässe besorgen. Für Hochlandexkursionen sind die geländegängigen, hochbeinigen Linienbusse bestens geeignet.

Viele Unternehmen bieten organisierte Busreisen an. Eines der größten ist Reykjavík Excursions (Informationen unter Tel. 580 54 00, www.re.is; Kinder bis 11 Jahre fahren kostenlos, Jugendliche von 12–15 Jahren zahlen die Hälfte).
Weitere Anbieter:
Westfjorde: Westfjords Adventures (https://westfjordsadventures.com)
Nordisland: SBA Norðurleið (www.sba.is)

Südisland: Trex, u. a. Linienbus zwischen Þórsmörk und Landmannalaugar (https://trex.is)

Reykjavík: Öffentlicher Nahverkehr: www.straeto.is

Mit der Fähre

Die »Baldur« fährt von Stykkishólmur über Flatey nach Brjánslækur in den Westfjorden (www.saeferdir.is; www.seatours.is).

Die »Herjólfur« bringt Passagiere vom südisländischen Bakki auf die Westmännerinseln (https://herjolfur.is).

Vom nordisländischen Dalvík gibt es regelmäßige Verbindungen zur Insel Grímsey (www.vegagerdin.is).

Mit dem eigenen Auto

In den Städten und auf der rund 1400 km langen Ringstraße fährt man weitestgehend auf Asphalt. Nebenstraßen und Hochlandrouten verfügen nur über eine Schotterdecke. In der Regel gilt: Je später die Saison, desto tiefer und zahlreicher sind die Schlaglöcher. Wenn Sie mit dem eigenen Wagen unterwegs sind, müssen Sie wegen langer Passagen auf Wellblechpisten mit erhöhtem Verschleiß rechnen, auch Steinschlag durch entgegenkommende Fahrzeuge hinterlässt oft Spuren an Lack und Scheiben.

Für die meisten Hochlandpisten, die fast alle einspurig sind, ist ein allradgetriebenes und möglichst hochbeiniges Fahrzeug wegen der nicht überbrückten Flüsse Pflicht. Abseits der Straßen zu fahren, ist strikt verboten, die Geldbußen sind hoch. Unabdingbar sind detaillierte Straßenkarten, die man an Tankstellen kaufen kann. Vor Hochlandtouren sollte man sich unbedingt über die Straßenverhältnisse informieren, beispielsweise im Internet auf https://umferdin.is/en oder telefonisch: 1777 (tägl. 6.30–22 Uhr).

Innerhalb von Ortschaften liegt die erlaubte Höchstgeschwindigkeit bei 50 km/h, auf Nebenstraßen und Schotterpisten bei 80 km/h und auf asphaltierten Strecken bei 90 km/h. Verstöße gegen die Promillegrenze von 0,5 werden streng geahndet, die Bußgelder sind deutlich höher als in Deutschland. Es gibt in der Regel wenige Warnschilder; »blindhæd« weist auf nicht einsehbare Straßenkuppen hin. Häufig sind Brücken einspurig, wer sie zuerst erreicht, hat Vorfahrt. Freilaufende Schafe, von denen es in Island viele gibt, haben immer »Vorfahrt«. Für alle Insassen gilt Anschnallpflicht, Pflicht ist ebenfalls das Abblendlicht, das auch tagsüber eingeschaltet werden muss. Die unterbrochene gelbe Linie am Straßenrand bedeutet Parkverbot, die durchgezogene Linie Halteverbot.

In der Hauptstadt sind die Tankstellen im Sommer von 7.30 bis 20, oft sogar bis 23.30 Uhr geöffnet, sonntags ab 9 Uhr, im Winter ab 10 Uhr. Es gibt aber auch zahlreiche Selbstbedienungszapfsäulen.

Vor Überlandfahrten und Ausflügen ins Hochland sollte man sich rechtzeitig mit Treibstoff eindecken.

Mietwagen

Mietwagen – vom Kleinwagen bis zum Geländewagen – kann man beispielsweise an Flughäfen und bei Reisebüros buchen; günstiger ist es aber, die Buchung bereits zu Hause im Internet vorzunehmen. Das Preisniveau liegt in der Regel über dem in Deutschland. Für die Kaution benötigt man eine Kreditkarte.

Das Mindestalter, um ein Auto zu mieten, beträgt 20 Jahre, für Geländewagen 23 Jahre, und der Fahrer muss seit mindestens einem Jahr im Besitz des Führerscheins sein; der nationale Führerschein reicht aus.

Mit normalen PKW darf man in der Regel keine Hochlandpisten befahren. Lesen Sie aufmerksam die Konditionen im Mietvertrag, Pannen und Bergungen können sehr teuer werden.

ÜBERNACHTEN

Die Zahl der Übernachtungsmöglichkeiten aller Kategorien in Island wächst stetig. Der Touristenboom war viele Jahre ungebrochen, einen kräftigen Schub hat die Fußball-EM 2016 gegeben, als die isländische Nationalmannschaft zum Star des Wettbewerbs avancierte. 2018 stagnierten die Übernachtungen, ab 2020 brachen sie wie überall wegen der Corona-Pandemie ein.

Danach erreichten die Zahlen schnell wieder das Niveau wie vor Covid-19, 2023 wurde mit 9,5 Mio. Übernachtungen ein neuer Rekord aufgestellt.

Preis für ein Doppelzimmer pro Nacht (mit Frühstück, falls angeboten):
€ bis 20 000 ISK
€€ 20 000–40 000 ISK
€€€ über 40 000 ISK

Die Preise sind in Island deutlich höher als in Deutschland. Einzige Ausnahme bilden die Campingplätze. Eine isländische Besonderheit sind die sogenannten Schlafsackunterkünfte: In Hostels, Gästehäusern, aber auch in manchen Hotels übernachtet man deutlich günstiger, wenn man auf das Bettzeug verzichtet und den eigenen Schlafsack benutzt. Vom Isländischen Tourismusrat klassifizierte Häuser (ein bis fünf »Komfortsterne«) sind an dem blau-roten Symbol am Eingang zu erkennen.

Die Hauptreisezeit liegt zwischen Mitte Juni und Ende August. Frühzeitige Buchung ist unbedingt zu empfehlen; für Reykjavík gilt das ganzjährig. Da es in Island keine Bettenburgen gibt, überhaupt keine sehr großen Häuser, sind die Unterkünfte schnell ausgebucht. Etliche Hotels und andere Unterkünfte sowie die Campingplätze sind während der Wintermonate geschlossen.

Hotels/Gästehäuser
Viele, meist ganzjährig geöffnete Häuser gehören Ketten an. Die bekanntesten Anbieter sind: www.icelandhotelcollectionbyberjaya.com, www.islandshotel.is und www.keahotels.is. Gästehäuser (Gistiheimili) sind meist kleiner und etwas billiger als Hotels, es gibt sie fast in jedem Ort. Standard und Preise variieren stark.

Ferien auf dem Bauernhof
Angeboten werden Appartements, Ferienhäuser oder Privatzimmer (mit und ohne eigenes Bad). Auch einfache Schlafsackunterkünfte sind verbreitet. Bei den gewählten Unterkünften sollte man unbedingt zuvor anrufen und nicht einfach vorbeischauen. Neben Übernachtung und Verpflegung bieten »Farm Holidays« in der Regel eine breite Palette an Freizeitangeboten, darunter Reiten, Angeln, Segeln, Gletschertouren, Schaf- und/oder Pferdeabtrieb sowie Baden und Schwimmen (www.heyiceland.is, www.farmstayplanet.com).

Hostels
Die isländischen Hostels (Farfuglaheimili, Jugendherbergen) verteilen sich auf das ganze Land, viele sind das ganze Jahr über geöffnet. In der Regel gibt es 2–6-Bettzimmer sowie Familienzimmer (www.hostel.is).

Campingplätze
Die Ausstattung der etwa 170 Campingplätze ist unterschiedlich, von sehr einfach mit nur einem WC und einem Wasserhahn, manchmal einer Dusche, bis zu gut ausgestatteten Plätzen. Durchgehend besetzte Rezeption und Shops sind eher die Ausnahme, oft kommt am Abend jemand zum Kassieren vorbei. Riesige Campingplätze wie am Mittelmeer mit Supermarkt und Animationsprogramm gibt es in Island nicht. Die Plätze sind normalerweise von Juni bis Ende August oder Mitte September geöffnet.

Freies Campen ist in den meisten Regionen Islands außerhalb der Nationalparks und Naturschutzgebiete erlaubt. Im Süden Islands ist es in bewohnten Gegenden (dazu gehören auch Parkplätze) inzwischen polizeilich verboten. Wer im Wohnmobil unterwegs ist, sollte nach Möglichkeit überall darauf verzichten.

Das Angebot an Campingplätzen ist groß, die Übernachtungspreise sind günstig. Die überaus empfindliche Natur sollte unbedingt geschont werden, und selbstverständlich dürfen keine Spuren zurückbleiben – viele Isländer ärgern sich zu Recht ungemein über diverse »Hinterlassenschaften« von Campern.

Wanderer können überall gern ihr Zelt aufschlagen; auch hier natürlich vorausgesetzt, dass sie sich umweltbewusst verhalten, also »spurlos« wieder verschwinden.

Berghütten
Der Isländische Wanderverein und der Verein Útivist unterhalten landesweit rund zwei Dut-

zend einfache Hütten für Selbstversorger. Im Hochland sind sie die einzigen Unterkunftsmöglichkeiten, daher ist der Andrang groß. Eine sehr rechtzeitige Reservierung ist unabdingbar; die Hütten entlang des beliebten Laugavegur sind Monate im Voraus ausgebucht. Die orangefarbenen Schutzhütten im Hochland sind für Notfälle reserviert und dürfen nur bei Gefahr benutzt werden.
Ferðafélag Íslands: ✉ Mörkinni 6, Reykjavík ☎ 568 25 33 🌐 www.fi.is
Ferðafélagið Útivist: ✉ Katrínartúni 4, Reykjavík ☎ 562 10 00 🌐 www.utivist.is

Ferienhäuser

Ein Ferienhaus ist eine gute Alternative für Leute, die ihren Urlaub in Ruhe verbringen wollen und ein bestimmtes Gebiet der Insel ausgiebig kennenlernen möchten. Auch für kleine Gruppen und Familien sind Ferienhäuser ideal. Noch sind sie aber lange nicht so häufig wie in Skandinavien, ihre Zahl wächst aber jährlich. Die meisten Ferienhäuser sind an Campingplätze oder Farmen angeschlossen. FeWo-direkt (www.fewo-direkt.de) hat einige Häuser im Angebot.

ESSEN UND TRINKEN

Die Isländer essen gern und gut, entsprechend reichhaltig fallen die meisten Mahlzeiten aus. Einheimische Produkte sind vor allem Fisch und Lamm, die praktisch überall auf der Speisekarte stehen. Das raue Klima und die langen Winter machten es erforderlich, dass Fisch und Fleisch traditionell oft getrocknet, in Salz eingelegt oder fermentiert wird. So gilt »Gammelhai« (Hákarl) hier als Delikatesse – der beißende Geruch des fermentierten Grönlandhais steht dem Genuss nichtisländischer Gaumen aber sehr im Wege. Eine weitere, verträglichere Besonderheit auch für die Besuchenden der Insel ist isländischer Skyr – ein traditionelles, an Joghurt erinnerndes, aber offiziell als Käse geltendes Milchprodukt, das in Island zu jeder Tageszeit gern gegessen wird.

Das Preisniveau liegt in Island deutlich über dem mitteleuropäischen Level, vor allem alkoholische Getränke verteuern den Restaurantbesuch erheblich.

Preise für ein Hauptgericht ohne Getränke:
€ bis 3500 ISK
€€ 3500–6000 ISK
€€€ über 6000 ISK

Die Mahlzeiten

Frühstück gibt es meist in Form eines Frühstücksbüfetts, das sich nicht sonderlich von internationalen Standards unterscheidet. Mit einer Ausnahme: Wie im ganzen Norden Europas dürfen auch in Island die unterschiedlich eingelegten Heringshappen (»Síld«) auf keinem Büfett fehlen.

Zwischen 12 und 14 Uhr gibt es **Mittagessen**. Wenn Sie gut und günstig essen möchten, machen Sie es wie viele Isländer: Gehen Sie zu dieser Zeit ins Restaurant. Oft werden Menüs mit Suppe und gedünstetem oder gegrilltem Fisch oder wahlweise Lamm angeboten. Für den kleinen Hunger gibt es die Tagessuppe, oft mit Nachschlag, Brot und Butter, Hamburger und Pizza. Salat- und Pastabüfetts werden mit Suppe vorweg und Kaffee hinterher zum günstigen Minimenü. Eine Delikatesse ist immer die Fischsuppe, die jedes Restaurant auf der Speisekarte hat. Alternativ kann es auch nur ein Hot Dog sein, das inoffizielle Nationalgericht der Isländer, das es an fast jeder Tankstelle gibt.

Der **Nachmittagskaffee** mit Kuchen oder Waffeln wird selten ausgelassen. Und dann folgt nach all der Schlemmerei tagsüber das **Abendessen** als die wichtigste Mahlzeit des Tages, die gern gemeinsam mit der Familie eingenommen wird.

Restaurants

In Reykjavík ist die Restaurantszene international, man kann auf höchstem Level speisen; das Restaurant »Dill« trägt den ersten Michelin-Stern in Island. Heimische Produkte gibt es natürlich überall, doch auch kreative Kombinationen mit mediterraner oder asiatischer Küche verlocken zum Ausprobieren. In kleinen Orten gibt es dagegen oft nur ein Restaurant oder sogar nur einen Schnellimbiss.

Isländer kleiden sich in der Regel sehr leger; nur am Wochenende zum Restaurantbesuch machen sie sich gern chic.

Eine Tischreservierung am Wochenende und in Spitzenrestaurants ist sehr zu empfehlen. Sind Sie privat eingeladen, punkten Sie bei der Verabschiedung mit den Worten »takk fyrir matinn« – »Danke für das Essen«.

Alkohol

Alle Alkoholika, die mehr Prozente als Leichtbier enthalten, sind nur in staatlichen Alkoholläden (»Vínbuð«) und nicht in Supermärkten erhältlich. Restaurants, Hotels und Kneipen besitzen eine Schankerlaubnis.

Natürlich trinken auch die Isländer gern Bier, in erster Linie die weltweit bekannten Importmarken. Doch die einheimische Bierproduktion steigt stetig und macht mittlerweile schon rund ein Viertel des Verbrauchs aus. Probieren Sie einmal eines der folgenden einheimischen Biere, die alle zu den beliebtesten gehören: Víking Gylltur, Víking Lager, Víking Lite, Víking Sterkur, Thule, Egils Gull und Egils Lite.

Warum der berühmt-berüchtigte »brennivín« oft auch »svarti dauði«, »Schwarzer Tod«, genannt wird, erschließt sich sofort beim Trinken.

Trinkgeld

Trinkgeld war in Island lange Zeit nicht üblich; selbst auf dem Tisch liegengelassene kleine Aufrundungsbeträge im Restaurant wurden dem Gast oft hinterhergetragen. Auf dem Land mag das heute noch gelten, aber in den Hotels, Restaurants und touristischen Einrichtungen der Hauptstadt ziehen allmählich internationale Gebräuche ein: Trinkgeld wird inzwischen gern akzeptiert. Aber niemand muss sich verpflichtet fühlen, welches zu geben.

EINKAUFEN

Die besten Shoppingangebote finden Sie in Reykjavík; die Ladenöffnungszeiten variieren zwar, doch im Normalfall können Sie bis abends einkaufen, auch an den Wochenenden. Rund um den Golden Circle und in Akureyri sind die Einkaufsmöglichkeiten ebenfalls sehr gut. An den touristischen Highlights gibt es zahlreiche Läden mit teilweise hochwertigen Souvenirs, die länger geöffnet sind. Ansonsten gilt: Viele isländische Orte haben nur wenige Hundert Einwohner, deshalb sind dort die Einkaufsmöglichkeiten sehr begrenzt (siehe auch »Öffnungszeiten«).

Der Klassiker

Beliebt, praktisch, mollig warm und sehr langlebig ist ein Islandpullover – der »Lopapeysa« –, handgestrickt und aus Schafwolle mit dem typischen Muster. Ein echter Islandpullover verträgt sogar ein paar Regentropfen; er ist aber keine Regenbekleidung. Die traditionellen isländischen Farben sind verschiedene Brauntöne und Weiß, mittlerweile gibt es die Lopapeysa auch in kräftigen Farben. Der klassische Islandpullover, so wie wir ihn heute kennen, ist eine Erfindung aus den 1920er-Jahren. Neben Pullovern werden auch Schals, Mützen und Handschuhe aus der wärmenden Wolle gefertigt. Eine große Auswahl zu fairen Preisen finden Sie bei Handprjónasamband Íslands in Reykjavík (https://handknitted.is).

Designstücke

In Island hat sich eine kleine, unabhängige Designerszene etabliert. Vor allem in Reykjavík gibt es einige edle Fashion- und Designerläden, die Schmuck, Kleidung und Haushaltsgegenstände mit originellem Touch anbieten.

Trolle und Papageitaucher

Standardsouvenirs sind Trolle in allen Größen und Papageitaucher, wobei es wohl nichts gibt, was sich nicht mit dem Motiv der putzigen Vögel verzieren lässt. Eine große Auswahl bietet The Viking in Akureyri und Reykjavík.

Musik

Die Musikszene ist für ein so kleines Land erstaunlich gut entwickelt. CDs von Weltstar Björk, die zuletzt im September 2022 mit ihrem wie immer sehr eigenwillig gestalteten, Innovation und Individualität zu einem musikalischen Gesamtkunstwerk verbindenden Album »Fossora« für Furore sorgte, stehen in vielen Regalen, auch Sigur Rós ist international bekannt.

Aber warum nicht auch mal eine CD mit Musik von Islandica, Amiina, Megas, Stuðmen, Ámý Margrét oder dem Rapkollektiv Daughters of Reykjavík mitbringen?

Zum Stöbern eignet sich das Einkaufszentrum Kringlan in Reykjavík.

Outdoor-Ausrüstung
Hochwertige Outdoor-Ausrüstung, die auch dem wechselhaften Island-Wetter gewachsen ist, finden Sie fast überall, vor allem natürlich in Reykjavík und in Vík í Mýrdal. Bekannte Marken sind 66 °North und Icewear.

Tax-Free-Einkauf
Touristen bekommen für bestimmte Waren auf Antrag die Mehrwertsteuer erstattet. Es lohnt sich also, auf Läden mit dem Tax-Free-Logo zu achten und beim Bezahlen darauf hinzuweisen. Die Erstattung beträgt bis zu 15 % des Einzelhandelspreises. Pro Kassenbon muss der Einkaufswert mindestens 12 000 ISK betragen; außer Wollwaren muss alles vor dem Einchecken am Zoll vorgezeigt werden. Alle Erstattungsgutscheine können direkt am Bankschalter der Landsbanki Íslands in der Abflughalle eingelöst werden. Weitere Auskünfte finden Sie unter www.globalblue.com.

Öffnungszeiten
Geschäfte haben Mo–Do von 9–18, Fr oft bis 19 und Sa bis mittags geöffnet. Einige Supermärkte sind täglich bis 23 Uhr sowie an Wochenenden offen, in größeren Orten auch rund um die Uhr.

Banken sind in der Regel Mo–Fr 9.15–16 geöffnet, Postämter werktags 8.30–16.30, samstags 9–12 Uhr.

Souvenirläden an den touristischen Highlights haben in der Regel im Sommer länger geöffnet.

Museen und Sehenswürdigkeiten öffnen zu unterschiedlichen Zeiten, im Winter sind viele ganz geschlossen.

Zigaretten
In allen Restaurants, Cafés sowie in öffentlichen Gebäuden ist das Rauchen verboten; es gibt auch keine Tabakwarengeschäfte oder Zigarettenautomaten. Nur ein kleines Schild in Supermärkten und Tankstellen weist darauf hin, dass hier Zigaretten verkauft werden.

AUSGEHEN

Ein echtes Nachtleben gibt es nur in Reykjavík – und dort auch nur am Wochenende. Doch dann wird richtig gefeiert, mit viel Alkohol und bis zum frühen Morgen. Einige Kneipen und Bars findet man auch in Akureyri, ansonsten werden Sie wohl in der Hotelbar landen.

Outdoor-Aktivitäten
Sehr groß ist das Angebot an Aktivitäten im Freien. Auf der Webseite des Isländischen Fremdenverkehrsvereins (de.visiticeland.com) gibt es vielfältige Anregungen.

Angeln
Kostenlos ist nur das Angeln an der Küste und auf See. Wer seine Angelausrüstung aus Deutschland mitbringt, muss sie bei der Einreise desinfizieren lassen.

Die Flüsse sind reich an Lachsen, Forellen und Saiblingen, doch Lachsangeln ist mit bis zu einigen Hundert Euro pro Tag ein teurer Spaß. Nähere Infos beim Verband der isländischen Flussbesitzer (www.angling.is).

Für alle Binnengewässer benötigt man eine Angelerlaubnis. Mit der Angelkarte (Veiðikortið) kann man eine ganze Saison lang in rund 30 Seen für 9900 ISK angeln, sie gibt es an allen N1- und Olis-Tankstellen, bei der Post, in Geschäften für Anglerbedarf oder online bei www.veidikortid.is.

Golf
Golf zählt zu den beliebtesten Sportarten in Island, es gibt fünfzehn 18-Loch-Golfplätze und fünfzig 9-Loch-Golfplätze. Die Golfsaison dauert von Ende Mai bis Mitte September; Plätze stehen auch Gästen offen. Im Licht der Mitternachtssonne finden auf Islands bekanntestem Golfplatz in Akureyri alljährlich Ende Juni die Arctic Open Golf Championship statt (www.arcticopen.is). Weitere Infos auf golficeland.org.

Radfahren

Die Umrundung der Insel auf der 1400 km langen, fast durchgehend asphaltierten Ringstraße ist schon eine größere Unternehmung. Abseits der Ringstraße gibt es fast nur Schotterstraßen. Auf heftigen Wind und längeren Regen sollte man vorbereitet sein. Auch sollte man unbedingt Werkzeug und Ersatzteile mitnehmen, denn außerhalb von Reykjavík existiert praktisch keine Infrastruktur für Radfahrer.

Die auf der Ringstraße verkehrenden Linienbusse nehmen auch Fahrräder mit – allerdings nur, wenn genügend Platz vorhanden ist.

Eine Hochlanddurchquerung mit dem Fahrrad setzt eine gute Planung voraus, vor allem die Flussüberquerungen sollte man nicht unterschätzen. Nur auf der Kjölur-Route sind alle Flüsse überbrückt. Hilfreich zur Vorbereitung größerer Touren ist die Webseite des Isländischen Mountain Bike Clubs (https://fjallahjolaklubburinn.is).

Organisierte Outdoor-Touren

Angeboten wird eine Vielzahl von Aktivitäten wie Wanderungen, Rafting, Gletschertouren, Kajaktouren, Schneemobilfahrten, Schnorcheln, Tauchen und Höhlentouren.

Reykjavík Excursions: Umfangreiches Tourenprogramm, ganzjährig, Abfahrt von Reykjavík, Zustieg ist in der Regel unterwegs möglich. (✉BSÍ Bus Terminal ☎580 54 00 ⊕www.re.is)

Arctic Adventure: Bietet seit 30 Jahren ein umfangreiches Outdoor-Programm. (✉Vatnagarðar 8, Reykjavík ☎562 70 00 ⊕https://adventures.is)

Saga Travel: Bietet hauptsächlich Unternehmungen in Nordisland. (✉Kaupvangstræti 4, Akureyri ☎558 88 88 ⊕https://sagatravel.is)

West Tours: Der Spezialist für Unternehmungen in den Westfjorden. (✉Aðalstræti 7, Ísafjörður ☎456 51 11 ⊕https://westtours.is)

Wandern

Island bietet vielfältige Möglichkeiten zum Wandern. Voraussetzung sind – selbst für kürzere Touren – feste Schuhe, die auch scharfkantiger Lava widerstehen. Auf mehrtägigen Wanderungen können Sie in Hütten des Isländischen Wandervereins übernachten, eine rechtzeitige Reservierung ist ratsam.

VERANSTALTUNGSKALENDER

Feste, Festivals und Events

Was aktuell geboten wird, erfahren Sie vor Ort in den Hotels und Touristeninformationen. Die im Folgenden aufgeführten Events finden jährlich statt.

Januar

Þorrablót: Das Mittwinterfest geht auf heidnische Bräuche zurück und wird nach dem alten nordischen Kalender gefeiert. Es gibt Gesang und Tanz und es werden traditionelle Wikinger-Speisen serviert: geräuchertes Lammfleisch, Stockfisch und »Rugbrauð«, ein im heißen Erdboden gebackenes Roggenbrot. »Brennivín« (Schnaps) darf natürlich auch nicht fehlen. Viele Restaurants bieten während des Festes traditionelle Speisen an (Ende Jan.–Ende Feb.).

Februar

Vetrarhátíð: Beim Winterlicht-Festival erhellen Illuminationen den Nachthimmel über Reykjavík. Künstler, Ausstellungen und Führungen beschäftigen sich mit Licht und Schatten und laden Besucher zum Mitmachen ein. An dem Festival beteiligen sich Galerien, Restaurants, Museen und sogar Schwimmbäder (Anfang Feb.; https://reykjavik.is/vetrarhatid, https://reykjavik.is/en/winter-lights-festival).

März

Food & Fun Festival in Reykjavík: Isländische und internationale Küchenchefs kreieren aus isländischen Zutaten ein Festivalmenü, das in den teilnehmenden Restaurants angeboten wird. An drei Tagen stehen die renommierten Köche dann selbst am Herd, am letzten Festivaltag treten sie in einem Wettbewerb gegeneinander an (Ende Feb./Anfang März; www.dineout.is/foodandfun).

Blúsfélag Reykjavíkur: Das Internationale Blues-Festival Reykjavík bringt Blues-Musiker aus Europa, Island und Nordamerika zusammen (Ende März/Anfang April; https://visitreykjavik.is).

April
Ostern: Das Osterfest bildet mit vielen Konzerten einen der musikalischen Höhepunkte des Jahres auf Island. Auf den häuslichen Frühstückstisch liegen große Praliné-Eier, und zur Feier des Tages gibt es Lammbraten.

Sumardagurinn Fyrsti: Nach dem alten skandinavischen Kalender gibt es nur zwei Jahreszeiten: Sommer und Winter. An vielen Orten wird deshalb am ersten Donnerstag nach dem 18. April schon der erste Sommertag gefeiert. Auch wenn das Wetter vielleicht noch nicht mitspielt, zieht es alle nach draußen, die Flaggen werden aufgezogen und Paraden abgehalten. Auch Sportveranstaltungen stehen auf dem Programm.

Juni
Reykjavík Arts Festival: Auf dem Programm des größten Kunstfestivals Islands stehen zahlreiche Ausstellungen und Veranstaltungen zu den verschiedenen Ausdrucksformen moderner Kunst – von Konzerten über Tanz bis zu Theater und Oper (Juni; www.listahatid.is).

Sjómannadagur: Am ersten Sonntag im Juni wird traditionell in vielen Orten der Seemannstag gefeiert. An diesem Tag bleiben alle Schiffe im Hafen. Ein Besuch lohnt besonders im West Harbour von Reykjavík, in Bolungarvík, Patreksfjörður und Grindavík.

Wikingerfestival in Hafnarfjörður: Rund um das Hotel Fjörukráin treffen sich die Wikinger zum Markt, Geschichtenerzählen, Bogenschießen, Spielen, Musizieren und zu Schaukämpfen (Mitte Juni; www.fjorukrain.is).

Unabhängigkeitstag: Am Geburtstag des Freiheitskämpfers Jón Sigurdsson wird mit farbenprächtigen Paraden, festlichen Reden, Musik und Tanz gefeiert. Besonders prächtig sind die Feiern in Reykjavík (17. Juni).

Mittsommer: Am längsten Tag des Jahres wird, vor allem auf dem Land, ein fröhliches Fest mit Tanz und Musik rund um das Mittsommerfeuer gefeiert (zwischen 21. und 24. Juni).

Landsmót Hestamanna: Beim alle zwei Jahre stattfindenden Pferdefest öffnen Gestüte und Reiterhöfe ihre Tore und laden Besucher ein, einen Blick in ihre Ställe zu werfen. Von Zuchtschauen bis zum Sattelmachen stehen verschiedene Events rund um das Islandpferd auf dem Programm. Zuletzt fand das Landsmot im Juli 2024 in Reykjavík statt (www.landsmot.is).

Juli
Laugavegurinn Marathon: Wanderer lassen sich für den Laugavegur-Ultramarathon in der Regel drei Tage Zeit, echte Marathonläufer benötigen für die 55 km lange Strecke nur einige Stunden. Das Landschaftserlebnis dürfte in jedem Fall beeindrucken (Mitte Juli; www.laugavegshlaup.is).

August
Reykjavík Pride: Während der sechstägigen Veranstaltung feiert die schwul-lesbische-Szene mit einer Vielzahl von Konzerten, Tanzveranstaltungen und Ausstellungen. Am Schlusstag zieht ein farbenprächtiger Umzug durch das Zentrum der Hauptstadt (Anfang Aug.; hinsegindagar.is).

Fiskidagurinn Mikli: Während einer Woche im Jahr platzt das kleine Örtchen Dalvík aus allen Nähten. Denn dann strömen bis zu 70 000 Besucher zum Fischfest. Im Hafen gibt es zum großen Meeresfrüchte- und Fischbüfett ein Unterhaltungsprogramm mit Tanz und Feuerwerk (1. oder 2. Augustwochenende; www.fiskidagurinnmikli.is).

Reykjavík Culture Night: Mit dem Zieleinlauf der letzten Teilnehmer des Reykjavík-Marathons beginnt in der Hauptstadt die Culture Night. Neben Museen und Theatern werden auch Straßen und Plätze zu kulturellen Orten. Rund 600 Veranstaltungen machen die Kulturnacht zum größten Fest Islands (Mitte Aug.; https://reykjavik.is/en/culture-night).

Jökulsárlón-Feuerwerk: Die Gletscherlagune an der Südküste ist die fantastische Kulisse für das alljährliche Feuerwerk (Mitte/Ende Aug.; https://visitvatnajokull.is).

September
Rettir: Nachdem die Tiere den Sommer frei das Hochland durchstreift haben, treiben Bauern ihre Schafe und Islandpferde in die Winterquartiere. Für die Farmer ist es harte Arbeit, für Besucher ein großes Vergnügen. Nach dem Zusammentrieb wird gemeinsam

gefeiert, mit traditionellen Liedern und Tänzen (Anfang Sept. bis Anfang Okt.; genaue Termine in den Touristenbüros erfragen).

Oktober
Imagine Peace Tower: Am 9. Oktober – John Lennons Geburtstag – schaltet seine Witwe Yoko Ono den Imagine Peace Tower auf der kleinen vor Reykjavík gelegenen Insel Viðey an. Bis zum 8. Dezember, dem Tag, an dem John Lennon 1980 in New York erschossen wurde, erhellt der Lichtstrahl aus dem »Wunschbrunnen« dann von Sonnenuntergang bis Mitternacht den Himmel (9. Okt.–8. Dez.; imaginepeacetower.com).

November
Iceland Airwaves, Reykjavík: Islands bekanntestes Musikevent hat fast schon legendären Status, seit es im Jahr 1999 zum ersten Mal stattfand. Mit vielen Bands aus den USA, Island und Europa (Anfang Nov.; https://icelandairwaves.is).

SPRACHE

Isländisch ist eine germanisch-nordische Sprache, die seit der Besiedlung durch norwegische Einwanderer wegen der isolierten Insellage weitgehend unverändert geblieben ist. Die sprachliche Eigenständigkeit ist ein wichtiger Bestandteil der isländischen Kultur.

Es wird versucht, eine Überfrachtung mit Fremdwörtern zu vermeiden, stattdessen werden moderne Begriffe, die es im altisländischen Wortschatz nicht gab, durch Umschreibungen gebildet. So entstand das Wort »tölva« (Computer) aus den Worten »tala« (Zahl) und »völva« (Wahrsagerin).

Die Buchstaben c, q, w und z fehlen im isländischen Alphabet, dafür gibt es die Sonderzeichen ð, und æ, außerdem kommen die Vokale a, e, i, o, u und das y mit und ohne Akzent vor, was eine unterschiedliche Aussprache zur Folge hat. Die Aussprache des Isländischen ist relativ schwierig und gelingt wenigen Besuchern auf Anhieb. Glücklicherweise sprechen viele Isländer gut Englisch, einige auch Deutsch, sodass Verständigungsschwierigkeiten nur selten vorkommen.

Immer zu gebrauchen

ja	já
nein	nei
bitte	gjörðu svo vel
danke	takk
Guten Morgen/ Guten Tag	Góðan daginn
Guten Abend	Gott kvöld
Gute Nacht	Góða nótt
Auf Wiedersehen	Vertu sæll
Entschuldigen Sie	Afsakið
Wo ist ...?	Hvar er ...?

Unterkunft

Gästehaus	gistiheimili
Hotel	hótel
Jugendherberge	farfuglaheimili
Zimmer	herbergi
Dusche	sturta
Schlafsack	sumarhús

Essen und Trinken

Restaurant	veitingastaður
Frühstück	morgunmatur
Mittagessen	hádegismatur
Abendessen	kvöldmatur
Bier	bjór/öl
Butter	smjör
geräuchertes Lammfleisch	hangikjöt
getrockneter Fisch	harðfiskur
Haifisch	hákarl
isländischer Quark	skyr
Käse	ostur
Milch	mjólk
Sandwich	samloka
Rotwein	rauðvín
Weißwein	hvítvín

Unterwegs

Einbahnstraße	einstefna
Fähre	ferja
Fahrplan	ferðaáætlun
Freibad	sundlaug
Gefälle	brekka
Hafen	höfn
hin und zurück	fram og tilbaka
Information	upplýsingar
Krankenhaus	sjúkrahús
nach links	til vinstri

Polizei	**lögregla**
Post	**póstur**
Straße, Weg	**gata, braut, vegur**
Tankstelle	**bensínstöð**
Taxi	**leigubíll**
Telefon	**sími**
Überlandbus	**rúta**
unübersichtliche Strecke	**blindhæð**
Vorsichtig fahren	**akið varlega**
Werkstatt	**verkstæði**

Geografische Begriffe

Norden	**norður**
Süden	**suður**
Osten	**austur**
Westen	**vestur**
Berg	**fjall**
Gebirge	**fjöll**
Bucht	**vik**
Ebene	**völlur**
Fjord/Fjorde	**fjörður/firðir**
Fluss	**á**
Flussufer	**bakki**
Gletscher	**jökull**
heiße Quelle	**hver**
Höhle	**hellir**
Hof	**bær**
Insel	**ey/eyja**
kleine Insel	**hólmi, hólmur**
Kiesfläche	**melur**
Lavafeld	**hraun**
Sandbank an Flüssen	**eyri**
Sand- oder Kieswüste	**sandur**
See	**vatn**
Tal	**dalur**
Teich	**tjörn**
Wald	**skógur/mörk**
Warme Quelle	**laug**
Wasserfall	**foss**

Wetter

bewölkt	**skýað**
Nebel	**þoka**
Regen	**rigning**
Sonnenschein	**sólskín**
Sturm	**stormur/rok**
Wettervorhersage	**veðurspá**

Wochentage

Montag	**mánudagur**
Dienstag	**þriðjudagur**
Mittwoch	**miðvikudagur**
Donnerstag	**fimmtudagur**
Freitag	**föstudagur**
Samstag	**laugardagur**
Sonntag	**sunnudagur**

Zahlen

0	**núll**
1	**einn, eitt**
2	**tveir**
3	**þrir**
4	**fjórir**
5	**fimm**
6	**sex**
7	**sjö**
8	**átta**
9	**níu**
10	**tíu**
100	**hundrað**
1000	**þúsund**

Reiseatlas

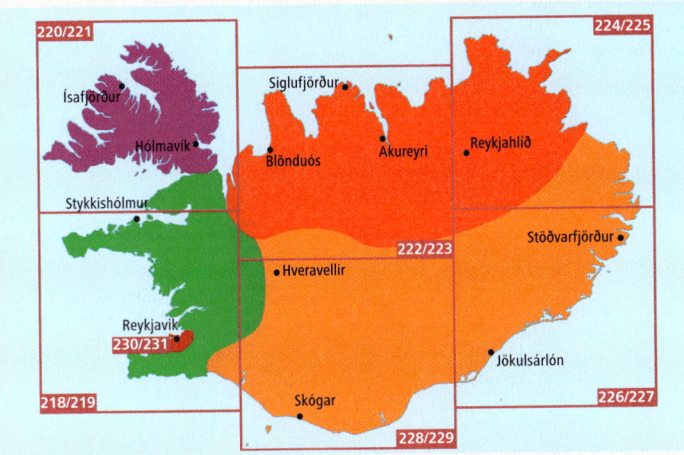

Legende

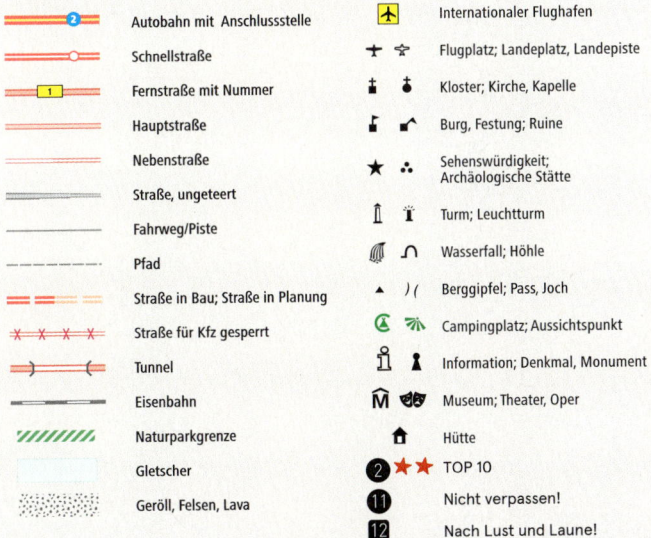

Autobahn mit Anschlussstelle	Internationaler Flughafen
Schnellstraße	Flugplatz; Landeplatz, Landepiste
Fernstraße mit Nummer	Kloster; Kirche, Kapelle
Hauptstraße	Burg, Festung; Ruine
Nebenstraße	Sehenswürdigkeit; Archäologische Stätte
Straße, ungeteert	Turm; Leuchtturm
Fahrweg/Piste	Wasserfall; Höhle
Pfad	Berggipfel; Pass, Joch
Straße in Bau; Straße in Planung	Campingplatz; Aussichtspunkt
Straße für Kfz gesperrt	Information; Denkmal, Monument
Tunnel	Museum; Theater, Oper
Eisenbahn	Hütte
Naturparkgrenze	TOP 10
Gletscher	Nicht verpassen!
Geröll, Felsen, Lava	Nach Lust und Laune!

1 : 900 000

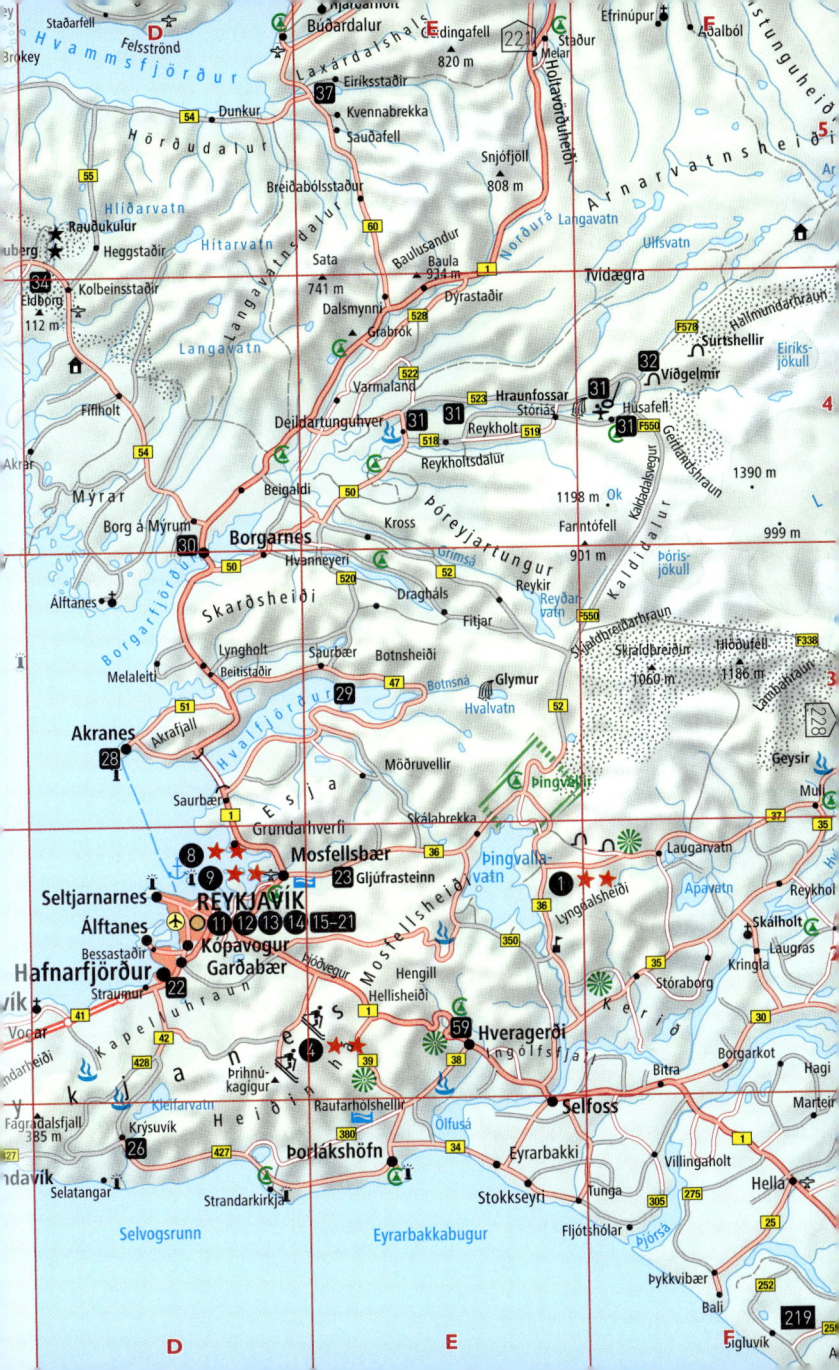

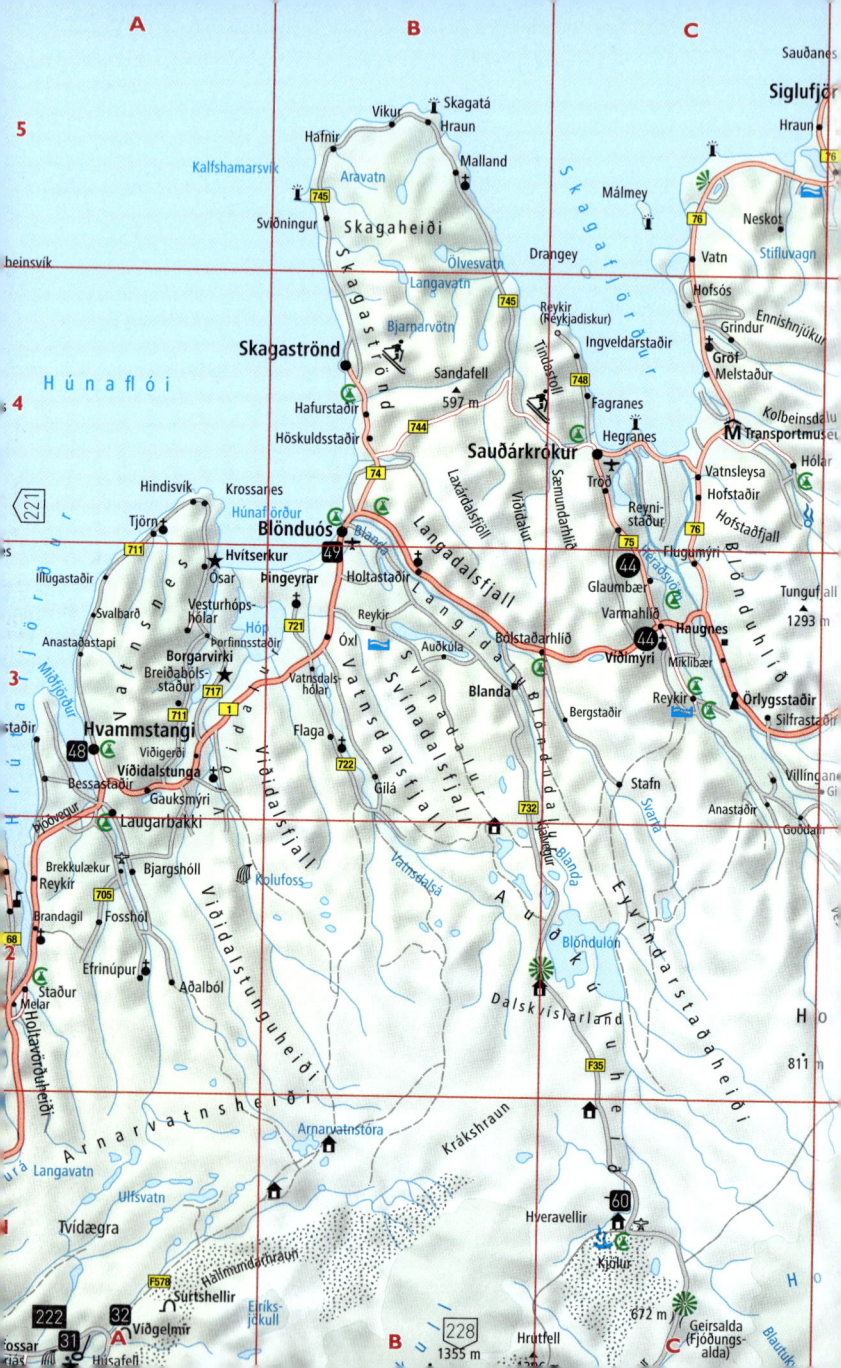

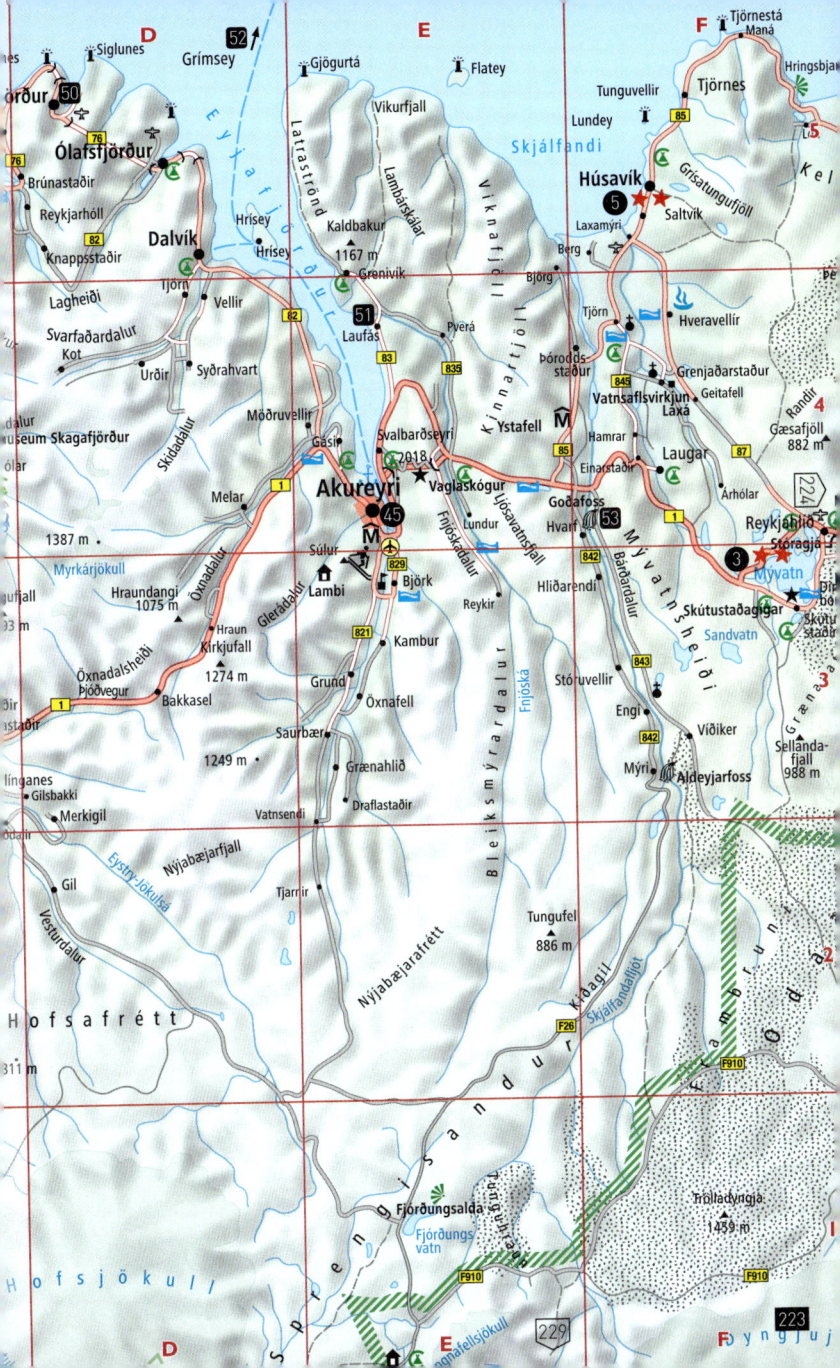

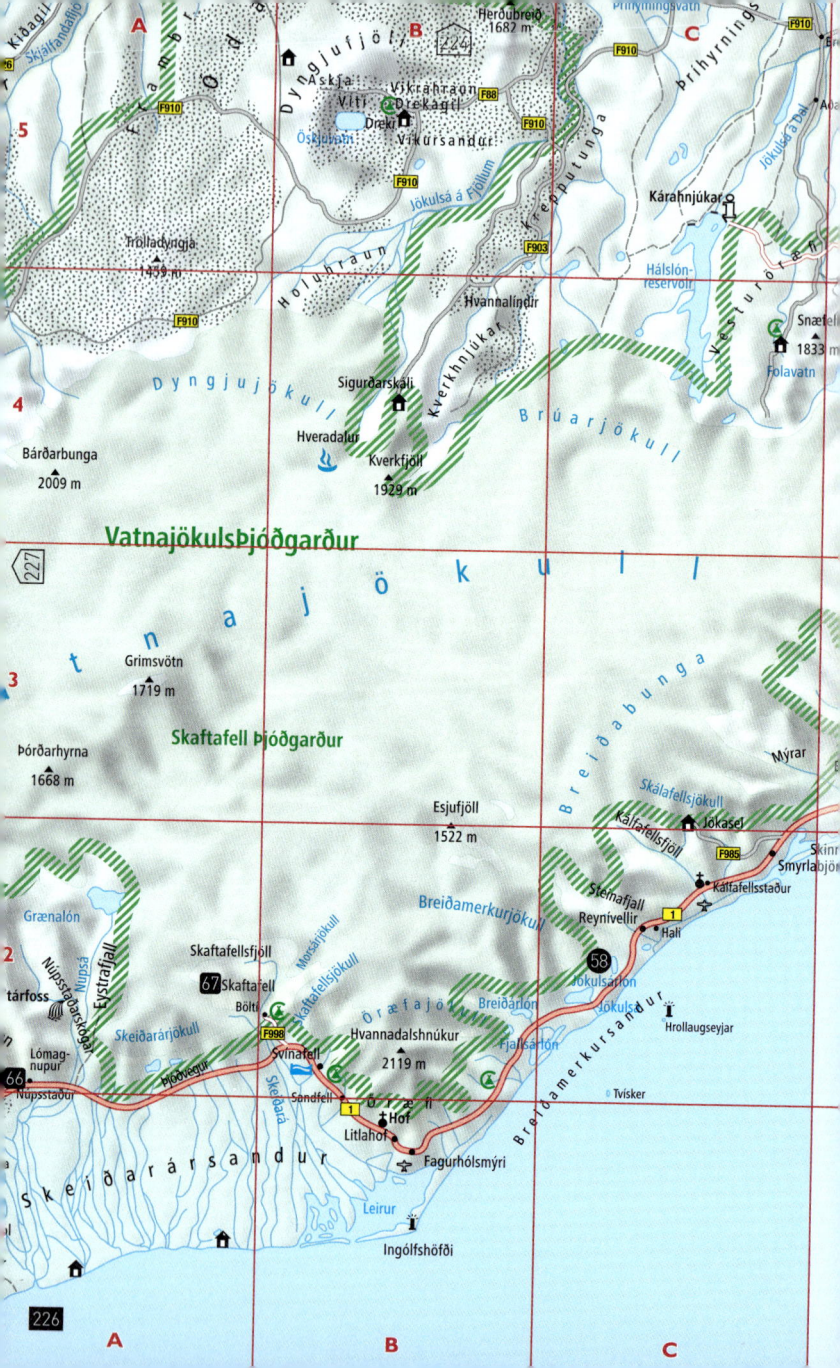

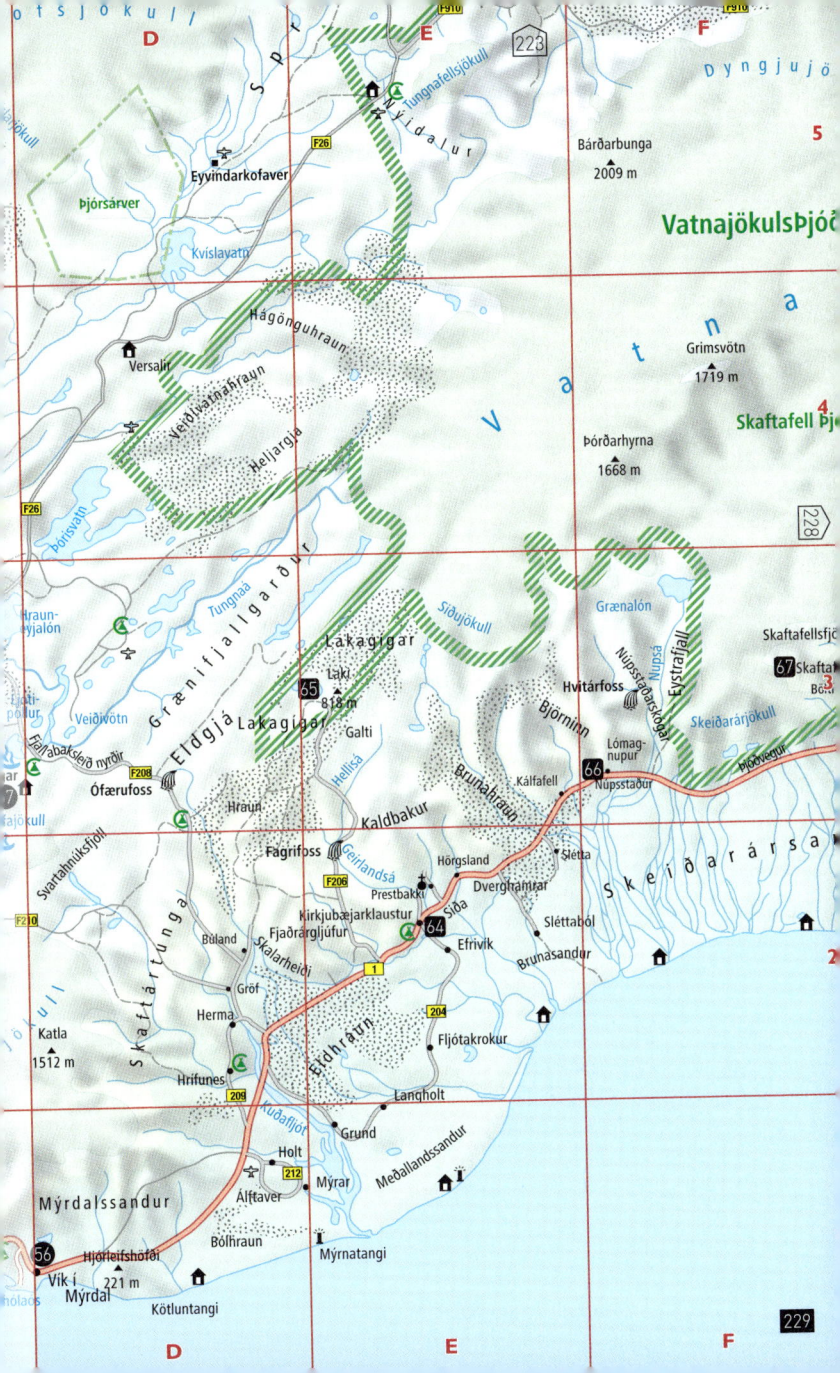

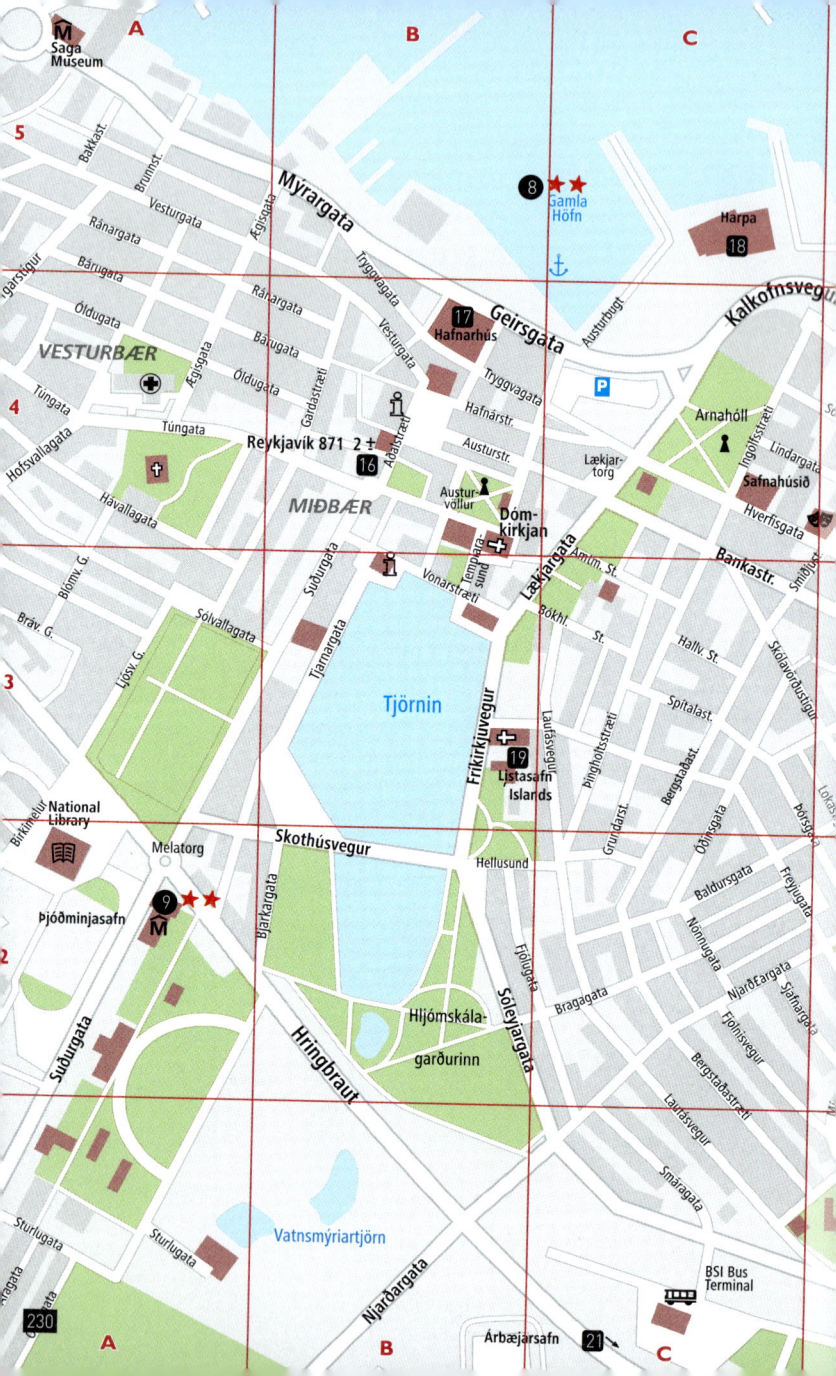

Register

A
Ædey 123
Akranes 98
Akureyri 138, 151
Allmännerschlucht 16, 84
Almannagjá-Schlucht 16, 84
Alþingi 85, 101
Angeln 212
Arnarfjörður 126, 197
Arnarson, Ingólfur 19, 68, 95, 174
Arnarstapi 94
Ásbyrgi 156
Askja 17, 23
Ausgehen 73, 107, 131, 165, 193, 212

B
Bakkagerði 11, 189
Bárðabunga 15, 17, 22
Berghütten 210
Bíldudalur 126, 196
Bjarnarhöfn 103
Bláa Lónið 38, 78, 89
Bláfjöll 92
Blaue Berge 92
Blaue Lagune 38, 78, 89
Blómkvist, Stella 27
Blönduós 23, 158
Bolungarvík 128
Borgarnes 99
Breiðafjörður 96, 116
Breiðamerkurjökull 183
Breiðavík 126
Brennisteinsalda 182
Búðir 94, 103
Bustarfell 161

C
Camping 209

D
Deildartunguhver 100
Dettifoss 11, 156
Dimmuborgir 143, 145
Drangsnes 115, 124
Dynjandi 11, 126
Dýrafjörður 126
Dyrhólaey 180

E
Egilsstaðir 188
Einkaufen 72, 106, 131, 164, 192, 211
Eiríksson, Leifur 52, 58, 103
Eiríksstaðir 103
Eldborg (Ringwallkrater) 102
Eldfell 17, 176
Eldgjá 15
Elíasson, Ólafur 46, 67
Energie 34
Ermäßigungen 204
Essen und Trinken 30, 70, 105, 130, 163, 192, 210
Eyjafjallajökull 14, 17, 185
Eyjafjöll-Gletscher 14, 17, 185
Eyjafjörður 138, 151, 160

F
Fähre 208
Fáskrúðsfjörður 188
Feiertage 204
Flatey 97
Flugverkehr 206

G
Geld 204
Geschichte 19
Gesundheit 205
Geysire 17, 87
Glaumbær 149
Gljúfrasteinn 69
Goðafoss 11, 160
Golden Circle (Goldener Kreis) 84
Golf 212
Grímsey 125, 160
Grímsvötn 17, 22, 169
Großer Geysir 87
Gullfoss 11, 87
Gunnuhver 95

H
Hafnarberg 95
Hafnarfjörður 8, 69
Hafragilsfoss 156
Halldor-Laxness-Museum 69
Haukadalur 87, 103
Heimaey 15, 175
Hekla 15, 17, 184
Hellnar 94
Hengifoss 188, 199
Herðubreið 17, 23
Herðubreiðarlindir 23, 156
Hochland 11, 21
Höfn 187
Hólmavík 120
Hornstrandir 124
Hotels 209
Hraunfossar 100, 101
Húsafell 24, 100, 101
Húsavík 20, 146
Hvalfjörður 99
Hvammstangi 158
Hveragerði 170, 184
Hverarönd 11, 154
Hverasvæðið 172
Hveravellir 23
Hverfjall 144
Hvítá 24, 87, 101

I
Indriðason, Arnaldur 25
Inside the Volcano 91
Internet 205
Ísafjarðardjúp 110, 123, 128
Ísafjörður 122
Islandpferde 28

J
Jökulsárgljúfur 156
Jökulsárlón 11, 183, 214
Jónasson, Ragnar 27
Jónsson, Einar 19, 68

K
Kaldidalur 23, 24, 102
Kalfaströnd 145
Katla 15, 17, 180
Keflavík 95
Kirkjubæjarklaustur 186
Kjölur 23, 102, 184
Kleifarvatn 80
Konsulate 204
Krafla 144, 154
Krankenversicherung 205
Krossnes 124, 125
Krýsuvík 98

L
Lagarfljót 188, 199, 200
Lakagígar 15, 17, 22, 186

Laki-Krater 15, 17, 22, 186
Landmannalaugar 24, 181
Landnahmebuch 20
Langjökull 11, 23, 100, 102
Látrabjarg 118, 126
Látraströnd 148, 153
Látravík 119, 126
Laufás 160
Laugarvatn 85
Laugavegur 8, 182, 185
Lavahöhle 101
Laxness, Halldór 25, 69, 93
Leirhnjúkur 154
Leirubakki 184

M
Melrakkaslétta 161
Mietwagen 208
Mobilfunk 205
Möðruvellir 153
Mýrdalsjökull 17, 180, 185
Mývatn 24, 134, 142, 154

N
Námafjall 154
Námaskarð 154
Notrufe 205
Núpsstaður 186

O
Öffnungszeiten 212
Ósvör 128

P
Pétursson, Hallgrímur 56, 99
Post 205

R
Radfahren 212
Rauðisandur 126
Reisedokumente 205
Reisezeit 206
Reykholt 38, 100
Reykholtsdalur 100
Reykjanes 19, 23, 76, 95, 98
Reykjanesbær 98
Reykjanesviti 95
Reykjavík 8, 42
    Alter Hafen 47, 50
    Árbæjarsafn (Freilicht-
    museum) 68, 85

Ásmundarsafn 49, 61
Ásmundur-Sveinsson-
    Museum 49, 61
Aurora Reykjavík 51
Einar-Jónsson-Museum
    68
Gamla Höfn 47, 50
Hafenhaus 66
Hafnarhús 66
Hallgrimskirche 44, 56
Hallgrímskirkja 44, 56
Harpa (Konzerthaus) 44, 67
Hið Íslenzka Reðasafn 66
Isländisches National
    museum 54
Kjarval-Museum 59
Kjarvalsstaðir 59
Listasafn Einars Jónssonar
    68
Listsafn Íslands (National
    galerie 68
Nationalmuseum 54
Perlan 63
Phallusmuseum 66
Reykjavík 871±2 66
Saga Museum 52
Schifffahrtsmuseum 52
Víkin Sjóminjasafn 52
Whales of Iceland 52
Þjóðminjasafn 54
Þúfa 46, 52

S
Samúelsson, Guðjón 44, 56, 70, 152
Selárdalur 126, 196, 197
Selasetur (Robbenzentrum)
    158
Seyðisfjörður 189
Siglufjörður 26, 159
Sigurðardóttir, Yrsa 26
Silfra-Spalte 80
Skaftafell 187
Skálholt 88
Skjaldbreiður 17, 24
Skógar 185
Skútustaðir 145
Snæfellsjökull 17, 93
Snæfellsnes 93
Sperrnummern 205
Sprache 215

Sprengisandur 23, 24, 161
Steingrímsfjörður 115, 125
Stöðvarfjörður 188
Strandir 124
Strokkur 18, 87
Sturluson, Snorri 38, 101
Stykkishólmur 96
Súgandisey 96
Surtsey 15, 17
Sveinsson, Ásmundur 48, 61, 61
Sveinsson, Jóhannes (Kjarval)
    60, 189

T
Touren 23
Touristeninformation 204
Trinkgeld 211

U
Übernachten 70, 104, 129, 162, 190, 208

V
Valþjófsstaður 55, 188
Vatnajökull 11, 15, 22, 24, 143, 156, 183, 187, 189, 193
Veranstaltungskalender 213
Vestfirðir 110
Vestmannaeyjar 19, 174
Víðgelmir 101
Víðimýri 149
Vigur 123
Vík í Myrdal 8, 19, 178
Víti-Krater 144, 154

W
Währung 204
Walbeobachtung 53
Wandern 213
Westfjorde 8, 110, 197
Westmännerinseln 19, 174
WLAN 205

Z
Zeit 206

Þ
Þakgil 179
Þingvellir 17, 24, 80, 84
Þríhnúkagígur 11, 92

BILDNACHWEIS

Titelbild oben: Die moderne Háteigskirkja (1957–1965) am Rand der Innenstadt von Reykjavík wurde vom isländischen Architekten Halldór H. Jónsson erbaut. (Patricia Hamilton/getty-images)

Titelbild unten: Der Strokkur im Haukadalur im Südwesten Islands spuckt regelmäßig etwa alle zehn Minuten seine kochende Wasserfontäne bis zu 35 Meter hoch in die Luft. (Mathieu Tougas/gettyimages)

Umschlagrückseite: Die Fjaðrárgljúfur-Schlucht bei Kirkjubæjarklaustur ist ein urzeitlicher, etwa zwei Millionen Jahre alter Canyon und beliebtes Touristenziel im Süden Islands. (Jordan Siemens/gettyimages)

DuMont Bildarchiv/Gerald Hänel: 5, 6 (Nr. 1, Nr. 3, Nr. 5, Nr. 6, Nr. 7) 9, 10 u., 29, 35 u., 39 u., 46, 47, 48/49, 59, 62, 74/57, 79 o. l. und o. r., 81, 85 o., 93, 96, 98, 113 o., 118, 126, 128, 137, 138/139, 139, 142, 144 u., 146, 147, 149, 150, 152, 155, 157, 158, 163, 171 u., 175, 183, 184, 188, 201
Getty Images: Ragnar Th. Sigurdsson 12/13, corbis/Arctic-Images 14, corbis/Sygma/James Andanson 18 u., corbis/Mel Longhurst 19, Michael Nolan 46/47 o., fitopardo.com 48, UIG/Reda & Co./Martin Zwick 80, Páll Guðjónsson 82/83, Axiom/Micah Wright 83, Lonely Planet/Martin Moos 114/115, Feifei Cui-Paoluzzo 116/117 o., Thomas H. Mitchell 116/117 u., Lonely Planet/Martin Moos 121, Wildernesscapes Photography/Johnathan A. Esper 125, Gamma-Rapho/Henri-Alain Segalen 171 o., 172 und 172/173, Fibru Photography 193
Glow Images: Emilie Chaix 32, Oscar Bjarnason 99, W. Diederich 108/109, Glow Images 161, Anna Fjola Gisladottir 180, Kerstin Langenberger 185, Stefan Auth 186
huber-images: Jürgen Busse 86, 132/133
Hug, Odin: 20

Imago: Seeliger 55, 130
Interfoto: Daniela Delimont/Dave Bartruff 6 (Nr. 9)
Kirchgessner, Markus: 10 o., 39 o., 144 o.
laif: Krafft/Nancy Lorraine Cri 18 o., Markus Kirchgessner 31, 37, Max Galli 58, Markus Kirchgessner 73, Le Figaro Magazine/Fautre 85 u., Le Figaro Magazine/Fautre 105, Gerald Hänel 120 u., Peter Gebhard 124, Max Galli 191
Lookphotos: age fotostock 6 (Nr. 4), Jan Greune 16, NordicPhotos 35 o., Rainer Mirau 45 l., age fotostock 45 r., Jan Greune 80/81, age fotostock 91, NordicPhotos 165, David Köster 194/195
mauritius images: Alamy 6 (Nr. 8), imagebroker/Winfried Schäfer 6 (Nr. 10), Cultura 33, age fotostock/Ragnar Th. Sigurdsson 40/41, robertharding/Ethel Davies 46/47 u., Alamy 50, Arctic-Images 51, robertharding 57, Alamy 60, 63, age fotostock/Danuta Hyniewska 67, Photononstop 69, Alamy 95, 100, imagebroker/David Weyand 102, Alamy/Jorge Tutor 104, age fotostock/Danuta Hyniewska 106, Alamy/FLPA 107, Michael Obert 114,115, United Archives 117, Michael Obert 120 o., imagebroker/Christian Handl 122, Alamy 123, Alamy/Simon Tranter Photography 129, imagebroker/ROM 138, Cultura/Henn Photography 140, Alamy/Paolo Trovò 140/141, imagebroker/Svenja Wüstemann 141, imagebroker/Olaf Krüger 151, 156, Alamy/Bill Bachmann 164, age fotostock/Martin Zwick 173, imagebroker/Winfried Schäfer 176, Alamy/Zoonar GmbH 179
Nowak, Christian: 22, 24, 38, 53, 182, 196
picture-alliance: Rolf Wilms 6 (Nr. 2), dpa 26, Cultura/Atli Mar Hafsteinsson 79 u., Rolf Wilms 89, Arco Images/F. Scholz 113, 116, imagebroker/Stefan Ziese 166/167, maxppp/Alberto Ghizzi 181
Shutterstock: Kozo O 70, Leonard Zhukovsky 71

3D-Illustration: jangled nerves, Stuttgart

IMPRESSUM

Baedeker SMART Island
5., aktualisierte Auflage 2025
ISBN 978-3-575-00713-1
© MAIRDUMONT, Marco-Polo-Str. 1, D-73760 Ostfildern
Alle Rechte vorbehalten. Der Name Baedeker ist als Warenzeichen geschützt.

Text: Christian Nowak, Bernhard Mogge (Aktualisierung 2025)
Redaktion: red.sign und Robert Fischer
Kartografie: © KOMPASS-Karten GmbH, A-6020 Innsbruck; MAIRDUMONT, D-73760 Ostfildern
Gestaltung: Neue Gestaltung, Berlin

Printed in Romania

Lob oder Kritik? Wir freuen uns auf eine Nachricht! Trotz gründlicher Recherche schleichen sich manchmal Fehler ein. Wir bitten um Verständnis, dass der Verlag dafür keine Haftung übernehmen kann.

Baedeker Redaktion · MAIRDUMONT · smart@baedeker.com

DAS KLIMA IM BLICK

Reisen bereichert und verbindet Menschen und Kulturen. Wer reist, erzeugt auch CO_2. Der Flugverkehr trägt in erheblichem Maße zur globalen Erwärmung bei. Wer das Klima schützen will, sollte sich – wenn möglich – für eine schonendere Reiseform entscheiden oder die Projekte von atmosfair unterstützen. Flugpassagiere spenden einen kilometerabhängigen Betrag für die von ihnen verursachten Emissionen und finanzieren damit Projekte in Entwicklungsländern, die dort den Ausstoß von Klimagasen verringern helfen (www.atmosfair.de).

Meine Notizen